21世纪高职系列教材
SHIJI GAOZHI XILIE JIAOCAI

管理学原理

主编/祁舒慧 黄艳丽 徐 进 副主编/陶 静 刘志坚 王 静

HEUP 哈尔滨工程大学出版社
Harbin Engineering University Press

内容简介

本书按照管理的职能进行编写，共分七个模块：模块一管理系统和模块二管理思想，主要讲授管理学的基础知识和发展；模块三至模块六按管理学的职能编写，分别是计划、组织、领导和控制；模块七企业管理，介绍企业管理的基本理论。每个模块按照学习目标、导入案例、思考题、案例分析和技能实训等模式编写。全书内容精炼，古今中外结合，注重用图表概括总结，便于读者比较、理解，突出职业技能的培养。

本书可作为高等、中等职业学校工商管理、市场营销、物流管理、旅游与饭店管理等专业的学生作专业教材使用，同时也可供社会机构举办的企业管理人才培养及企业各管理岗位的管理者自学使用。

图书在版编目(CIP)数据

管理学原理/祁舒慧，黄艳丽，徐进主编. —哈尔滨：哈尔滨工程大学出版社，2012.7

ISBN 978-7-5661-0393-2

Ⅰ.①管… Ⅱ.①祁… ②黄… ③徐… Ⅲ.①管理学-高等学校-教材 Ⅳ.①C93

中国版本图书馆 CIP 数据核字(2012)第 153550 号

出版发行 哈尔滨工程大学出版社
社　　址 哈尔滨市南岗区东大直街 124 号
邮政编码 150001
发行电话 0451-82519328
传　　真 0451-82519699
经　　销 新华书店
印　　刷 黑龙江省教育厅印刷厂
开　　本 787mm×1 092mm 1/16
印　　张 17.75
字　　数 431 千字
版　　次 2012 年 7 月第 1 版
印　　次 2012 年 7 月第 1 次印刷
定　　价 36.00 元
http://press.hrbeu.edu.cn
E-mail:heupress@hrbeu.edu.cn

前　言

管理学是一门综合学科，涉及面广，内容多，是高职经管类专业的核心课程之一，也是高职学生职业发展所需知识和技能的重要来源。本着岗位需要的知识和技能为原则，以科学性、先进性、系统性和实用性为目的，统筹《管理学原理》教材的编写工作，力求实现以下特色：

一、以工作情境为载体，突出实践能力的培养。根据高职学生岗位要求和职业发展需求，精选管理学的基本知识，设计情境训练项目，力求教、学、做合一。

二、内容精简、通俗易懂，但不乏系统性、科学性和操作性。以管理职能为单元，尽量做到概念描述生动化、原理阐述具体化，案例取材现实化，启发学生结合管理实践对管理学的基本原理和方法进行深入思考，以提高其运用所学知识分析、解决实际问题的能力。

三、编排结构体现教学要求，借用与情境相关的古今中外的管理名言和案例突出导入式教学方法，并用知识网络图总结各情境的主要内容，激发学生的学习兴趣、巩固学习内容，提高学习质量。

本书模块二、模块五由祁舒慧（黑龙江农业职业技术学院）编写，模块一和模块四的单元四由黄艳丽（甘肃林业职业技术学院）编写，模块七由徐进（黑龙江农业职业技术学院）编写，模块三由陶静（信阳农业高等专科学校）编写，模块四的单元一、单元二、单元三由刘志坚（江西农业工程职业学院）编写，模块六由王静（信阳农业高等专科学校）编写，全书由祁舒慧提出编写提纲并统稿。

本书在编写过程中，得到同行的大力支持，同时参考了国内外大量文献，在此对各位同行和文献的作者表示由衷的感谢！

由于编者知识和经验有限，书中缺点和错误在所难免，敬请使用本教材的师生及其他读者提出宝贵意见，以便修订时进一步完善。

编　者

2012 年 2 月

目　　录

模块一　管理系统

学习目标

知识目标：

★掌握管理的含义；

★理解管理的属性，了解管理系统的构成；

★掌握管理者的素质要求；

★理解管理者的基本职能；

★理解管理对象的构成与环境分类；

★了解管理方法的分类，掌握管理机制的机理与类型。

技能目标：

★理解并能解释说明管理的基本概念；

★认知并能有意识地培养自己的管理素质；

★理解并能运用管理机制分析与解决管理实际问题。

管理名言

“管理者，就是把事情做得正确的人。企业家，就是做正确的事情的人。”

——彼得·德鲁克

先导案例

【案例1.1】

海尔的腾飞

一、崛起与发展：从濒临倒闭的集体小厂发展壮大成为知名的跨国企业

创立于1984年崛起于改革大潮之中的海尔集团，是在引进德国利勃海尔电冰箱生产技术成立的青岛电冰箱总厂基础上发展起来的。在海尔集团首席执行官张瑞敏“名牌战略”思想的引领下，海尔经过18年的艰苦奋斗和卓越创新，从一个濒临倒闭的集体小厂发展壮大成为在国内外享有较高美誉的跨国企业。

2002 年海尔实现全球营业额 711 亿元，是 1984 年的 20 000 多倍；2002 年，海尔跃居中国电子信息百强之首。

18 年前，工厂职工不足 800 人；2002 年，海尔不仅职工发展到了 3 万人，而且拉动就业人数 30 多万人。

1984 年只有一个型号的冰箱产品，目前已拥有包括白色家电、黑色家电、米色家电、家居集成在内的 86 大门类 13 000 多个规格品种的产品群。在全球，很多家庭都是海尔产品的用户。

2003 年，海尔全球营业额实现 806 亿元。2003 年，海尔蝉联中国最有价值品牌第一名。2004 年 1 月 31 日，世界五大品牌价值评估机构之一的世界品牌实验室编制的《世界最具影响力的 100 个品牌》报告揭晓，中国海尔唯一入选，排在第 95 位。排行榜上，可口可乐荣登榜首，麦当劳排名第二，诺基亚排名第三。2005 年 8 月 30 日，海尔被英国《金融时报》评为"中国十大世界级品牌"之首。海尔已跻身世界级品牌行列，其影响力正随着全球市场的扩张而快速上升。2005 年 11 月 17 日，英国《金融时报》评出"全球 50 位最受尊敬的商业领袖"，张瑞敏荣居第 26 位，是唯一一位上榜的中国企业家。

二、"名牌战略"：中国第一品牌

用户的忠诚度是与海尔产品的美誉度紧紧联系在一起的，18 年间，海尔的无形资产从无到有，2002 年海尔品牌价值评估为 489 亿元，跃居中国第一品牌。

海尔产品依靠高质量和个性化设计赢得了越来越多的消费者。2003 年，在国内市场，海尔冰箱、冷柜、空调、洗衣机四大主导产品均拥有 30% 左右的市场份额。在海外市场，据全球权威消费市场调查与分析机构 EUROMONITOR 最新调查结果显示，海尔集团目前在全球白色电器制造商中排名第五，海尔冰箱在全球冰箱品牌市场占有率排序中跃居第一。其小型冰箱占据了美国 40% 的市场份额。海尔产品已进入欧洲 15 家大连锁店的 12 家、美国 10 家大连锁店的 9 家。在美国、欧洲初步实现了设计、制造、营销三位一体的本土化布局。

2002 年海尔实现海外营业额 10 亿美元，是中国家电业出口创汇最多的企业。

三、海尔发展战略创新的三个阶段

海尔 18 年来的高速发展，最主要的就是靠创新，战略创新起着关键作用。

1. 名牌战略阶段

在 1984 年到 1991 年名牌战略期间，别的企业上产量，而海尔扑下身子抓质量，7 年时间只做一个冰箱产品，磨出了一套海尔管理之剑："OEC 管理法"，为未来的发展奠定了坚实的管理基础。

2. 多元化战略阶段

在 1992 年到 1998 年的多元化战略期间，别的企业搞"独生子"，海尔走低成本扩张之路，吃"休克鱼"，建海尔园，"东方亮了再亮西方"，以无形资产盘活有形资产，成功地实现了规模的扩张。

3. 国际化战略阶段

在 1998 年至今的国际化战略阶段，别的企业认为海尔走出去是"不在国内吃肉，偏要到国外喝汤"；而海尔坚持"先难后易""出口创牌"的战略，搭建起了一个国际化企业的框架。

四、海尔的成功

美国《家电》杂志统计显示海尔是全球增长最快的家电企业，并对美国企业发出了"海尔击败通用电气”这样的警告；英国《金融时报》评选“亚太地区声望最佳企业”，海尔名列第七；美国科尔尼管理顾问公司也将海尔评为“全球最佳运营企业”。同时，张瑞敏也获得了中国企业家目前在全球范围内的最高美誉，1999年12月7日，英国《金融时报》评出“全球30位最受尊重的企业家”，张瑞敏荣居第26位。著名的英国《金融时报》发布了2002年全球最受尊敬企业名单，海尔雄居中国最受尊敬企业第一名。2003年8月美国《财富》杂志分别选出“美国及美国以外全球最具影响力的25名商界领袖”，在“美国以外全球最具影响力的25名商界领袖”中，海尔集团首席执行官张瑞敏排在第19位。

近年来，海尔已经有十几个成功的案例进入哈佛大学、洛桑国际管理学院、欧洲工商管理学院、日本神户大学等著名高等学府的案例库，成为全球商学院的通用教材，这在中国企业界是唯一的。张瑞敏本人也作为第一个中国人登上了世界商学院的最高讲台——哈佛大学商学院。

海尔人的目标是：进入世界500强，振兴民族工业！

【案例1.2】

疯狂扩张的代价

中联公司成立于1992年，是经国务院批准注册的国有大公司，注册资金6亿元人民币。

公司组建伊始，高层领导不是按规律经营，客观地分析主客观环境，慎重地选择主业，制定正确的战略，脚踏实地地打好公司发展的基础，而是四处“招兵买马”，急速扩大规模。他们在全国各地迅速地注册公司，短短一年时间，注册二级公司20多个，三级公司50多个，四级公司更是遍布全国。在注册资金不到位，资金不足的情况下，本应采取重点战略，以求在部分项目上取得突破，打下基础后再进行扩张。然而，该公司却采取分散兵力，盲目扩张的方式。

几年过去了，偌大的一个公司，竟没有像样的主业支撑，没有知名的品牌挑台，再加上内部管理上的混乱，注定难逃失败的厄运。对其下属的子公司，既没有正确有力的经营战略指导，又没有有效的控制机制，结果这些公司经营不力，与总公司的关系也极为不正常。挣钱的公司失去控制，不挣钱的公司却围着总公司，要贷款，要担保；欠了债，惹了官事的公司，把官事推给总公司，致使总公司的财务部曾在一年之内被法院封了三次。由于盲目扩张，致使公司从1994年开始，资金周转困难，债台高筑，对下属公司的管理失控，陷入了全面危机。于是，国务院及主管部门下令该公司内部整顿，收缩战线，确定主导产业。但是已病入膏肓的中联公司，以无力自救，于1997年，国务院不得不派驻工作组，对该公司进行全面清理整顿。一个曾红极一时的国有大公司倒下了。

思考与提示

思考：两者成败的关键是什么？

提示：上述两个案例，一个由小到大、到强；一个由大到乱、到衰，这一成一败说明了企业的成败在于科学的管理，在于正确的战略。

美国的邓恩和布兹特里斯信用分析公司调研结果表明，在破产企业中，几乎有90%是由于管理不善所致。

我国国有企业80%以上的亏损企业是由于管理不善所致。

单元一 管理与管理系统

一、管理的概念与属性

(一)管理的必然性

1. 管理是共同劳动的产物

在多个人进行集体劳动的条件下,为使劳动有序进行,获取劳动成果,就必须进行组织与协调,这就是管理。因此,管理是共同劳动的客观要求。

2. 管理在社会化大生产条件下得到强化和发展

随着生产力的发展,生产社会化程度的提高,企业规模的扩大,资源配置越来越复杂,生产各环节相互依赖性越来越强,这些都要求更高水平和更大强度的管理。管理在社会化大生产条件下迅速得到强化与发展。

3. 管理广泛适用于社会的一切领域

凡有人群的地方都需要管理。从人类历史到现代社会,从工商企业到政府机关、事业单位及其他一切组织,从治国安邦到生产经营、社会生活,无不存在管理,无不需要管理,无不依赖管理。因此,管理具有普遍性。

4. 管理已成为现代社会极为重要的社会机能

随着生产力的发展,人类文明的进步,社会的高度现代化,管理作为不可缺少的社会机能,其作用日益增强。管理是保障社会与经济秩序,合理配置资源,有效协调与指挥社会各类活动,调动人的积极性,实现社会及各组织目标的关键性手段。没有现代化管理,就没有现代化社会。

(二)管理的概念

1. 管理定义的多样化

管理学者们对管理的定义作了大量的研究,并从不同的角度和侧重点,提出了大量的关于管理的定义。就不同定义的基本点来看,主要有以下一些类型:①强调管理的作业过程,认为管理就是计划、组织、领导、控制的过程;②强调管理的核心环节,认为管理就是决策;③强调对人的管理,认为管理就是通过其他人把事办妥;④强调管理者个人的作用,认为管理就是领导;⑤强调管理的本质,认为管理就是协调活动等。例如,

泰勒的定义:管理是一门怎样建立目标,然后用最好的方法经过他人的努力来达到的艺术。

法约尔的定义:管理就是计划、组织、指挥、协调、控制。

西蒙的定义:管理就是决策。

马克斯·韦伯的定义:管理就是协调活动。

美国管理协会的定义:管理是通过他人的努力来达到目标。

管理定义的多样化,反映了人们对管理的多种理解以及各管理学派的研究重点与特色。但是,也应看到,不同的定义,只是观察角度和侧重点不同,在总体上对管理实质内容的认识还是共同的。这些不同的定义,对全面、深刻地理解“管理”这一概念是极为有益的。

2. 管理的定义

根据对管理本质及要素的共同认识，本书试提出较为系统的定义：管理，就是通过计划、组织、领导和控制，协调以人为中心的组织资源与职能活动，以有效实现目标的社会活动。

3. 关于管理定义的理解

以上管理定义，包括以下含义：

(1)管理的目的是有效实现目标。所有的管理行为，都是为实现目标服务的。

(2)实现目标的手段是计划、组织、领导和控制。任何管理者，大到国务院总理，小到企业班组长，要实现管理目标就必须实施计划、组织、领导、控制等管理行为与过程。这些是一切管理者在管理实践中都要履行的管理职能。

(3)管理的本质是协调。要实现目标，就必须使资源与职能活动协调，而执行管理职能的直接目标与结果就是使资源与活动协调。因此，所有的管理行为在本质上都是协调问题。

(4)管理的对象是以人为中心的组织资源与职能活动。一方面，指出管理的对象是各种组织资源与各种实现组织功能目标的职能活动；另一方面，强调了人是管理的核心要素，所有的资源与活动都是以人为中心的。管理，最重要的是对人的管理。

(三)管理两重性

管理具有两重性。这是由生产过程本身的两重性决定的。由于生产过程是由生产力和生产关系组成的统一体，决定着管理也具有组织生产力与协调生产关系两重功能，从而使管理具有两重性。

1. 管理两重性原理

一方面，管理是人类共同劳动的产物，具有同生产力和社会化大生产相联系的自然属性；另一方面，管理同生产关系、社会制度相联系，具有社会属性。

2. 管理的自然属性

管理的自然属性也称管理的生产力属性或一般性。在管理过程中，为有效实现目标，要对人、财、物等资源合理配置，对产供销及其他职能活动进行协调，以实现生产力的科学组织。这种组织生产力的管理功能，是由生产力引起的，反映了人同自然的关系，故称为管理的自然属性。它只受生产力决定，而与生产关系、社会制度无关，在历史的发展过程中，不随社会形态的变化而变化，具有历史长期性，故又称管理的一般性。例如，一些资本主义企业所采用的现代化管理方法与技术，在社会主义企业管理中，只要适用，是完全可以应用的。

3. 管理的社会属性

管理的社会属性也称管理的生产关系属性或管理的特殊性。在管理的过程中，为维护生产资料所有者利益，需要调整人们之间的利益分配，协调人与人之间的关系。这种调整生产关系的管理功能，反映的是生产关系与社会制度的性质，故称管理的社会属性。管理的社会属性是由与管理相联系的生产关系和社会制度的性质决定的。在历史发展的过程中，不同社会形态下，管理的社会属性体现着统治阶级的意志，带有明显的政治性。故管理的社会属性又称生产关系属性或管理的特殊性。社会主义企业管理与资本主义企业管理的区别也主要反映在管理的社会属性上。资本主义企业管理是为了维护资本主义生产关系，是资本家榨取工人创造的剩余价值的一种手段；而社会主义企业管理则是在维护社会主义生产关系条件下，充分发挥职工的积极性、智慧和创造力，搞活经营，提高效益，实现社会主义生产目的。两者有本质区别。

(四)管理既是科学又是艺术

1. 管理是一门科学

管理是人类重要的社会活动,存在着客观规律性。管理作为科学,就是指人们发现、探索、总结和遵循客观规律,在逻辑的基础上,建立系统化的理论体系,并在管理实践中运用管理原理与原则,使管理成为在理论指导下的规范化的理性行为。如果不承认管理的科学性,不按规律办事,违反管理的原理与原则,随心所欲地进行管理,必然受到规律的惩罚,导致管理的失败。

2. 管理又是一门艺术

管理虽然可以遵循一定的原理或规范办事,但它绝不是"按图索骥"的照章操作行为。管理理论作为普遍适用的原理、原则,必须结合实际应用才能奏效。管理者在实际工作中,面对千变万化的管理对象,因人、因事、因时、因地制宜,灵活多变地、创造性地运用管理技术与方法,解决实际问题,从而在实践与经验的基础上,创造了管理的艺术与技巧。这就是所谓管理是艺术的含义。把管理只当成科学,排斥管理的艺术,完全按管理原理与原则去刻板地解决管理问题,也必然碰壁,不能取得成功。

3. 管理是科学与艺术的结合

管理既是科学,又是艺术,这种科学与艺术的划分是大致的,其间并没有明确的界限。说它是科学,是强调其客观规律性;说它是艺术,则是强调其灵活性与创造性。而且,这种科学性与艺术性在管理的实践中并非截然分开,而是相互作用,共同发挥管理的功能,促进目标的实现。

二、管理系统及其构成

(一)管理系统

从系统论的观点研究管理,管理就是一个完整的系统。

1. 管理系统的概念

管理系统,是指由相互联系、相互作用的若干要素和子系统,按照管理的整体功能和目标结合而成的有机整体。

任何管理都是一个系统,管理者必须从系统的观念出发,整体地、联系地观察、分析和解决管理问题。

2. 关于管理系统的理解

管理系统作为一个科学的概念,包括以下具体含义:

(1)管理系统是由若干要素构成的,这些要素可以看作是管理系统的子系统;而且这些要素之间是相互联系、相互作用的。

(2)管理系统是一个层次结构。其内部划分成若干子系统,并组成有序结构;而对外,任何管理系统又成为更大社会管理系统的子系统。

(3)管理系统是整体的,发挥着整体功能,即其存在的价值在于其管理功效的大小。而任何一个子系统都必须是为实现管理的整体功能和目标服务的。

(二)管理系统的构成

管理系统一般由以下要素构成。

1. 管理目标

管理目标是管理功能的集中体现。管理目标是管理系统建立与运行的出发点和归宿,管理系统必须围绕目标建立与运行。所有的管理行为都是为了有效实现目标。

2. 管理主体

管理主体即管理者,是管理系统中最核心、最关键的要素。配置资源、组织活动、推动整个系统运行、促进目标实现,所有这些管理行为都要靠管理者去实施。管理者是整个管理系统的驾驭者,是发挥系统功能、实现系统目标最关键的力量。

作为管理的主体,管理者既表现为单个管理者,又表现为管理者群体及其所构成的管理机构。

3. 管理对象

管理者是对管理对象进行管理的。管理对象,作为管理行为的受作用一方,对管理成效以及组织目标的实现,具有重要的影响作用。管理对象既包括不同类型的组织,也包括各组织中的构成要素及职能活动。

4. 管理媒介

管理媒介主要指管理机制与方法。管理机制在管理系统中具有极为关键的作用,它是决定管理功效最直接、最核心的因素。而管理方法则是管理机制的实现形式,是管理的直接实施手段,具有过河所必需的“桥”与“船”的作用,也是十分重要的。

5. 管理环境

管理环境是指实施管理过程中的各种内外部条件和因素的总和。管理行为依一定的环境而存在,并受到管理环境的重要影响。所以,管理环境是管理系统的有机组成部分。

三、管理职能

(一)管理职能的含义与内容

管理职能是管理系统功能的体现,是管理系统运行过程的表现形式。管理者的管理行为,主要表现为管理职能。

1. 管理职能的含义

管理职能是管理者实施管理的功能或程序,即管理者在实施管理中所体现出的具体作用及实施程序或过程。管理者的管理职能具体包括:①管理者的基本职责;②履行这些职责的程序或过程。

2. 管理职能的内容

管理学界普遍接受的观点是,管理职能包括计划、组织、领导和控制。任何管理者,为实现目标,实施有效管理,都要履行计划、组织、领导、控制的职能。

(二)四大管理职能

1. 计划职能

计划职能是指管理者为实现组织目标对工作所进行的筹划活动。计划职能一般包括:调查与预测、制定目标、选择活动方式等一系列工作。任何管理者都要执行计划职能,而且,要想将工作做好,无论大事小事都不可能缺少事先的筹划。计划职能是管理者的首要职能。

2. 组织职能

组织职能是管理者为实现组织目标而建立与协调组织结构的工作过程。组织职能一般包括:设计与建立组织结构、合理分配职权与职责、选拔与配置人员、推进组织的协调与变革等。合理、高效的组织结构是实施管理、实现目标的组织保证。因此,不同层次、不同类型的管理者总是或多或少地承担着不同性质的组织职能。

3. 领导职能

领导职能是指管理者指挥、激励下级,以有效实现组织目标的行为。领导职能一般包括:选择正确的领导方式;运用权威,实施指挥;激励下级,调动其积极性;进行有效沟通等。凡是有下级的管理者都要履行领导职能,不同层次、类型的管理者领导职能的内容及侧重点各不相同。领导职能是管理过程中最经常、最关键的职能。

4. 控制职能

控制职能是指管理者为保证实际工作与目标一致而进行的活动。控制职能一般包括:制定标准、衡量工作、纠正出现的偏差等一系列工作过程。工作失去控制就要偏离目标,没有控制很难保证目标的实现,控制是管理者必不可少的职能。但是,不同层次、不同类型的管理者控制的重点内容和控制方式则是有很大差别的。

(三)正确处理各管理职能之间的关系

1. 要正确理解各管理职能之间的关系

一方面,在管理实践中,计划、组织、领导和控制职能一般是顺序履行的,即先要执行计划职能,然后执行组织、领导职能,最后执行控制职能。但另一方面,上述顺序不是绝对的,在实际管理中这四大职能又是相互融合、相互交叉的。

2. 正确处理管理职能的普遍性与差异性

首先,这四大职能是一切管理者,即不论何种组织、所处何种层次、属于何种管理类型的管理者,都要履行这四大职能。但同时也必须认识到,不同组织、不同管理层次、不同管理类型的管理者,在具体履行管理职能时,又存在着很大差异性。例如,高层次管理者更关注计划和组织职能,而基层管理者则更重视领导和控制职能。即使对同一管理职能,不同层次的管理者关注的重点也不同。例如,对计划职能,高层管理者更重视长远、战略性计划,而基层管理者则只安排短期作业计划。

单元二　管理主体——管理者

一、管理工作与管理者

(一)管理工作

就一般意义而言,管理者就是指全部或部分从事管理工作的人员。所以,要研究管理者,首先应对管理工作有大致的分析。

1. 广义的管理工作

从广义上看,凡是对组织资源或职能活动进行筹划与组织的工作都属管理工作。这样,凡是在各级各类组织中管人的、管物的、管理某项活动的都可以看作是广义上的管理者。例如,在一个企业中,从总经理的领导工作,到会计员的账务处理工作,都可以看作是广义的管理工作。

2. 狭义的管理工作

从狭义上看,以管人为核心的组织与协调的工作属于管理工作。即管理是通过管理他人,进而筹划和组织资源与活动的各种工作。例如,企业中总经理和各部门经理、各作业班组长所从事的工作即为狭义的管理工作。

3. 领导工作

谈到管理工作,经常与领导工作相联系或相混淆。所谓领导工作,与上面所讲的狭义的管理工作的含义大致相同,它所强调的是必须拥有下属和权力。例如,总经理的工作就是领导工作,而工程师的工作就不是领导工作。此外,领导工作更强调工作性质与内容上的高层次,如决策、指挥,从而与一般性的事务管理相区别。如狭义管理工作中基层管理者(如班组长)的工作一般就不称为领导工作。

(二)管理者的概念

1. 关于管理者的传统观点

传统的观点认为管理者是运用职位、权力,对人进行统驭和指挥的人。这种概念强调的是组织中的正式职位和职权,强调必须拥有下属。

2. 关于管理者的现代观点

美国学者德鲁克曾给管理者下定义为:在一个现代的组织里,每一个知识工作者如果能够由于他们的职位和知识,对组织负有贡献的责任,因而能够实质性地影响该组织经营及成果的,即为管理者。这一定义,强调作为管理者首要的标志是必须对组织的目标负有贡献的责任,而不是权力;只要共同承担职能责任,对组织的成果有贡献,他就是管理者,而不在于他是否有下属人员。依据这一定义,拥有知识并负有贡献责任的工程师就是管理者。

3. 管理者的定义

综合以上分析,管理者的定义应为:管理者是指履行管理职能,对实现组织目标负有贡献责任的人。

二、管理者的类型

管理者可以按多种标志进行分类。

(一)按管理层次划分

1. 高层管理者

高层管理者指一个组织中最高领导层的组成人员。他们对外代表组织,对内拥有最高职位和最高职权,并对组织的总体目标负责。他们侧重组织的长远发展计划、战略目标和重大政策的制定,拥有人事、资金等资源的控制权,以决策为主要职能,故高层也称为决策层。例如,一个工商企业的总经理就属高层管理者。

2. 中层管理者

中层管理者指一个组织中中层机构的负责人员。他们是高层管理者决策的执行者，负责制定具体的计划、政策，行使高层授予的指挥权，并向高层汇报工作，故中层也称为执行层。例如，一个工厂的生产处长、一个商场的商品部经理为中层管理者。

3. 基层管理者

这是指在生产经营第一线的管理人员。他们负责将组织的决策在基层落实，制订作业计划，负责现场指挥与现场监督，故基层也称为作业层。例如，生产车间的工段长、班组长为基层管理者。

（二）按管理工作的性质与领域划分

1. 综合管理者

综合管理者指负责整个组织或其所属单位的全面管理工作的管理人员。他们是一个组织或其所属单位的主管，对整个组织或该单位目标实现负有全部的责任；他们拥有这个组织或单位所必需的权力，有权指挥和支配该组织或该单位的全部资源与职能活动，而不是只对单一资源或职能负责。例如，工厂的厂长、车间主任、工段长都是综合管理者，而工厂的计财处长则不是综合管理者，因为其只负责财务这种单一职能的管理。

2. 职能管理者

职能管理者是指在组织内只负责某种职能的管理人员。这类管理者只对组织中某一职能或专业领域的工作目标负责，只在本职能或专业领域内行使职权、指导工作。职能管理者大多具有某种专业或技术专长。例如，一个工厂的总工程师、设备处长等。就一般工商企业而言，职能管理者主要包括以下类别：计划管理、生产管理、技术管理、市场营销管理、物资设备管理、财务管理、行政管理、人事管理、后勤管理、安全保卫管理等。

（三）按职权关系的性质划分

1. 直线管理人员

直线管理人员是指有权对下级进行直接指挥的管理者。他们与下级之间存在着领导隶属关系，是一种命令与服从的职权关系。直线管理人员的主要职能是决策和指挥。直线人员主要指组织等级链中的各级主管，即综合管理者。例如，企业中的总经理——部门经理——班组长，他们是典型的直线人员，主要是由他们组成组织的等级链。

2. 参谋人员

参谋人员是指对上级提供咨询、建议，对下级进行专业指导的管理者。他们与上级的关系是一种参谋、顾问与主管领导的关系，与下级是一种非领导隶属的专业指导关系。他们的主要职能是咨询、建议和指导。参谋人员通常是指各级职能管理者。

直线人员与参谋人员是依职权关系进行区分的，是相对于职权作用对象而言的，在实际管理中两者经常转化。例如，计财处长对其他各部门来说是参谋性管理者，因为其只是在计财领域内进行专业指导；而对于计财处内部人员来说，计财处长却又是直线管理者，因为他对本处工作人员有直接指挥的权力。

三、管理者的素质

管理者的素质是指管理者的与管理相关的内在基本属性与质量。管理者的素质主要表现为品德、知识、能力与身心条件。管理者的素质是形成管理水平与能力的基础，是做好管理工作，取得管理功效的极为重要的主观条件。

资料卡

美国大器晚成的女企业家玫琳·凯·阿什特别重视管理者自身的素质。她认为领导的素质就是众人的素质，称职的经理必须有很高的业务素质并以身作则。例如，所有美容顾问都必须对自己的生产线了如指掌。一个销售主任除非自己是商品专家，否则是不可能说服其美容顾问成为商品专家的。她说，我无法想象一个不熟知商品知识的销售主任怎样开好销售会议，这样的销售主任只能在会上要求众人"照我说的而不是照我做的那样去做"。"我相信，我们公司的情况也同其他公司一样，一个称职的经理是任何人也代替不了的"。

"我只是在自己的形象极佳时才肯接待光临我家的客人。我认为，自己是一家化妆品公司的创始人，必须给人留下好的印象。因此，与其不能给人留下好印象，不如干脆闭门谢客。我甚至不得不限制自己最喜爱的消遣方式：养花。我认为，要是让我们公司的人看见我身上沾满了泥浆，那多不好。我的这些做法已被传扬出去了。有人告诉我，我们的全国销售主任中有许多人在学着我的样子，都穿得十分漂亮，成了各自地区成千上万的美容顾问在穿着方面效仿的榜样。"

（一）管理者的基本素质

（1）政治与文化素质指管理者的政治思想修养水平和文化基础，其主要包括：政治坚定性、敏感性，事业心、责任感，思想境界与品德情操，特别是职业道德，人文修养与广博的文化知识等。

（2）基本业务素质指管理者在所从事工作领域内的知识与能力，包括一般业务素质和专门业务素质。

（3）身心素质指管理者本人的身体状况与心理条件，其主要包括：健康的身体，坚强的意志，开朗、乐观的性格，广泛而健康的兴趣等。

（二）管理者的技能

管理者的素质主要表现为实际管理过程中的管理者的管理技能。管理学者 R. L. 卡兹提出管理者必须具备三方面技能，即技术技能、人际技能和概念技能。

1. 技术技能

技术技能是指管理者掌握与运用某一专业领域内的知识、技术和方法的能力。技术技能包括：专业知识、经验，技术、技巧，程序、方法、操作与工具运用熟练程度等。这些是管理者对相应专业领域进行有效管理所必备的技能。管理者虽不能完全做到内行、专家,但必须懂行,必须具备一定的技术技能。特别是一线管理者,更应如此。

2. 人际技能

人际技能是指管理者处理人事关系的技能。人际技能包括:观察人,理解人,掌握人的心理规律的能力;人际交往,融洽相处,与人沟通的能力;了解并满足下属需要,进行有效激励的能力;善于团结他人,增强向心力、凝聚力的能力等。在以人为本的今天,人际能力对于现代管理者是一种极其重要的基本功。没有人际技能的管理者是不可能做好管理工作的。

3. 概念技能

概念技能或称构想技能。它是指管理者观察、理解和处理各种全局性的复杂关系的抽象能力。概念技能包括:对复杂环境和管理问题的观察、分析能力;对全局性的、战略性的、长远性的重大问题处理与决断的能力;对突发性紧急处境的应变能力等。其核心是一种观察力和思维力。这种能力对于组织的战略决策和发展具有极为重要的意义,是组织高层管理者所必须具备的,也是最为重要的一种技能。

4. 不同层次管理者对管理技能需要的差异性

上述三种技能对任何管理者来说都是应当具备的。但不同层次的管理者,由于所处位置、作用和职能不同,对三种技能的需要程度则明显不同。高层管理者尤其需要概念技能,而且所处层次越高,对这种概念技能要求越高。这种概念技能的高低,成为衡量一个高层管理者素质高低的最重要的尺度。而高层管理者对技术技能的要求就相对低一些。与之相反,基层管理者更重视的却是技术技能。由于他们的主要职能是现场指挥与监督,所以若不掌握熟练的技术技能,就难以胜任管理工作。当然,相比之下,基层管理者对概念技能的要求就不是太高。

各层次管理者对技能需要的比例如图 1.1 所示。

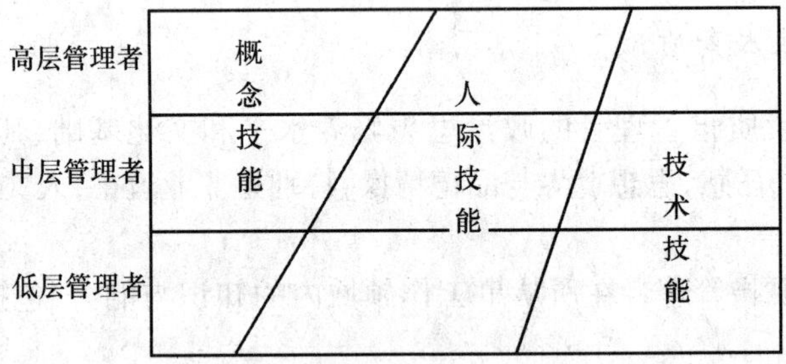

图 1.1　不同层次管理者对技能需要的比例

(三)现代管理者素质的核心——创新

在社会化大生产不断发展、市场竞争日趋激烈、知识经济已见端倪的今天,时代对管理者素质提出了严峻的挑战。在当今时代进行有效而成功的管理,最重要的管理者素质就是创新。创新是现代管理者素质的核心。

当他们碰到非常重要的难题时,很难找到李先生,企业中员工的士气达到了最低点。

随着问题增多,压力增大,李先生正在考虑卖掉他的公司。他觉得公司给自己带来了很大麻烦,公司使他丧失了健康和平静。

问题:

1. 李氏进出口公司存在的主要问题是什么?
2. 评价一下他的领导风格。
3. 请从管理结构与管理机制上对该公司进行分析。
4. 在李先生打算解散他的公司之前,你会给他提供什么样的建议?

技能训练

项目一:调查与访问——企业管理系统

【实训目标】

1. 使学生结合实际,加深对管理系统的感性认识与理解。
2. 初步培养学生认知与自觉养成现代管理者素质的能力。

【实训内容与要求】

1. 由学生自愿组成小组,每组6~8人。利用课余时间,选择1~2个中小企业进行调查与访问。

2. 在调查访问之前,每组需根据课程所学知识经过讨论制订调查访问的提纲,包括调研的主要问题与具体安排,具体问题可参考下列问题:

(1)该企业管理系统的构成状况;

(2)管理者的分类,并重点访问一位管理者,向他了解他的职位、工作职能、胜任该职务所必需的管理技能以及所采用的管理方法等情况;

(3)对其管理对象的调查与分析;

(4)该企业的一般环境与任务环境是什么;

(5)该企业中有哪些你感兴趣的管理机制?请作简要分析。

【成果与检测】

1. 每人写出一份简要的调查访问报告。
2. 调查访问结束后,组织一次课堂交流与讨论。
3. 以小组为单位,分别由组长和每个成员根据各成员在调研与讨论中的表现进行评估打分。
4. 由教师根据各成员的调研报告与在讨论中的表现分别评估打分。
5. 将上述诸项评估得分综合为本次实训成绩。

项目二:组建模拟公司

【实训目标】

1. 培养初步运用管理系统的思想建立现代组织的能力。
2. 培养分析、归纳与讲演的能力。

【实训内容与要求】

根据所学知识与对实际企业调查访问所获得的信息资料，组建模拟公司。

1. 以自愿为原则，6 ~ 8 人为一组，组建“××大学生模拟公司”，自定公司名称。

2. 进行总经理竞聘，每个人以“我要做一个什么样的管理者”为题，发表竞聘讲演（要有发言提纲）。

【成果与检测】

1. 投票选出公司总经理，完成模拟公司的初步组建。

2. 班级组织一次交流，每个公司推荐两名成员发表竞聘讲演。

3. 由教师与学生对各公司组建情况（含竞聘提纲）进行评估打分。

项目三：管理者角色认知训练

【实训目标】

1. 从管理者角度看待管理，认识管理者角色的重要性。

2. 认识管理者在承担管理工作时承担的多种角色。

3. 认识管理者角色所需要的能力。

4. 进行角色改进，使自身更胜任所承担的管理者角色。

【实训内容与要求】

学校中的班集体是同学最熟悉的组织，在这一组织中很多同学承担着管理工作。“管理者角色认知训练”是通过同学对自己承担管理工作时所扮演的管理者角色进行分析，理解什么是管理者，管理者的角色和技能要求，以此建立管理意识。“管理者角色认知训练”分三个步骤：①针对同学所承担的管理工作，根据明茨伯格所提出的人际关系、信息传递和决策三个方面的 10 种角色，分析角色的重要程度，以及自己承担角色的难易；②针对最容易和最困难的角色，根据人际关系、技术、概念形成等方面的技能，分析承担管理角色所需要的能力；③针对管理能力弱点制订“角色改进计划”，以使自己更加胜任管理工作。

1. 角色分析

请根据自己承担的管理工作，将表 1.1 中角色按对自己管理工作的重要性进行排序；其中最重要的为 1，次重要的为 2，依次到 10。请标注自己承担角色的难易程度，最容易的标为“易”，最难的标为“难”。

表 1.1 角色分析表

管理工作名称			
管理者角色		重要程度	难易程度
人际关系角色	挂名首脑角色		
	领导者角色		
	联络者角色		

组织体系模式。其管理思想主要体现在：

1. 权力与权威是一切社会组织形成的基础

韦伯认为组织中存在三种纯粹形式的权力与权威：一是法定的权力与权威，是依靠组织内部各级领导职位所具有的正式权力而建立的；二是传统的权力，是由于古老传统的不可侵犯性和执行这种权力的人的地位的正统性形成的；三是超凡的权力，是凭借对管理者个人的特殊的、神圣英雄主义或模范品德的崇拜而形成的。在这三者之中，韦伯最强调的是组织必须以法定的权力与权威作为行政组织体系的基础。

2. 理想的行政组织体系的特点

韦伯的理想行政组织模式所主张的是一种高结构、正式的、非人格化的组织体系。这一模式具有如下特点：①组织的成员之间有明确的任务分工，权力义务明确规定；②组织内各职位按照登记原则进行法定安排，形成自上而下的等级系统；③组织按照明文规定的法规、规章组成；④组织中人员的任用，要根据职务的要求，通过正式的教育培训，考核合格后任命，严格掌握标准；⑤管理与资本经营分离，管理者应成为职业工作者，而不是所有者；⑥组织内人员之间的关系是工作与职位关系，不受个人感情影响。

三、人际关系论

（一）梅奥与“霍桑试验”

1. 梅奥与人际关系论

梅奥（1880—1949），美国人，是美国哈佛大学的心理学教授。梅奥的代表作为《工业文明的人类问题》。他总结了亲身参与并指导的，“霍桑试验”及其他几个试验的成果，并阐述了他的人际关系理论的主要思想，为提高生产效率开辟了新途径，从而创立了人际关系学说。

2. 霍桑试验

1927年，梅奥应邀参加并指导在芝加哥西方电气公司霍桑工厂进行的有关科学管理的试验，研究工作环境、物质条件与劳动生产率的关系，通常称“霍桑试验”。试验结果表明，生产率提高的原因不在于工作条件的变化，而在于人的因素；生产不仅受物理、生理因素的影响，更受社会环境、社会心理因素的影响。

资料卡

霍桑试验经历四个阶段：①照明试验。通过改变生产现场的照明度，来考察对生产率的影响。结果是照明强度影响生产率这一假设被否定。②福利试验。在生产过程中逐步增加一些福利措施，如缩短工作日、安排工间休息、免费供应点心等。结论是福利措施对生产率无直接影响。③访谈试验。梅奥等人先后对21 000多名工人进行访问和交谈。通过访谈，梅奥等人把以往采取压制监视方式的领班改为试验参加者和观察者，形成了协作氛围，产量大幅度提高。④电话线圈装配工做试验。研究人员深入电话线圈装配工作现场。在半年多时间中发现，虽实行计件工资，但工人达到定额后就会自动慢下来，大家的产量总是维持在一定水平上。深入了解发现，原来小组内存在一种默契，如果谁超过定额，就会受到冷遇和打击。原因是工人们担心产量提高后管理者会提高定额标准，甚至导致工人失业。从而得出劳动生产率主要取决非正式群体规范和士气的结论。

（二）梅奥的人际关系理论的主要观点

（1）梅奥认为企业中的人首先是"社会人"，即人是社会动物，而不是早期科学管理理论所描述的"经济人"。企业的成员并不是仅仅追求金钱收入，他们还追求人与人之间的友情、安全感、归属感和受人尊重等。

（2）生产效率主要取决于职工的工作态度和人们的相互关系。工人的"士气"是调动人积极性的关键因素。

（3）重视"非正式组织"的存在和作用。梅奥认为企业中不仅存在"正式组织"（指为了实现企业目标所规定的企业成员之间权责关系的一种结构），而且还存在着人们在共同劳动中形成的非正式团体（基于共同的感情而构成一个体系）。这些非正式组织有着自己的规范、感情和倾向，并且左右着团体内每个成员的行为。管理者必须重视非正式组织的存在和作用。

单元二　现代管理理论

一、现代管理理论概述

1. 现代管理理论产生与发展的时期

现代管理理论产生与发展的时期为 20 世纪 40 年代末到 20 世纪 70 年代。这是管理思想最活跃、管理理论发展最快的时期，也是管理理论步入成熟的时期。这一时期创立了大量科学而实用的管理理论，在目前用以指导各类社会组织管理实践的管理理论，大都诞生与发展于这一时期。

2. 现代管理理论产生的背景

这一阶段管理理论的发展始于第二次世界大战之后。

（1）随着生产力的发展，导致了企业生产过程的自动化、连续化以及生产社会化程度的空前提高；企业规模急剧扩大，出现一些大的跨国公司，市场竞争激烈，市场环境变化多端，这些都对企业管理提出了更高的要求，管理日趋复杂。

（2）科学技术以前所未有的速度迅猛发展，既对管理提出新的要求，又为管理提供全新的技术支持，科技成果被广泛用于管理之中。

（3）随着社会的进步，人在生产经营中的作用越来越重要，发挥人的积极性与创造性已成为现代管理的核心问题。正是在这样的背景下，一大批全新的管理思想与理论被应用于管理实践中，并得到迅速发展。

3. 现代管理理论发展的脉络

（1）管理理论的分散化。进入 20 世纪 50 年代以后，管理理论出现了一种分散化的趋势，形成了诸多的学派被称之为管理理论的“热带丛林”。

(2)管理理论的集中化趋势。进入20世纪60年代后,管理理论的研究又出现一种集中化的趋势,学者们先提出系统管理理论,力求建立统一的管理理论;后来又提出更加灵活地适应环境变化的权变管理理论。

二、管理理论的分散化

现代管理阶段起始于管理科学在第二次世界大战后的崛起,然后在20世纪50年代进入管理的“热带丛林”时期。

(一)管理科学的崛起

1. 管理科学产生的背景

管理科学产生并盛行于第二次世界大战之后。促使其产生与发展的因素主要有两个方面:一方面是企业规模不断扩大,市场竞争加剧,决策关系企业的生死存亡,对企业管理,特别是决策水平提出了更高的要求;另一方面,科学技术迅猛发展,大量的先进成果可以应用于管理决策,为提高决策水平、建立系统的管理科学提供了技术支持。

2. 管理科学的由来

管理科学是泰罗科学管理理论的继续和发展。他们都是致力于在企业管理中,摒弃凭经验、凭直觉的传统管理,探索科学有效的工作方法和最优方案,以达到最高的工作效率。管理科学,作为一个学派,是指把现代自然科学和技术科学的最新成果广泛地应用于管理中来,建立一系列新的组织管理方法和现代管理技术的管理理论体系。

3. 管理科学的特点

它强调以运筹学、系统工程、电子技术等科学技术手段解决管理问题,着重于定量研究,力图利用科学技术工具,为管理决策寻得一个有效的数量解。管理科学理论的主要特点有以下三个。

(1)管理科学的核心就是寻求决策的科学化。主张尽可能地减少决策的个人艺术成分,而要依靠建立一套决策程序和数学模型以增加决策的科学性。

(2)注重定量分析,在管理决策中广泛应用数学工具和数量模型,认为决策的过程就是建立和运用数学模型的过程。

(3)广泛使用电子计算机。现代组织管理决策相关因素极其复杂,建立与求解数学模型是无法靠传统的计算手段解决的。因此,进行决策时需充分利用电子计算机等现代科学技术手段,以保证科学、准确、及时决策的实施。

(二)管理理论的热带丛林

进入20世纪50年代,现代管理思想的发展异常活跃,众多的学者从不同方向、不同角度,采用不同方法研究管理问题,各树一帜,建立了许多管理理论学派,形成了管理理论研究的分散化。美国管理学者孔茨和奥唐奈将这种现象称之为“热带丛林”。管理理论的“热带丛林”时期主要包括以下学派。

1. 管理过程学派(或称管理程序学派)

管理过程学派是在法约尔管理思想的基础上发展起来的。该学派的代表人物有美国的哈罗德·孔茨和西里尔·奥唐奈。其代表作为他们两人合著的《管理学》。这一学派主要研究管理者的管理过程及其功能,并以管理职能作为其理论的概念结构。其主要观点为:

(1)认为任何组织尽管它们的性质不同,不同的管理者的具体任务千差万别,但所应履行的基本管理职能是相同的,一般有计划、组织和控制职能;

(2)认为可以将这些职能逐一地进行分析,归纳出若干原则作为指导,以便于更好地提高组织效率,达到组织目标;

(3)这个学派提供了一个分析研究管理的思想构架,主张按职能分析、研究、阐明管理理论。一些新的管理概念和管理技术均可容纳在计划、组织及控制等职能框架之中。

2. 经验学派

经验主义学派的代表人物主要有:戴尔,他的代表作有《伟大的组织者》《管理:理论和实践》;德鲁克,他的代表作有《有效的管理者》。这一学派主要从管理者的实际管理经验方面来研究管理,认为成功的组织管理者的经验是最值得借鉴的。他们通过分析一大批组织或管理者成功或失败的实例,研究在类似情况下,如何采用有效的策略和方法来达到改良的目标。通过分析总结,加以概括,找出他们成功经验中具有共性的东西,然后使其系统化、理论化,以建立一套完整的理论和技术体系。

3. 行为科学学派

现代行为科学是在早期人际关系论的基础上发展起来的。行为科学的主要代表人物有美国的马斯洛、赫兹伯格、麦戈雷戈等。行为科学同人际关系论一样,都注重人的因素,认为管理中最重要的因素是对人的管理;区别之处在于从单纯强调感情的因素转向探索人类行为的规律,并注意群体关系的研究。行为科学主张要研究人、尊重人、关心人、满足人的需要以调动人的积极性,并创造一种能使组织成员充分发挥力量的工作环境。

行为科学理论的主要观点有以下三个。

(1)重视人在组织中的关键作用,注重探索人类行为的规律,提倡善于用人,进行人力资源的开发。

(2)强调个人目标和组织目标的一致性,主张调动积极性必须从个人因素和组织因素两方面着手,要使组织目标包含更多的个人目标。要改进工作设计,把员工满意于其所从事的工作作为最有效的激励因素。

(3)主张打破传统组织结构和关系造成的紧张气氛,在组织中恢复人的尊严,实行民主参与管理,使上下级之间的关系由命令服从变为支持帮助,由监督变为引导,使员工自我控制,自主管理。

4. 社会系统学派

这一理论把组织看成是一个社会系统,是一个人们之间存在相互关系的体系;它是受社会环境的各个方面所制约的,是更大的社会系统的一部分。其代表人物为美国著名管理学家巴纳德(1886—1961)。他将社会学的概念引入管理,在组织的性质和理论方面作出了杰出贡献。其主要观点为:①组织是一个协作系统;②组织存在需要明确的目标、协作意愿和意见交流三个基本要素;③组织效力与组织效率是组织发展的两项重要原则;④管理者的权威来自下级的认可。

5. 决策理论学派

决策理论学派的代表人物是美国的卡内基-梅隆大学教授赫伯特·西蒙,其代表作为

《管理决策新学科》。西蒙由于在决策理论方面的贡献,曾荣获1978年的诺贝尔经济学奖。该学派认为管理的关键在于决策,管理必须采用一套制定决策的科学方法及合理的决策程序。

(1)西蒙认为"管理就是决策"。他强调决策行为贯穿于整个管理过程之中,是管理活动成败的关键。

(2)西蒙对于决策的程序、准则、类型及其决策技术等作了科学的分析,提出在决策中应用"令人满意"的准则代替"最佳化"准则。

(3)强调不仅要注意在决策中应用定量方法、计算技术等新的科学方法,而且要重视心理因素、人际关系等社会因素在决策中的作用。

6. 数理学派

这就是前面提到的管理科学学派。该学派注重量化分析,强调应用数学模型解决管理决策问题,以寻求决策的科学化与精确化。

7. 交流中心学派

这是运用信息与沟通理论解决管理问题而建立的管理理论。该学派认为管理人员是交流中心,并围绕这一观念建立起管理理论体系。该学派认为管理人员的作用就是接受信息、储存信息、处理信息、传播信息,并将计算机运用于管理之中。

三、管理理论的集中化趋势

(一)系统管理理论

系统管理学派盛行于20世纪60年代。系统管理理论是运用一般系统论和控制论的理论和方法,考察组织结构和管理职能,以系统解决管理问题的理论体系。代表人物为美国管理学者卡斯特、罗森茨韦克和约翰逊。卡斯特的代表作为《系统理论和管理》。

1. 系统管理学说的基础是普通系统论

普通系统理论是由原籍奥地利的生物学家路·冯·贝塔朗菲首先提出来的。他首先在研究生物时发现活的东西的基本特征是组织,以后在其他学科的研究中逐步明确了系统思想的普遍性,提出了普通系统理论的原理。系统论的主要思想是:

(1)系统是由相互联系的要素构成的。系统的各个组成部分既是独立存在的,又是相互关联的、相互依存的。

(2)系统的整体性。系统的各组成部分不是可以分离的简单集聚,而是按一定规律、一定方式组成的整体。

(3)系统的层次性。每一个系统都归属于一个更大的系统,而每个系统内部又存在着组成这一系统的子系统。

2. 卡斯特等人的系统学说

卡斯特等人的系统管理学说是以普通系统理论为基础的,包括系统哲学、系统管理和系统分析三个方面。

(1)系统哲学。这是一种基于系统观念的思想方法,强调系统是一种有组织的或综合的整体,强调各个组成部分之间的关系。

(2)系统管理。它是一种以系统论为指导的管理方式,认为组织本身是一个以人为主体的人造系统。因此,要把企业作为一个系统进行设计与经营,使企业的各部分、各种资源,按照系统的要求进行组织与运行。

(3)系统分析。这是一种按系统论思想解决问题或决策的方法与技术,主要包括:对一个问题的认识,确定有关变量,分析和综合各种因素,确定最佳的解决方法和行动计划。

(二)权变管理理论

1. 权变理论产生的背景

世界进入到20世纪60年代末、70年代初,一方面,企业面临着瞬息万变的外部环境,环境的不确定性与企业经营的风险与日俱增;另一方面,企业内部生产经营、管理、技术也更加复杂。这些对管理提出越来越高的要求。依靠系统理论、采用通用模式是难以奏效的,于是,权变管理理论应运而生。这一理论是在20世纪70年代开始形成、发展起来的,其代表人物是美国管理学家卢桑斯以及英国学者伍德沃德等人。权变理论认为不存在无条件适用于一切组织的最好的管理方法,强调在管理中要根据组织所处的内外环境的变化而随机应变,针对不同的具体条件,探索与采用不同的、最适宜的管理方案、模式和办法。

2. 卢桑斯的权变管理学说

卢桑斯的权变管理的基本思路是:先确定有关的环境条件,然后根据权变关系的理论,求得与之相应的管理观念和技术,以最有效地实现管理目标。他提出一个观念性的结构,并用矩阵图来加以表示。这一结构由环境、管理观念与技术、它们两者之间的权变关系等三部分组成。

(1)环境。它是指企业所处的外部环境。环境通常为自变量,管理者总是要依据外部环境的特点与变化采取相应的管理手段。这里所说的环境变量,既包括组织的外部环境,也包括组织的内部环境。

(2)管理观念与技术。这是观念结构中的因变量。卢桑斯把过去的所有管理理论划分为四种学说:过程学说、计量学说、行为学说和系统学说。他主张把这四种学说结合起来,根据不同环境,加以灵活运用。

(3)权变关系。权变关系是指两个或两个以上的变数之间的函数关系,也就是环境变量与管理变量之间存在的函数关系。即如果环境条件一定,那么就必须采用与之相适应的管理原理、方法和技术,以有效实现企业目标。

管理模式不是一成不变的,要适应不断变化的环境而有所变革,要根据组织的实际情况来选择最适宜的管理模式。

四、现代管理思想的新发展

进入20世纪80年代以后,随着社会、经济、文化的迅速发展,特别是信息技术的发展与知识经济的出现,世界形势发生了极为深刻的变化。面对信息化、全球化、经济一体化等新的形势,企业之间竞争加剧,联系增强,管理出现了深刻的变化与全新的格局。正是在这样的形势下,管理出现了一些全新的发展趋势。

(一)非理性主义倾向与企业文化

1. 非理性主义倾向产生的背景

20世纪70年代末、80年代初,由于经营风险增大,竞争激烈,管理日趋复杂,管理学者们寻求新的管理思想与方式。在西方管理理论界出现了一种非理性主义倾向和重视企业文化的思潮。他们向传统的管理理论提出挑战，否定纯理性管理模式，强调管理中的“软”因素，主张注重管理实务的研究和企业文化，倡导一种以人为核心、带有感情色彩、注重灵活创新的非理性的管理模式。

2. 非理性主义倾向的代表人物与代表作

非理性主义管理最主要的代表人物与代表作是美国的两位管理学家托马斯·J·彼得斯和小罗伯特·H·沃特曼与他们合著的《寻求优势——美国最成功公司的管理经验》。此外，还有美国加利福尼亚大学教授威廉·大内的《Z理论——美国企业界怎样迎接日本的挑战》、美国哈佛大学教授理查德·帕斯卡尔和斯坦福大学教授安东尼·阿索斯的《日本企业的管理艺术》、美国哈佛大学教授泰伦斯·迪尔和著名的麦金塞管理咨询公司的专家艾伦·肯尼迪的《企业文化——企业生存的习俗和礼仪》。这四本著作被称为鼓吹非理性主义倾向的“四重奏”。

3. 非理性主义倾向的主要观点

(1)批判传统管理中的纯理性主义，认为过分注重结构、组织和量化方法的管理模式已经过时；主张应以人为核心，注意人的感情，强调灵活多变与创新，要“返回到基点”，即回到那些简单明了的平常道理上去。

(2)倡导对管理实务的研究。他们批判传统的管理理论过分注重理论体系的完善性，把管理原理与方法绝对化。他们主张要注重研究企业的管理实务，采用松散的体系，总结生动、实用的管理“经验之谈”。

(3)重视对企业成功经验的总结，在总结中提出以“软管理”为中心的管理模式。托马斯·J·彼得斯和小罗伯特·H·沃特曼在他们合著的《寻求优势——美国最成功公司的管理经验》中，通过对43家企业成功经验的分析，提出八条基本管理经验：贵在行动；接近顾客；行自主，倡创新；尊重和相信人；重视企业的共同价值观；发挥专业优势；组织结构的简单化；严格控制与自主管理相结合。

(4)高度重视企业文化。非理性主义倾向最核心的内容就是强调企业文化，以重视和倡导企业文化为其主要特征。

(二)战略管理思想

1. 战略管理理论产生的背景

20世纪70年代前后，世界进入到科技、信息、经济全面飞速发展时期，同时竞争加剧，风险日增。企业所处的技术、市场、社会、政治、经济环境都发生了翻天覆地的变化。企业只靠抓成本与质量，已不能保证避免经营失败的厄运。于是，管理学界开始重视充满危机和动荡的外部环境的变化，谋求企业的长期生存发展，注重构建竞争优势。这样，在经历了长期规划、战略规划等阶段之后，形成了较为系统的战略管理理论。

2. 战略管理理论的产生与发展

安索夫的《公司战略》(1965)一书的问世，开创了战略规划的先河。到1976年，安索夫的《从战略规则到战略管理》一书出版，标志着现代战略管理理论体系的形成。正是在这部书中第一次提出了“战略管理”一词。安索夫认为战略是“企业高层管理者为保证企业的持续生存和发展，通过对企业外部环境与内部条件的分析，对企业全部经营活动所进行的根本性和长远性的规划与指导”。他认为，战略管理与以往经营管理不同之处在于面向未来，动态地、连续地完成从决策到实现的过程。即战略管理注重的是动态的管理，是决策与实施并重的管理。

劳伦斯与罗斯奇合著的《组织与环境》(1969),系统论述了企业组织与外部环境关系,提出公司要有应变计划,以求在变化及不确定的环境中得以生存;卡斯特与罗森茨韦克的《组织与管理——系统权变的观点》(1979),主张在企业管理中要根据企业所处的内外条件随机应变,组织应在稳定性、持续性、适应性、革新性之间保持动态的平衡。

3. 波特与《竞争战略》

迈克尔·波特是美国哈佛大学商学院的教授,兼任许多大公司的咨询顾问。1980 年,他的著作《竞争战略》,把战略管理的理论推向了顶峰,该书被美国《财富》杂志标列的全美 500 家最大企业的经理、咨询顾问及证券分析家们奉为必读的"圣经"。该书提出许多关于战略管理的重要理论、分析方法与决策技术,成为战略管理理论的经典之作。该书的重要贡献在于提出了分析技术的综合结构。它有助于一个公司对产业进行总体分析、预测产业未来的变化、认识竞争对手及自身地位,并根据具体业务类型将这种分析转化为一种竞争的战略。

(1)提出对产业结构和竞争对手进行分析的一般模型,即五种竞争力(新进入者的威胁、替代品威胁、买方议价能力、供方议价能力和现有竞争对手的竞争)分析模型。

(2)提出企业构建竞争优势的三种基本战略。即寻求降低成本的成本领先战略;使产品区别于竞争对手的差异化战略;集中优势占领少量市场的专一化战略。

(3)价值链的分析。波特认为企业的生产是一个创造价值的过程,企业的价值链就是企业所从事的各种活动(设计、生产、销售、发运以及支持性活动)的集合体。价值链能为顾客生产价值,同时能为企业创造利润。

(三)企业再造理论

1. 企业再造理论产生的背景

进入 20 世纪七八十年代,市场竞争日趋激烈,企业面临严重的挑战;知识经济的到来与信息革命使企业原有组织模式受到巨大冲击。面对这些挑战与压力,企业只有在更高层次上进行根本性的改革与创新,才能真正增强企业自身的竞争力,走出低谷。美国企业为挑战来自日本、欧洲的威胁而展开探索。1993 年,企业再造理论的创始人原美国麻省理工学院教授迈克尔·哈默博士与詹姆斯·昌佩合著了《再造企业——管理革命的宣言书》一书,正式提出了企业再造理论。1995 年,昌佩又出版了《再造管理》。哈默与昌佩提出应在新的企业运行空间条件下,改造原来的工作流程,以使企业更适应未来的生存发展空间。这一全新的思想震动了管理学界,企业再造的思潮迅速在美国兴起,并快速传到日本、欧洲乃至全世界。

2. 企业再造的基本含义

企业再造,按照哈默与昌佩所下的定义,是指"为了飞越地改善成本、质量、服务、速度等重大的现代企业的运营基准,对工作流程作根本的重新思考与彻底翻新"。这也就是为适应新的世界竞争环境,企业必须抛弃已成惯例的运营模式和工作方法,以工作流程为中心,重新设计企业的经营、管理及运营方式。企业再造理论的最终构架是:现代企业普遍存在着"大企业病",应变能力极低;企业再造的首要任务是 BPR——业务流程重组,它是企业重新获得竞争优势与生存活力的有效途径;BPR 的实施又需要两大基础,即现代信息技术与高素质的人才,以 BPR 为起点的"企业再造"工程将创造出一个全新的工作世界。

3. 企业再造流程的过程

企业再造流程的过程大致分为四个阶段。

(1)诊断原有流程。企业再造的核心是企业流程的再造。传统的流程被划分为一系列简单的、标准化和专门化的动作或环节,可能造成巨大的资源浪费。企业可以通过画流程图等手段找出原有程序存在的问题。

(2)选择需要再造的流程。查清原有流程存在的问题之后,就要选择需要再造的流程。由于资源的限制,企业只能选择一部分流程作为改造的对象,一般应按照紧迫性、重要性、可行性的原则进行选择。

(3)了解准备再造的流程。了解流程的目的不是为了改进流程,而是为了对流程进行彻底的再设计。要了解流程,最好是首先了解顾客,因为流程是为了满足顾客需要而存在的。

(4)重新设计企业流程。要抛弃现有流程的一切框框,利用头脑风暴法、逆向思维等方法,充分发挥想象力,将科学的思维和艺术创造相结合,以创造出更加合理、科学的全新流程。

(四)“学习型组织”理论

1.“学习型组织”理论产生的背景

20世纪90年代以来,知识经济的到来,使信息与知识成为重要的战略资源,相应诞生了学习型组织理论。“学习型组织”理论是美国麻省理工学院教授彼得·圣吉在其著作《第五项修炼》中提出来的。彼得·圣吉认为,有两个加速的趋势在加速管理的变革:一是全球一体化的竞争增加了变化的速度;二是组织技术的根本变化促进了管理的变化。传统的组织设计是用来管理以机器为基础的技术;而新的组织却是以知识为基础的,即组织设计是用来处理思想和信息的。因此,传统的组织类型已经越来越不适应现代环境发展的要求,现代企业是一个系统,这个系统可以通过不断学习来提高生存和发展的能力。这一理论的提出,受到了全世界管理学界的高度重视,许多现代化大企业乃至其他组织、城市,纷纷采用这一理论,努力建成“学习型企业”“学习型城市”等。

2.“学习型组织”的基本思想

彼得·圣吉在《第五项修炼》中明确指出:“90年代最成功的企业将会是‘学习型组织’,因为未来唯一持久的优势,是有能力比你的竞争对手学习得更快。”他认为“未来真正出色的企业,将是能够设法使各阶层人员全心投入,并有能力不断学习的组织。”学习型组织正是人们从工作中获得生命意义、实现共同愿景和获取竞争优势的组织蓝图。学习型组织,是更适合人性的组织模式。这种组织由一些学习团队组成,有崇高而正确的核心价值、信心和使命,具有强韧的生命力与实现共同目标的动力,不断创新,持续蜕变,从而保持长久的竞争优势。

3.组织成员的五项修炼

彼得·圣吉提出,在学习组织中,有五项新的技能正在逐渐汇集起来,这五项技能被他称为“五项修炼”。学习型组织的形成必须建立在组织成员五项修炼的基础上。这五项修炼是:

(1)追求自我超越。强调组织成员应能不断认识自己,认识外界的变化,不断给予自己新的奋斗目标,全心投入,不断创造,超越自我,成为一种真正的终身学习。

(2)改善心智模式。这是指人们深植心中,对周围世界如何看法和行为的认识方式。要求组织成员要善于改变传统的认识问题的方式和方法,要用新的眼光看世界。

(3)建立共同愿景目标。共同愿景是指一个组织所形成的共有目标、共同价值观和使命感。进行这一项修炼的目的是强调把企业建成为一个生命共同体,使全体成员为之共同奋斗。

(4)开展团队学习。其目的是为了使组织成员学会集体思考,以激发群体的智慧,发挥出综合效率。他倡导其成员要经常运用"深度汇谈"和"讨论"两种不同的团体交流方式。

(5)锻炼系统思考能力。这是整个五项修炼的基石。他提出系统思考是"看见整体"的一项修炼。作为一个架构,能让我们看见相互关联而非单一的事件,看见渐渐变化的形态而非瞬间即逝的一幕。他强调要把企业看成一个系统,促进组织发展必须学会系统思考。

单元三 中国管理思想的演进

中国作为世界伟大的文明古国,有着璀璨的历史遗产,包括丰富多彩的管理思想。由于当时生产力发展水平的限制,这些管理思想零星分散,至今未能形成独立的科学体系,但许多管理思想的精华对今天的管理实践仍然具有借鉴的价值。

一、中国古代管理思想

(一)中国古代管理思想的三大主流学派

统治中国古代几千年历史的主流思想是三大学派:儒家、法家和道家。这三大学派也自然成为中国古代管理思想的三大主流学派。

背景与逻辑结构。这三大学派都产生于中国古代思想最活跃的春秋战国时代。从奴隶社会进入封建社会,以周武王为代表的国有制土地制度逐渐被私有制的地主所有制所代替,由利益一元化走向利益多元化。建立在利益一元化基础上的金字塔形国家管理体制正在走向衰败。如何维护社会的有效管理,仁者见仁,智者见智,三大学派应运而生:"维护利益一元化的儒家思想、维护利益多元化的法家思想和二者的'反动'——道家的管理思想。"这三大学派管理思想的基本逻辑结构是:人性假设——管理方式。他们各自提出对人的基本看法,并进而提出自己的管理方式,从而各自形成较为系统的治国治生的管理思想。

(1)儒家——王者之道,仁政德治。儒家提出人性善的人性假设,依此相应提出施仁政、德治礼制的管理方式,用礼制规范和道德感化的手段,实现治国的目的。

(2)法家——霸者之道,法制刑治。法家与儒家相反,提出人性恶的人性假设,因而力主推行法制,并以刑治为手段,通过严刑重罚推法护法,实现治国的目的。

(3)道家——王霸杂合之道,无为而治。道家提出人性自然的假设,认为"道法自然""无为而万物化",主张以弱小胜刚强,以反求正,以实现至德之世的理想境界。

(二)中国古代管理思想的主要内容

1. 统御之术

在中国古代长期的统治实践中,形成了较为系统的识人、用人、制人的思想与谋略。

(1)在识人上,中国最早的兵书《六韬》中提出识人"八征法":"一曰问之以言,以观其详;二曰穷之以辞,以观其变;三曰与之间谍,以观其诚;四曰明白显问,以观其德;五曰使之以财,以观其廉;六曰试之以色,以观其贞;七曰告之以难,以观其勇;八曰醉之以酒,以观其态。八征皆备,则贤不肖别矣。"

(2)在用人上,墨子认为:"奉贤者,政之本也。"《吕氏春秋》提出"得贤人,国无不安……

失贤人,国无不危”。管子认为:“君之所审者三:一日德不当其位,二日功不当其禄,三日能不当其官。此三本者,治乱之原也。”他提出了用人的德、功、能三项基本标准。

(3)在制人上,韩非子认为:“君无术,则弊于上;臣无法,则乱于下。”“赏罚二术,君之利器。”儒家讲德治教化,孔子认为:“其身正,不令而行;其身不正,虽令不从。”历代统治者最信奉的是王霸杂合之道,总结出一整套德法结合的统御之道。

2.用兵之策

在我古代长期的战争中,积累了丰富的战争经验,形成了大量的战争谋略。孙武的《孙子兵法》为集大成者,成为世界上最早的系统军事著作。

(1)兵以利动。孙子提出:“合于利而动,不合于利则止。”即一切都要根据后果是否对己方有利来进行决策。

(2)分析态势。孙子重视敌我态势分析,提出五事七计。五事指:一日道,二日天,三日地,四日将,五日法;七计指:主孰有道,将孰有能,天地孰得,法令孰行,兵众孰强,士卒孰练,赏罚孰明。这就从主客观环境,特别是敌我实力对比上进行分析掌握。

(3)先谋后战。西周的姜子牙认为:“先谋后事者昌,先事后谋者亡。”强调了战争谋略与计划的重要性。

(4)避实击虚。孙子用水比喻作战,“兵形像水,水行避高而走下,兵胜避实而击虚。”他主张寻找并攻击敌方薄弱不实之处。

(5)不战而屈人之兵。孙子提出:“百战百胜,非善之善者也;不战而屈人之兵,善之善者也。”这强调了注重谋略,以智取胜的战略思想。这一战略思想对于现代商战竞争制胜和实施高层次管理,仍具有重要指导意义。

3.经营之道

在中国古代的生产和经商实践中,古人积累了丰富的经营经验,形成一些至今仍有借鉴价值的经营思想。其中经商最负盛名,并系统总结精辟的经营之道的是春秋末期的范蠡。他辅佐越王勾践灭吴后,弃官经商,大获成功。他总结经商的经验,提出了计然之策。计然之策包括待乏原则和积著之理。其“待乏原则”是指经营的货物要在预测的基础上,预先收储以待时机,以“卖缺”。他提出:“水则资车、旱则资舟、夏则资裘、冬则资絺”。即收储货物不随大流,要善于逆向思维,反其道而行之,才能获大利。“积著之理”论述盈利的技巧。他指出:“务完物,无息币。以物相贸易,腐败而食之货勿留,无敢居贵。论其有余不足,则知贵贱。贵上极则贱,贱下极则反贵。贵出如粪土,贱取如珠玉。财币欲其行如流水。”即经营的货物不能为卖高价而长时间储存,要快流通。根据货物的过剩或短缺就知道其价格的高低。某种商品太贵了价格就会下跌,太贱了反过来会涨价。价高的时候赶快出手,价低的时候要大胆收进。要使货币向流水一样经常流动,在周转中获利。

4.其他方面

古人在许多方面都有所建树。

(1)在管理哲学上,提出以人为本的思想,《尚书》中说:“民惟邦本,本固邦宁。”孟轲甚至把民看得比君还重要:“民为贵,社稷次之,君为轻。”以人为本至今仍是最先进的管理理念。

(2)在领导方式上,儒家提出“仁政德治”,法家提出“法制刑治”,道家提出“无为而治”,而“无为而治”是管理的最高境界。身为法家的韩非子对无为而治的思想作了精辟的论述:“力不敌众,智不尽物。与其用一人,不如用一国。”“明君之道,使智者尽其虑,而君因以断事,故君不穷于智;贤者敕其材,君因而任之,故君不穷于名。是故不贤而为贤者师,不智而为智者王,臣有其劳,君有其成功。此之谓贤主之经也。"强调了管理者不能靠一人之智,事必躬亲,而要善于用人,通过他人实现管理目标。这是一种最高境界的管理。

(3)在系统运作上,古人提出许多运筹谋略,并造就大量传世杰作。如秦昭王时期的李冰父子主持修建的都江堰水利工程,秦代修建万里长城,隋朝修建大运河等。

(4)在钱财管理上,孔子主张"崇俭"。荀况提出:"节其流,开其源,使天下必有余,而上不忧不足",并形成一些核算制度。

(5)在管物上,重视"利器"。孔子在《论语》中提出:"工欲善其事,必先利其器。"《吕氏春秋》中指出:利用"利器"可达到"其用日半,其功可使倍"之效果。

二、中国近代管理思想

(一)中国近代企业管理的社会经济背景

中国虽然有古代管理思想的辉煌,但由于长期的封建社会,生产力发展停滞、落后,管理思想不但没有发展成为世界领先理论,反而长期停滞在较低水平上,以至到近代社会成为管理十分落后的国家。

从洋务运动到解放前这段时期,虽然引进一些西方先进管理的思想,但总体上还属于传统管理,管理思想还是落后的,并没有形成任何具有特色的思想体系或理论。这一时期中国正处于半封建半殖民地社会,经济上是以小农经济为基础,生产力水平低下,技术落后。社会上的企业大致有三大类:一是民族资本主义企业,他们代表中国资本主义的新生力量,但实力不强,并受到帝国主义列强和中国官僚资本主义的挤压;二是中国官僚资本主义企业,权钱勾结,是以政治谋取利润的集团;三是外国资本的企业,他们凭借政治特权和雄厚的经济实力,采用原始积累的野蛮方式进行管理。整个中国市场缺乏平等竞争与正常秩序,在主流上仍是处于一种传统、落后的管理阶段。

(二)中国近代企业管理思想的主要内容

这主要是指中国民族资本企业学习、引进西方先进管理,继承发扬我国传统管理精华,积累、探索的一些有价值的管理经验与思想。

1. 兴办企业,采用科学管理

从民族商业企业的发展看,1900 年前后首创百货商店于香港,1910 年创办先施公司于广州,1918 年创办永安公司于上海,开始有了较为成型的民族资本企业。他们建立了一套资本主义企业的管理机构与制度。股东大会为企业最高权力机关,执行机构为董事局,经理在董事局领导下具体管理企业。这些企业有固定营业时间,有上下班和休假制度;有管理制度(铺规)、工资福利制度和财务制度。

2. 坚持以人为本的管理理念

以人为本是我国传统管理思想的精华,长期渗透于社会管理的各个领域。民族资本企业在管理中注重贯彻这一管理思想。实业家吴旭东提出:"事业的真正基础是人才。"荣氏集团早在 1928 年就开办了职员养成所,通过半日在校上课、半日到场实习的方式培养纺织专业人才。东亚公司注重对员工的精神灌输,在公司的大墙上用大字写着:"己所不欲,勿施于人"、

"你愿人怎样待你,你就怎样待人"等东亚厂训。东亚公司还制定了"东亚铭"12 条,作为员工的行为规范,并将本公司的各种名语、格言、员工培训讲义等,汇编成册,出版了《东亚精神》。一些企业实行以"福利"为特色的薪酬制度,以体现以人为本的管理思想。员工的薪酬除工资外,设置了名目繁多的"福利"项目,包括"花红""馈送"、伙食、用货、医药、婚丧、住家路费、日常福利等名目。

3. 民族特色与西洋市场竞争相结合的经营思想

一方面,这些企业继承并发扬了中国传统的、民族经营思想,如"诚实守信,童叟无欺""和为贵""人弃我取""欲取之,先舍之"等;另一方面,接受西方资本主义市场竞争的思想,在相互竞争和与外国资本竞争的过程中积累了一些有价值的经营思想与经验,并将我国传统的形式与现代竞争相融合。如上海一家民族资本企业生产的一种"三星"牌白兰地酒,由于受到外国企业大量洋酒的挤压,销售非常困难。于是他们就采取一种别开生面的广告战:在上海的多家大报上组织有奖征集对联活动。刊出的上联是:"五月黄梅天"。经过广大社会公众的踊跃参与,最后获奖的最佳下联自然是:"三星白兰地"。由于运用了为中国大众所熟悉与喜欢的形式,广告活动大获成功,"三星"牌白兰地酒销量大增。

三、中国当代管理思想

中国当代管理思想主要指新中国成立后到现在这一历史时期我国的管理思想。这一时期又划分为建国到"十年动乱"和改革开放到现在两大阶段。

(一)建国后的初创与发展

这一阶段是指从 1949 年建国到 70 年代中期"十年动乱"的结束。

社会主义计划经济基础上的集权型、政治性管理思想。这个时期在管理上基本上是一种"政治人"假设,坚持以阶级斗争为纲,一切管理都以实现政治目标为最高要求。在管理方式上,主要是引进前苏联的计划经济的工业化管理模式;在社会管理上,注重政治与思想工作和大搞"运动"的管理方式;在经济管理上,计划是最基本、最重要的管理形式与手段,并相应采取高度集权的管理方式。

这一时期主要经历四个阶段。

(1)建国初的国民经济恢复时期。在管理上重点是解决企业产权与管理权问题,没收了帝国主义和官僚资本主义企业,依靠工人阶级,组建工厂管理委员会和职工代表大会来管理企业,并实行对资本主义工商业的社会主义改造。同时,在调动职工生产积极性、开展民主管理、建立规章制度等方面积累了经验,取得了成效。

(2)全面学习前苏联阶段。1953 年以后,进入大规模的社会主义建设时期,我们自己无成熟经验可用,于是全面引进与学习前苏联的管理模式,较为系统地建立了社会主义计划经济的管理体系。这些管理思想与模式,一方面反映了社会化大生产的要求,对于我国的建设与发展功不可没;但另一方面又存在着脱离国情,照搬照抄的问题。而且,从根本上说来,它仍然是对建设社会主义管理理论与方式的探索,在今天看来,许多方面存在着违背规律的问题。

(3)"大跃进"与调整巩固时期。1958 年的大跃进,违背客观规律,在管理指导思想上产生错误,也造成了严重的经济损失。但在这期间,也总结了一些好的经验,如工人参加管理,干部参加劳动,改革不合理的规章制度,实行领导干部、技术人员和工人三结合,大搞技术革新,即“两参一改三结合”。为纠正“大跃进”的失误,1961 年中央提出了“调整、巩固、充实、提高”的发展方针,并制定了《国营工业企业工作条例(草案)》(简称“工业七十条”)。在科学总结经验教训的基础上,提出较为系统的企业管理政策和管理方式,使我国经济又走上了健康发展的道路。

(4)“十年动乱”时期。中国进入全面内乱,一切管理机构、管理制度、管理体系都被冲垮,并使“管理”本身成为一个禁区。十年动乱是中国管理思想史上的一场浩劫。

(二)改革开放后的探索与创新

1. 社会主义市场经济基础上的集权与分权结合、经济与社会并重的管理思想

19 世纪 70 年代后期,以改革开放为标志,中国进入到全新的、建设具有中国特色的社会主义阶段。作为执政党的中国共产党的工作重点从以阶级斗争为纲转向以经济建设为中心,在管理上也由政治性管理转变为经济性管理,到十六大进一步转变为经济与社会并重性管理。由于由计划经济向市场经济转变,在管理方式上也由集权型向集权与分权相结合转变。

2. 企业管理改革与理论创新

在企业管理思想与理论上,在改革开放初期主要是对西方管理理论的大量引进,兼收并蓄;进入 20 世纪 90 年代,则结合我国国情,消化吸收西方管理理论,对古代管理思想汲取精华,大胆创新,探索建立既具有中国特色又与国际接轨的管理理论。但由于我国的管理基础落后,管理理论研究更是滞后,因此,还远没有形成系统的管理理论科学体系。1992 年,国家制定了国有企业转换经营机制的条例,进一步落实企业的自主权,全面推进国有企业经营机制的转换与改革,使国有企业的改革进入到一个新阶段。从 1994 年开始,中央确立了国有企业改革的目标模式是建立现代企业制度。国有企业的改革,以改革企业产权制度为基础,以完善现代公司治理结构与机制为核心,建立现代企业制度。随着改革实践的深入,正在探索并逐步建立具有中国特色的社会主义企业管理理论。

单元四　组 织 文 化

一、组织文化的结构与功能

(一)组织文化的概念与结构

1. 组织文化的概念

组织文化,是指在一定的社会政治、经济、文化背景条件下,组织在生产与工作实践过程中所创造或逐步形成的价值观念、行为准则、作风和团体氛围的总和。培育与建设健康向上的组织文化,建立高激励性、高凝聚性的企业团队,是企业管理的核心内容。上述关于企业文化的概念是从狭义上讲的,即主要是指组织的精神形态的文化;而在广义上,文化则指由人类所创造的精神财富与物质财富的总和。本节所讲的组织文化,主要是就狭义而言的,即或涉及物质形态,也是从精神文化的物质载体的角度讲的。

2. 组织文化的结构

组织文化主要是由以下三个层次构成的：

(1)精神文化层。这是组织文化的核心层，主要由作为组织指导思想与灵魂的各种价值观与企业精神所组成。

(2)规范文化层。这属于组织文化的中间层，主要由各种组织规范、组织准则、组织制度所组成。

(3)行为(物质)文化层。这是组织文化的表层，主要由组织成员的行为和生产与工作的各种活动，以及这些行为与活动的各种物化形态所构成。这三个层次的关系是：精神文化决定规范文化，规范文化又决定行为(物质)文化。

(二)组织文化的功能

组织文化发挥着极为重要的功能，主要表现在以下五个方面。

1. 导向功能

健康的组织文化，可以引导企业的成员采取企业所期望的行动，自觉地实现企业目标；而落后的组织文化，则会将企业的成员引向歧途。

2. 凝聚功能

组织的文化，可以使其成员形成共同的思想、共同的价值观念，产生对本组织的认同感、归属感和向心力，从而使组织成为紧密团结的整体。

3. 激励功能

健康向上的组织文化，使每个成员都受到尊重，个人价值获得充分实现，在工作中受到极大激励，从而提高全体成员的积极性。

4. 约束功能

组织文化包含多方面的准则与规范，形成效力很大的群体规范，从而有效地约束企业成员的思想和行为。

5. 辐射功能

组织的文化，不但对组织内部有着重要的影响作用，而且对组织外部乃至整个社会都产生巨大的辐射作用。由于企业的生产经营活动是社会最基本的经济活动，支撑着社会的运行与发展，从而使组织文化对整个社会的所有领域、每个成员都产生潜移默化而又极为重要的影响。

二、组织文化的基本内容与类型

(一)组织文化建设的基本内容

1. 精神文化建设

组织的精神文化建设主要包括：

(1)形成组织全体成员共同信奉与追求的价值观。这是精神文化乃至整个组织文化的核心。

(2)培育组织精神。这是价值观的集中体现，是组织文化的灵魂与最显著的标志。

(3)养成良好的职业道德。这是价值观、组织精神与岗位工作实际的结合。

(4)营造健康向上的团体氛围，包括非正式组织形成积极的群体规范。

资料卡

贵州茅台集团在弥漫着国酒玉液之浓郁、芳香、悠长而经历史酿造的国酒文化中,结合茅台酒的品牌优势,精心提炼、严肃确立、努力建设以"爱我茅台,为国争光"为企业精神,以"以质求存,以人为本,恪守诚信,团结拼搏,继承创新"为核心价值观,以"酿造高品位生活"为经营理念,以"以顾客求生存,以质量求发展,以创新求完美"为质量方针,以"品质、环境、工艺、品牌、文化"为核心竞争力的企业文化。

2. 规范文化建设

组织的规范文化建设主要包括:

(1)按照现代组织要求推进组织基本制度的改革与建设,包括建设现代产权制度,特别是先进的法人治理结构等;

(2)建设体现现代管理要求的组织结构与体系;

(3)建立健全各项规章制度。通过建立科学的制度,规范组织的基本职能活动与管理行为,以更有效地实现组织的目标。

3. 行为(物质)文化建设

行为(物质)文化建设主要包括:

(1)通过组织共同的价值观与组织精神,教育与激励组织成员,使全体成员为实现组织的目标而共同努力;

(2)制定并贯彻人员行为准则,规范组织成员的行为;

(3)塑造产品与服务形象。组织要通过向社会提供优质产品与服务,在社会广大公众心目中树立良好的形象;

(4)美化优化组织的外观形象。不断美化优化组织的标志、建筑、环境等,为内部成员和外部公众带来美好的印象;

(5)树立组织的技术优势、设备优势、队伍形象等。

(二)组织文化的类型

依据不同的标准,可以把企业文化分为许多类型。

1. 根据企业的状态和作风进行分类

日本学者河野丰弘从这一角度出发把企业文化分为三种类型:

(1)有活力的企业文化。这种文化的特点是重视团体,追求创新,有明确目标,面向外部,有良好的沟通,能自发地提出设想,责任心强。

(2)停滞的企业文化。其特点是急功近利,无远大的目标,带有利己倾向,自我保全,面向内部,行动迟缓,不负责任。

(3)官僚的企业文化。其特点是例行公事,不讲情面,刻板拘谨。

2. 根据企业的任务和经营方式进行分类

《企业文化》一书的作者迪尔和肯尼迪从企业的任务和经营方式的角度,把企业文化分为

四种类型:

(1)硬汉型文化。这种文化鼓励内部竞争和创新,有敢于冒风险的精神。一些竞争性较强、产品更新较快的企业一般具有这种文化特点。

(2)努力工作、尽情享受型文化。这种文化坚持工作与娱乐并重,职工愿意努力工作,但不愿意冒风险,并重视享乐。竞争性不强、产品比较稳定的企业,一般具有这种文化特点。

(3)赌注型文化。组织的成员具有在周密分析基础上孤注一掷的特征。决策宁可冒较大的风险,反馈慢。一些投资大、见效慢的企业一般具有这种文化特点。

(4)过程型文化。组织的成员参与积极性高,只热衷于工作的过程,基本没有工作结果的反馈,职工难以衡量他们所做的工作。这一般是那些机关性较强、按部就班就可以完成任务的组织的文化特点。

3. 根据企业的性质和规模等进行分类

法国管理学者从这一角度出发把企业文化分为以下七种类型:

(1)"温室"型企业文化。这是国有企业所特有的。国有企业对外部环境的变化不感兴趣,缺乏对工作人员动机的激励。

(2)"拾穗者"型企业文化。在一些中小企业中,其战略是随环境变动而转移,组织结构缺乏秩序,职能比较分散,价值体系的基础是尊重领导人。

(3)"菜园"型企业文化。这类企业力图维护在传统市场的统治地位,同时运用过去经受考验的模式,使企业保持最小限度的变化,企业关系的特点是家长式经营,工作人员则处于较低的激励水平。

(4)"大型种植物"型企业文化。这种文化一般产生于一些大企业。其特点是不断适应环境的变化,因此工作人员中的灵活性受到鼓励,动机的激励程度很高。

(5)"藤本植物"型企业文化。这类企业把管理人员减少到最低限度,广泛利用信息,每个工作人员以市场要求为目标,都具有高度的责任感,动机的激励程度很高。

(6)"鱼群"型企业文化。这是具有高度机动性、灵活性特点的企业所拥有的文化。这种企业根据市场情况变化,经常变革自己的结构和行为,它们需要敏感性强、思想敏捷的工作人员。

(7)"移植兰花"型企业文化。这是各种广告代理商、咨询公司所具有的文化。一个市场的潜力挖掘完了,又转向另一个市场,它们具有非正式的、经常变化的结构和有限的职员。

4. 根据企业对各种因素重视的程度进行分类

这种分类是人们在研究国际化企业的文化差异中提出的。划分的类型主要有以下三种。

(1)科层组织型文化。在受保护和稳定的市场中从事经营的公司常具有这种文化。其特征是:非个性化的管理作风;注重对标准、规范和刻板程序的遵循;组织结构为严密的金字塔形和集权化等级制,组织内部很少竞争。这种类型多见于贸易保护主义国家及发展中国家。

(2)经理型文化。在高度竞争和富有判断的产业部门中经营的公司一般具有这种文化。其特征是:具有鲜明的管理风格与明确的业绩取向,组织结构富于灵活性和知识性,经理人员在其中大显身手。这类文化见之于较早实行自由贸易的国家。

(3)技术型文化。在组织良好的传统产业部门中的公司有这种文化。其特征是:家长式作风,着重依赖技术秘诀;组织结构为严密的职能化,各职能部门主管希望凭借其专门知识而把本部门变为王国,从而导致各部门之间的激烈竞争。这类组织一般主要由技术专家掌权。

该类文化较常见于长期拥有技术专长的国家。

5. 根据企业的价值取向或行为标准进行划分

美国著名组织行为学教授卜斯洛坎和卜凯尔在对美国多家公司进行调查研究之后，把企业文化分为民族文化与市场文化两种。

(1)民族文化。民族文化即由民族意识主宰的文化。重亲情关系，尊重历史传统，具有等级制的结构关系，存在着广泛的同事联系网，强调集体的首创精神，领导者对文化有较大的影响等。

(2)市场文化。其特征是重合同关系，按成员与组织的交换条件形成相互关系，讲究功利主义，对同事保持独立性，强调个体的首创精神，对公司文化适应性的社会化程度低等。

6. 根据企业所在国别或民族进行划分

这种划分主要是从对东西方文化进行比较分析的角度进行的，并以此为基础，对东西方区域的不同国家的文化进行比较分析。目前研究比较多的是美、日企业文化比较；在我国，也重视进行美、日、中之间的比较研究。

(1)美国的企业文化。美国的文化是以欧洲文化为基础，并融合了世界其他民族的文化。美国文化最主要的特征是：崇尚个人主义、英雄主义和理性主义。反映到企业文化上的主要特点是：偏重管理的科学性，注重量化分析和事实依据；强调对个人的尊重和自我实现；鼓励竞争，乐于冒险；亲情关系观念比较淡漠，更注重的是平等的契约关系。

(2)日本的企业文化。日本文化是以东方文化为基础，同时凸现了本民族自身的特点。日本文化的主要特点是：既受中国儒家思想影响，偏重强调“诚”和“忠”，同时又大胆吸收西方的文明成果，即形成所谓的“和魂洋才”，实现了家族主义管理与最先进理论的融合；在技术上实行“拿来主义”，在管理上注重实用主义，管理规范线条粗；注重血缘关系，成员对组织的归属感强，信奉团队精神，强调团队奋斗。

(3)中国的企业文化。中国文化是典型的东方文化。中国文化主要受儒家思想影响，注重“仁”“礼”“中庸之道”，有崇高的爱国主义精神，重礼仪文明，但观念守旧，创新精神不强；勤劳俭朴，肯于奋斗，但冒险精神不足；长期受封建思想影响，集权观念较重，民主意识不强，对个性尊重不够，鼓励个人奋斗不足；血缘关系强，重人际关系，但缺乏团队精神。

三、组织文化建设

（一）组织文化建设的基本要求

(1)组织文化建设应坚持以马克思主义为指导，与社会主义精神文明相协调。组织文化的灵魂必须以先进的思想与理念作指导。社会主义社会的各类组织在建设组织文化时，都必须以马克思主义为指导思想，并且要同整个社会的精神文明相协调。

(2)组织文化建设要立足国情，并把传统的文化精华与最先进的时代特征紧密地结合起来。我国社会组织的文化建设必须立足于我国的国情，植根于东方文化的土壤，并努力吸收我国传统文化的精华，同时还要对世界最先进的文化兼容并蓄，反映时代特征。

(3)组织文化建设要服务于组织的宗旨和战略目标，并形成自身特色。建设组织文化，必须从组织的宗旨和战略目标出发，抓住主要矛盾，解决主要问题，形成促进组织目标实现的先进文化。文化建设必须充分体现本组织的特殊性，并运用简洁生动的语言进行提炼概括，形成特色鲜明、易读易记的口号、信条、格言、警句等概括形式。

(4)组织文化建设要形成以组织精神为核心的文化体系。组织文化建设是一个系统工程,既要以共同价值观为支撑培育组织精神,又要注意整个文化体系的建设。从理念、宗旨、价值准则到制度体系、行为规范、活动取向,从群体规范、团体氛围到产品、服务、厂区环境,要进行全方位的培育与建设。

(5)组织文化建设要有科学的程序和方法,并注重实效。组织文化建设要有明确的目标与规划,要采取科学的程序与方法按步骤实施,既要发挥组织领导人的关键作用,又要充分发动广大员工参与,形成全员建设的局面。组织文化建设不会一蹴而就,要进行长期建设,潜移默化,百炼成钢。

(二)组织文化建设的阶段

组织文化建设主要有以下几个阶段。

1. 研究树立阶段

要根据企业的宗旨与总目标确定本组织文化建设的目标,特别是要选择与设计富有特色的组织精神与本组织文化建设的主要内容,并制定建设规划。

2. 培育与强化阶段

要按照建设规划,通过各种有效渠道与手段,分步骤、全方位立体地进行组织文化的培育与强化。这是文化建设的主体阶段,是一个长期的过程。

3. 分析评价阶段

在培育组织文化的过程中,要对所建设的组织文化进行全面的分析与评价,以作出必要的调整充实。

4. 确立与巩固阶段

经过不断的调整、充实与培育,特别是长时间的实践,对本企业的组织文化加以确立,并不断巩固完善。

(三)组织文化建设的方法

1. 正面灌输法

这是指借助各种教育、宣传、组织学习、开会传达等形式,对组织文化的目标与内容进行正面灌输的方法。通过正面灌输等方法,教育企业全体成员树立正确的思想与价值观。

2. 规范法

这是指通过制定体现预期文化要求的一整套制度规范体系来促进与保证组织文化建设的途径与方式,如制定反映组织文化要求的组织制度、管理规范、员工的行为规范等。

3. 激励法

这是指运用各种激励手段,激发员工动机,以营造良好氛围、塑造组织精神的各种途径与方法。如通过表扬、工作激励、关心和满足员工需要,增强组织凝聚力,培育热爱本职工作、敢于拼搏与勤奋努力的精神。

4. 示范法

这是通过组织领导人的率先垂范与行为暗示和先进人物的榜样作用促进与影响组织的文化建设的方式与方法。组织要充分发挥领导和模范人物的示范作用,引导与带动组织的成员,培育组织精神,树立良好的组织风气。

5. 感染法

这是指通过各种人员交往,共同生活,形成互动,相互感染,以建设组织文化的途径与方式,如经过人员互动与感染,培养企业成员崇高的思想境界与健康的人格。

6. 实践法

这是在生产与工作实践的过程中培育组织文化的途径与方式。如通过各种生产经营实践,培养既敢于创新,又从实际出发的科学精神。

小　结

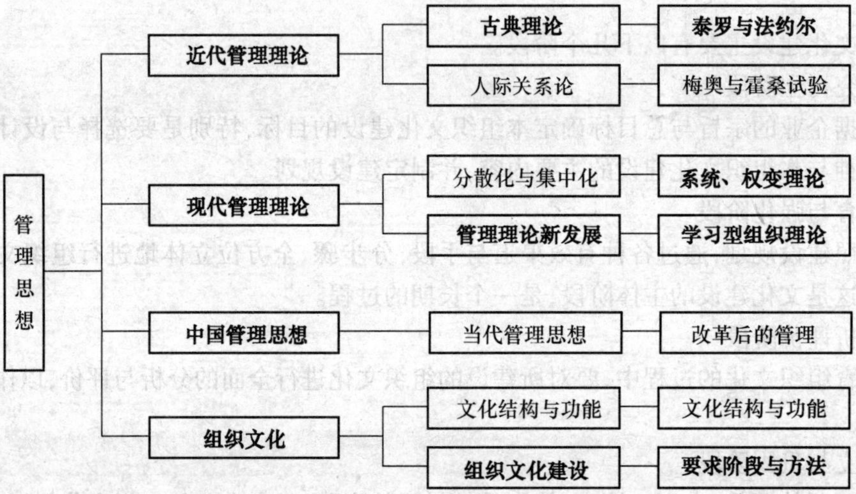

注:加黑部分为更重要内容。

思考题

1. 泰罗科学管理的主要思想与贡献有哪些?
2. 法约尔的一般管理理论的主要思想与贡献有哪些?
3. 梅奥的人际关系论的主要思想与贡献有哪些?
4. 管理理论的“热带丛林”包括哪些主要学派?
5. 系统管理理论和权变管理理论的主要观点有哪些?
6. 进入 20 世纪七八十年代,管理理论出现哪些全新的发展趋势?
7. 中国古代有哪些重要的管理思想?
8. 新中国建立后我国管理思想是怎样演进的?
9. 怎样理解组织文化的结构与功能?
10. 组织文化建设的基本内容有哪些,可以划分为哪些类型?
11. 组织文化建设有哪些要求?
12. 组织文化建设的阶段与方法有哪些?

案　例

【案例 2.2】

施科长没有解决的难题

施迪闻是富强油漆厂的供应科科长，厂里同事乃至外厂的同行们都知道他心直口快，为人热情，尤其对新主意、新发明、新理论感兴趣，自己也常在工作里搞点新名堂。

前一阶段，常听见施科长对人嚷嚷说："咱厂科室工作人员的那套奖金制度，是彻底的'大锅饭'平均主义，我看，到了非改不可的地步了。奖金总额不跟利润挂钩，每月按工资总额拿出5%当奖金，这5%是固定死了的，一共才那么一点钱。说是具体每人分多少，由各单位领导按每人每月工作表现去确定，要体现'多劳多得'原则，还要求搞什么'重赏重罚，承认差距'哩。可是谈何容易，'巧妇难为无米之炊'呀！总共就那么一点点，还玩得出什么花样？理论上是说要奖勤罚懒，干得好的多给，一般的少给，差的不给。可是你真的不给试试看？不给你造反才怪呢！结果实际上是大伙基本上拉平，皆大欢喜；要说有那么一点差距，确定分成三等，不过这差距也只是象征性的。照说这奖金也不多，有啥好计较的？可要是一个钱不给，他就认为这简直是侮辱，存心丢他的脸。唉，难办！一个是咱厂穷，奖金拨的就少；二是咱中国人平均主义惯了，爱犯'红眼病'。"

最近，施科长却跟人们谈起了他的一段有趣的新经历。他说："改革科室奖金制度，我琢磨好久了，可就是想不出啥好点子来。直到上个月，厂里派我去市管理干部学院参加一期中层管理干部培训班。有一天，他们不知打哪儿请来一位美国教授，听说还挺有名，他给咱们作了一次讲演。"

"那教授说，美国有位学者，叫什么来着？……对，叫什么伯格，他提出一个新见解，说是企业对职工的管理，不能太依靠高工资和奖金。又说：钱并不能真正调动人的积极性。你说怪不？什么都讲金钱万能的美国，这回倒说起钱不那么灵了。这倒要留心听听。"

"那教授继续说，能影响人积极性的因素很多，按其重要性，他列出了一长串单子。我记不太准了，好像是，最要紧的是'工作的挑战性'这个洋名词。照他解释，就是指工作不能太简单，轻而易举地就完成了；要艰巨点，得让人动点脑筋，花点力气，那活才有干头。再就是工作要有趣，要有些变化，多点花样，别老一套，太单调。他说，还要给自主权，给责任，要让人家感到自己有所成就，有所提高。还有什么表扬啦，跟同事们关系友好融洽啦，劳动条件要舒服安全啦什么的，我也记不准、记不全了。可有一条我是记准了：工资和奖金是摆在最后一位的，也就是说，最无关紧要。"

"你想想，钱是无关紧要的！闻所未闻，乍一听都不敢相信。可是我细想想，觉得这话是有道理的，所有那些因素对人说来，可不都还是蛮重要的吗？我于是对那奖金制度不那么担心了，还有别的更有效的法宝呢。"

"那教授还说，这理论也有人批评，说那位学者研究的对象全是工程师、会计师、医生这类高级知识分子，对其他类型的人未见得合适。他还讲了一大堆新鲜事。总之，我这回可是大开眼界啦。"

"短训班办完，回到科里，正赶上年末工作总结讲评，要发年终奖金了。这回我有了新主意。我那科里，论工作，就数小李子最突出：大学生，大小也算个知识分子，聪明能干，工作积极又能吃苦，还能动脑筋。于是我把他找来谈话。"

"别忘了我如今学过点现代管理理论了。我于是先强调了他这一年的贡献，特别表扬了他的成就，还细致讨论了明年怎么能使他的工作更有趣，责任更重，也更有挑战性……瞧，学来的新词儿，马上用上啦。我们甚至还确定了考核他明年成绩的具体指标，最后才谈到这最不要紧的事——奖金。我说，这回年终奖，你跟大伙儿一样，都是那么多。我心里挺得意：学的新理论，我马上就用到实际里来了。"

"可是，小李子竟发起火来了，真的火了。他蹦起来说：'什么？就给我那一点？说了那一大堆好话，到头来我就值那么一点？得啦，您那套好听的请收回去送给别人吧，我不稀罕。表扬又不能当饭吃！'"

"这是怎么一回事？美国教授和学者的理论听起来那么有道理，小李也是知识分子，怎么就不管用了呢？把我搞糊涂了。"

问题：

1. 案例中所提到的激励理论，是指管理学中的哪个激励理论？按照这个理论，工资和奖金属于什么因素？能够起到什么作用？

2. 施科长用美国教授介绍的理论去激励小李，结果碰了钉子，问题可能出现在什么地方？根据案例提示的情况，说出你的理由。

3. 你认为富强油漆厂在奖金分配制度上存在的主要问题是什么？可以用什么办法解决？

【案例 2.3】

康洁利公司的"洋"经理

康洁利公司是一家中外合资的高科技专业涂料生产企业，总投资 594 万美元，其中固定资产 324 万美元，中方占有 60% 的股份，外方占有 40% 的股份，生产多彩花纹涂料等 11 大系列高档涂料产品。这些高档产品不含苯、铅和硝基等有害物质，无毒无味，在中国有广阔的潜在市场。

开业在即，谁出任公司总经理呢？外方认为，康洁利公司引进的先进技术、设备和原材料均来自美国，中国人没有能力进行管理，要使公司迅速发展壮大，必须由美国人来管理这个高新技术企业。中方也认为，由美国人来管理，可以学习借鉴国外企业管理方法和经验，有利于消化吸收引进技术和提高工作效率。因此，董事会形成决议：从美国聘请米勒先生任总经理，中方推荐两名副总经理参与管理。

米勒先生年近花甲，但身心爽健，充满自信，有 18 年管理涂料生产企业的经验，自称"血管里流淌的都是涂料"，对振兴康洁利公司胸有成竹。公司员工也都为有这样一位洋经理而庆幸，想憋足劲大干一场，好好地大赚一笔钱。

谁料事与愿违。公司开业 9 个月不但没有赚到 1 分钱，反而亏损 70 多万美元。当一年的签证到期时，米勒先生被公司的董事会正式辞退了。1994 年 3 月 26 日，米勒先生失望地返美。

来自太平洋彼岸的洋经理被"炒鱿鱼"的消息在康洁利公司内外引起了强烈的反响，这位曾经在日本、荷兰主持建立并成功管理过涂料工厂的洋经理何以在中国败走麦城呢，这自然成了议论的焦点。

多数人认为，米勒先生是个好人，工作认真，技术管理上是内行，对搞好康洁利公司怀有良好的愿望，同时，在吸收和消化先进技术方面做了许多工作。他失败的主要原因是不了解中国的实际情况，完全照搬他过去惯用的企业管理模式，对中国的许多东西不能接受，在经营管理方面缺乏应有的弹性和适应性。中方管理人员曾建议根据中国国情，参照我国有关三资企业现成的成功管理模式，结合国外先进的管理经验，制定一套切实可行的管理制度并严格监督执行。对此，米勒先生不以为然。他的想法是"要让康洁利公司变成一个纯美国式的企业"。他对计划不信任，甚至忧虑，以致对正常的工作计划都持抵触态度，害怕别人会用计划经济的一套做法去干预他的管理工作。米勒先生煞费苦心地完全按照美国的模式设置了公司的组织结构并建立了一整套规章制度，但最终还是使一个生产高新技术产品且有相当实力的企业缺乏活力，在起跑线上就停滞不前，陷入十分被动的局面。

也有人认为，米勒先生到任后学会的第一个中文词就是"关系"，而他最终还是因搞不好关系而离华返美。

对于中国的市场，特别是中国"别具一格"的市场情况和推销方式，米勒先生也不甚了解。他将所有有关市场营销的事情都交给一位中方副总经理，但他和那位副总经理的关系并没有"铁"到使副总经理为他拼命去干的程度。

在管理体制上，米勒先生试图建立一套分层管理制度：总经理只管两个副总经理，下面再一层管一层。但他不知道，这套制度在中国，如果没有上下级间的心灵沟通与相互间的了解和信任，会出现什么样的状况和局面。最后的结果是，造成管理混乱，人心涣散，员工普遍缺乏主动性，工作效率大大降低。

米勒先生还强调，我是总经理，我和你们不一样，你们要听我的。他甚至要求，工作进入正轨后，除副总经理外的其他员工不得进入总经理的办公室。米勒先生不知道，聪明的中国企业负责人在职工面前总是强调和大家一样，以求得职工的认同。米勒先生走时扔下一句话："如果这个企业出现奇迹的话，肯定是上帝帮忙的结果。"

然而，上帝并未伸出援助之手，奇迹却出现了。康洁利公司在米勒先生走后，中方合资厂家选派了一位懂经营管理、富有开拓精神的年轻副厂长刘思才任总经理，并随之组成了平均年龄只有33岁的领导班子。新班子迅速制定了新的规章制度，调整了机构，调动了全体员工的积极性。在销售方面，基于这样一个现实：自己的产品虽好，但尚未被人认识，因而采取了多种促销手段，并确定在1994年零利润的状态下，主动向消费者让利销售，使企业进入了良性循环。1994年5月，康洁利首次盈利3万元，宣告扭亏为盈。

问题：

1. 试运用管理的有关原理分析康洁利公司起落的原因。
2. 试总结米勒先生的管理思想及管理哲学。
3. 从本案例中你得到了什么启示？

模块三　计　划

学习目标

知识目标：

★了解计划的类型，理解计划职能的程序；

★掌握环境分析与界定问题的基本模型；

★掌握创造性思维与创新方法；

★掌握决策的分类、程序与方法；

★理解目标体系的构成，掌握政策的制定与管理的基本要求。

技能目标：

★分析和界定管理问题的能力；

★培养创新能力；

★培养决策能力；

★编制计划书的能力。

管理名言

"计划工作是一座桥梁，它把我们所处的此岸和要去的彼岸连接起来，以克服这一天堑。"

——哈罗德·孔茨

先导案例

【案例 3.1】

乔森家具公司五年目标

乔森家具公司是乔森先生在20世纪中期创建的，开始时主要经营卧室和会客室家具，取得了相当的成功。随着规模的扩大，自20世纪70年代开始，公司又进一步经营餐桌和儿童家具。1975年，乔森退休，他的儿子约翰继承父业，不断拓展卧室家具业务，扩大市场占有率，使得公司产品深受顾客欢迎。到1985年，公司卧室家具方面的销售量比1975年增长了近两倍。

但公司在餐桌和儿童家具的经营方面一直不得法,面临着严重的困难。

乔森家具公司自创建之日起便规定,每年12月份召开一次公司中、高层管理人员会议,研究讨论战略和有关的政策。1985年12月14日,公司又召开了每年一次的例会,会议由董事长兼总经理约翰先生主持。约翰先生在会上首先指出了公司存在的员工思想懒散、生产效率不高的问题,并对此进行了严厉的批评,要求迅速扭转这种局面。与此同时,他还为公司制定了今后五年的发展目标。具体包括:

1. 卧室和会客室家具销售量增加20%;

2. 餐桌和儿童家具销售量增长100%;

3. 总生产费用降低10%;

4. 减少补缺职工人数3%;

5. 建立一条庭院金属桌椅生产线,争取五年内达到年销售额500万美元。

这些目标主要是想增加公司收入,降低成本,获取更大的利润。但公司副总经理托马斯跟随乔森先生工作多年,了解约翰董事长制定这些目标的真实意图。尽管约翰开始承接父业时,对家具经营还颇感兴趣,但后来,他的兴趣开始转移,试图经营房地产业。为此,他努力寻找机会想以一个好价钱将公司卖掉。为了能提高公司的声望和价值,他准备在近几年狠抓一下经营,改善公司的绩效。

托马斯副总经理意识到自己历来与约翰董事长的意见不一致,因此在会议上没有发表什么意见。会议很快就结束了,大部分与会者都带着反应冷淡的表情离开了会场。托马斯有些垂头丧气,但他仍想会后找董事长就公司发展目标问题谈谈自己的看法。

思考与提示:

1. 乔森家具公司的市场经营情况怎么样?请作出评价。

2. 乔森家具公司内部存在哪些问题?

3. 你如何看待约翰先生提出的目标及与托马斯的分歧?

4. 你能为解决这一问题提出建议吗?

在上述分析中要特别注意透过现象看本质。

单元一 环境分析与问题界定

一、计划职能及其程序

(一)计划职能的含义与地位

1. 计划职能的含义

广义的计划职能是指管理者制订计划、执行计划和检查计划执行情况的全过程;狭义的计划职能是指管理者事先对未来应采取的行动所作的谋划和安排。本章主要是就狭义计划而言的。

2. 计划职能的地位

计划职能在管理各项职能中的地位集中体现在首位性上。这种首位性一方面是指计划职能在时间顺序上是处于计划—组织—领导—控制四大管理职能的始发或第一职能位置上的；另一方面是指计划职能对整个管理活动过程及其结果所施加的影响具有首要意义。

3. 计划职能的重要性

计划职能的重要性主要表现在：

(1)计划是实施管理活动的依据。为实现组织目标而实施管理活动，首先必须进行科学的筹划和周密的安排。计划成为管理者进行指挥、实施科学管理的依据。

(2)计划可有效规避风险，减少损失。通过计划，管理者对未来因素深入分析，进行预测，做到有备无患，以规避风险。

(3)计划有利于在明确的目标下统一员工思想行动。通过计划职能制定出的全体员工的共同行动目标与方案，将从思想和行动上使全体员工协调一致，增强凝聚力，发挥集体优势。

(4)计划有利于合理配置资源，取得最佳经济效益。选择最优化的决策与实施方案，有利于合理分配资源，最大限度地发挥各种资源的效用，以获取最佳效益。

(二)计划职能的程序

1. 分析环境，预测未来

在作计划时，管理者首先要考虑企业的各种环境因素，这是制定决策与计划的依据。分析环境时，既要分析企业的内部环境，又要分析企业的外部环境；既要考虑企业的现实环境，也要考虑企业的未来环境。通过对内外部环境、特别是未来环境的分析和预测，把握各种环境因素与走向，以便确定可行性目标与进行正确的决策。

2. 制定目标

企业要在分析环境、预测未来的基础上制定目标。目标通常是指组织预期在一定期间内达到的数量和质量指标。目标是计划的核心内容，也是企业行动的方向。企业目标一般包括：盈利性指标、增长性指标、竞争性指标、产品类指标、人事类指标、财务类指标等。

3. 设计与抉择方案

为实现目标，要选择正确的实施途径与方法，合理配置人、财、物等诸种资源，制订系统的计划方案。具体程序包括：

(1)制订可供选择的多个方案；

(2)在分析企业内部条件和外部因素的基础上，评价各种方案；

(3)找出可行方案并进一步评估完善；

(4)确定最优方案。

4. 编制计划

要依据计划目标与所确定的最优方案，按照计划要素与工作要求编制计划。

5. 反馈计划执行情况

计划付诸实施，管理的计划职能并未结束。为了保证计划的有效执行，要对计划进行跟踪反馈，及时检查计划执行情况，分析计划执行中存在的问题并作出必要的调整。

二、环境分析

管理者的一项重要工作就是弄清楚管理环境能够给组织提供机会或造成威胁的因素，并分析组织内部环境所带来的优势与隐忧，从而为科学决策提供依据。下面，以企业为例研究环境分析问题。

(一)企业经营环境分析模型的基本架构

SWOT分析是企业经营环境分析的基本架构。分析内部环境主要要找出企业经营的优势(Strengths)和隐忧(Weaknesses);分析外部环境主要要找出经营的机会(Opportunities)和威胁(Threats)。将这四种因素综合起来进行分析,就简称SWOT分析。这是企业经营环境分析的最基本思路与架构。

SWOT分析的基本思路是:第一步就是通过对内部环境的分析,明确公司所具有的优势与劣势;第二步就是通过对公司所处外部环境的分析,发现当前或将来可能出现的机会或威胁,见表3.1。在SWOT分析完成,公司所具有或面临的优势和劣势、机会和威胁都已确定后,管理人员就可以开始计划的工作过程,确定公司的目标,制定公司的战略与计划。

表3.1　SWOT分析表

	潜在优势	潜在劣势
优势与劣势	设计良好的战略? 强大的产品线? 宽的市场覆盖面? 良好的营销技巧? 品牌知名度? 研发能力与领导水平? 信息处理能力?……	不良战略? 过时、过窄的产品线? 不良营销计划? 丧失信誉? 研发创新下降? 部门之间争斗? 公司控制力量薄弱?……
	潜在机会	潜在威胁
机会与威胁	核心业务拓展? 开发新的细分市场? 扩大产品系列? 将研发导入新领域? 打破进入堡垒? 寻找快速增长的市场?……	公司核心业务受到攻击? 国内外市场竞争加剧? 为进入设置堡垒? 被兼并的可能? 新产品或替代品的出现? 经济形势的下滑?……

(二)康佳的SWOT分析

1.优势(S)

(1)品牌优势。持续的名牌战略,使得康佳品牌具有极高的知名度和美誉度。据有关机构评估,康佳品牌价值78.87亿元,居国内品牌第六位,并被国家工商局认定为“中国驰名商标”。品牌这一巨额的无形资产成为康佳对外扩张的有力武器。

(2)融资渠道。康佳A,B股同时上市,资信优良,是各大商业银行的黄金客户和银企合作对象。1997年、1998年和1999年中国银行分别向康佳提供了38亿元、42亿元和50亿元人民币的融资额度;1999年,康佳新增发行8 000万A股,筹资12亿元人民币;加上母公司和各级政府鼎力扶持,公司实力雄厚,融资渠道广阔。

(3)营销网络。康佳在全国各大中心城市设立了60多家销售分公司,与全国95%以上的地市级大商场开展工商合作,终端销售商达到乡镇一级,建立了300多个特约维修站和1 000多个外联维修点,形成了覆盖全国的市场销售网络和售后服务体系。

(4)成熟管理。康佳作为中国首家中外合资电子企业和第一批公众股份制公司,很早就按现代企业制度和市场竞争机制运作,形成了规范、高效的管理体系和运行机制。特别是在质量管理和生产组织方面,康佳是我国彩电行业首家通过ISO 9001质量管理体系、ISO 14001环境管理体系国际国内双重认证的企业。

2. 劣势(W)

彩电属于劳动密集型行业,康佳地处深圳特区,相对于长虹等内地竞争对手而言,生产成本、管理成本、运输费用要高。另一方面,如果仅立足深圳,康佳的市场辐射半径难以覆盖全国,特别是一些地方彩电品牌所在的区域市场,康佳难以打进。

3. 机会(O)

内地一些国有彩电生产企业,拥有优良的厂房、设备,素质较高的干部、工人,低廉的生产成本,一定区位的市场,但是由于机制、市场等方面的原因,在愈来愈激烈的竞争中无可避免地败下阵来,债务积压,工人下岗,设备闲置,人心思变,急于寻找出路。当地政府欢迎康佳这样的优势企业来收购、兼并,搞活困难企业,国家也鼓励东部沿海企业到中西部投资、交流,并出台了相关优惠政策。

4. 威胁(T)

竞争对手长虹等依靠其规模和成本优势,不断挑起价格战;高路华、彩星等"新面孔"以超低价挤进业已竞争激烈的彩电市场;东芝、索尼、三星、飞利浦等跨国公司一改单纯出口的方式,纷纷以合资的形式进入中国彩电市场,实现本土生产,本土销售;中国已加入WTO。

企业经营环境分析的系统模型。进行企业经营环境分析,应包括外部环境分析与内部环境分析两大部分。外部环境分析包括对一般环境的分析和任务环境的分析。通过外部环境的分析,主要是要找出企业经营的机会,以便抓住机会,促进发展;同时,要发现威胁,以主动地规避风险。企业内部环境的分析,主要包括对营运因素、企业的组织结构、组织文化进行分析。通过内部环境的分析,要发现隐忧,以努力加以铲除;同时要找出优势,下大气力加以培育,把已有的优势做强做大,真正建立企业在经营上的竞争优势,如图3.1所示。

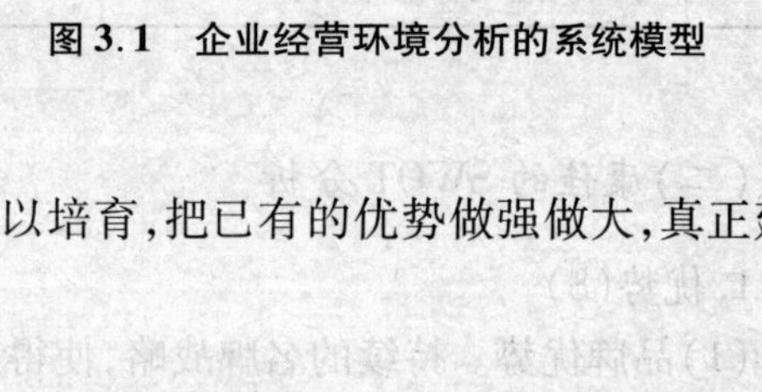

图3.1 企业经营环境分析的系统模型

(三)企业外部经营环境分析

1. 一般环境分析

企业外部经营环境中的一般环境,是我国企业经营所共同面对的环境,对每一个企业的经营活动都产生虽然间接然而却是极为重要的影响作用。对企业经营影响较大的一般环境主要有:①社会经济环境;②宏观技术环境;③社会政治与法律环境;④宏观社会与心理环境等。

2. 任务环境分析

任务环境是某一个或某一类企业开展经营活动所直接面临的环境，主要指产业环境。与一般环境相比，任务环境对企业的经营的影响更具有针对性，对企业的经营发挥着更为直接的作用。任务环境中最直接、最明显影响企业经营的是市场。任务环节主要包括：①产品市场；②顾客；③竞争者；④供应商；⑤金融机构与融资渠道；⑥相关法律与法规；⑦政府主管部门等。

在分析企业经营的任务环境的过程中，应侧重分析两个方面的内容：

(1)产业环境。产业环境即企业所在行业的需求、供给与产业竞争结构等情况。这是任务环境分析的主体内容。

(2)本企业所处的地位。它是指本企业在整个行业的竞争中所处的地位。只有准确地把握这两个重点，才能进行正确的经营决策。

3. 产业环境的分析模型——五力分析法

美国学者迈克尔·波特提出了产业竞争结构的分析模型，通过对五种竞争力的研究分析任务环境。他认为，一个产业的竞争状态取决于五种基本的竞争力量。

这五种竞争力量就是：

(1)新加入者的威胁，这是指潜在的竞争对手进入本行业的可能性。

(2)替代品的接近程度，替代品是指具有相同或相近功能的产品或服务，它们在使用上是可以相互替代的。

(3)购买者的议价能力，这是指顾客和用户在交易中讨价还价的能力。

(4)供应者的议价能力，这是指企业的供应者在向企业提供产品或原材料时讨价还价的能力。

(5)现有企业的竞争，即企业所处的行业同行业之间的正面的竞争。系统地考察这五种竞争力，就可以正确地估计所在产业的竞争结构，见图 3.2 所示。

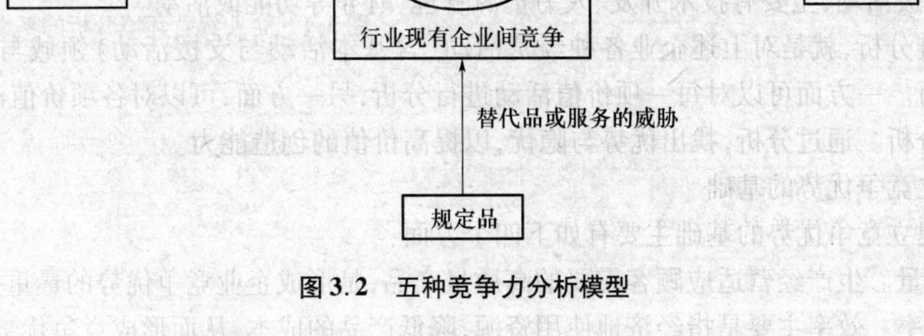

图 3.2 五种竞争力分析模型

这五种竞争力反映了一般产业的竞争构成因素，具有普遍性。在当代我国企业的经营中，还应该注意高新科学技术的因素、信息与互联网的影响，特别是各级政府的政策取向等。

4. 找出机会与威胁

外部环境分析的关键是要找出企业发展的机会与面临的威胁。

(1)发现并抓住机会。这里的机会是指能为企业经营带来运作空间与发展潜力的商业机遇。机会不但能为企业带来好的经营运作,而且又是企业有能力把握的。因此,企业必须在环境分析的基础上,抓住机会,努力开发,以获得经营上的更大成功。

(2)发现并规避威胁。这里讲的威胁是指企业所面临的经营环境可能给企业带来不利或危害的因素。企业应及早发现,千方百计地加以规避。

(四)企业内部经营环境分析

企业内部经营环境是企业开展经营活动的基础,对企业的战略决策及经营绩效具有重要意义。

1. 分析企业的内部经营环境的基本方法

(1)分析经营的各种营运范畴。企业的经营活动是由一系列具有特定功能的营运活动或领域构成的。透过这些营运功能的分析,就可以挖掘出本企业的竞争优势并发现隐忧。企业的营运范畴主要包括市场营销、研发管理、生产与作业管理、财务与会计管理、人力资源管理等。

(2)分析企业制度与组织结构。企业制度、组织结构、领导方式等因素是影响企业经营成果的重要因素。科学有效的结构与体制本身,就是企业的竞争优势;结构与体制的僵化与落后,就是企业的最大隐忧。

(3)分析企业的文化因素。企业的文化是一个企业区别于其他企业的重要特质之一,对于经营活动具有很大的影响作用,构成了企业经营的重要内部环境。企业的文化因素主要包括企业精神、士气、人际关系、凝聚力与向心力等。

(4)在分析的基础上,找出企业的竞争优势与隐忧。

2. 分析模型与方法——价值链分析

价值链分析是分析企业内部经营环境的重要方法。

价值链分析是建立在企业的经营宗旨是为顾客创造价值的理念基础上的。企业的一切生产经营活动都是为顾客创造价值,同时为企业创造利润。要提高经营效率与效益,就要在每个经营环节上千方百计地增加价值。

价值链,也称增值链,是指企业创造价值的一系列经营活动所组成的链条。价值链是由一系列生产经营活动构成的,主要包括两类:

(1)基本活动,主要有采购、生产、储运、营销、服务等功能或活动;

(2)支援活动,主要有技术开发、人力资源管理、财务等功能或活动。

价值链分析,就是对上述企业各种经营活动(含基本活动与支援活动)领域与环节,进行深入的分析。一方面可以对每一项价值活动进行分析,另一方面,可以对各项价值活动之间的联系进行分析。通过分析,找出优势与隐忧,以提高价值的创造能力。

3. 建立竞争优势的基础

企业建立竞争优势的基础主要有如下四个方面:

(1)质量。生产经营适应顾客需要的高质量产品,是形成企业竞争优势的最重要的基础。

(2)效率。效率主要是指经济地使用资源,降低产品的成本,从而形成竞争优势。

(3)创新。创新可以为企业带来生机与活力,只有坚持不断创新的企业,才能在激烈的竞争中永葆优势。

(4)顾客回应。顾客作为价值的认知者和评价者,是企业的衣食父母,是企业经营效益的源泉。只有向顾客提供满意的产品,与顾客保持密切而稳定的联系,真正获得顾客的认可与惠顾,才能建立更加稳定和强有力的竞争优势。

4. 建立竞争优势的策略

在进行系统的价值链分析的基础上,要发掘企业的竞争优势,采取正确的策略,不断增强企业的竞争优势。构建企业竞争优势的策略主要有三个:

(1)成本领先策略。成本领先策略即通过先进的技术与管理,显著地提高生产效率,大幅度地降低成本,使本企业的成本明显地低于竞争对手,从而获得竞争优势。

(2)产品差异化策略。产品差异化策略即通过需求调研与产品开发,向市场提供紧密适应顾客需求、具有特殊功能或鲜明特色的优质产品,使得本企业的产品与竞争对手的产品区别开来,从而形成竞争优势。

(3)专一化策略。专一化策略即主攻某个特殊的顾客群或某个细分市场,以求在狭窄的市场面构建经营优势。

5. 隐忧分析

导致企业失败的隐忧与劣势主要有:

(1)企业经营环境情况不明,缺乏清晰的战略;

(2)技术落后,没有优势的产品结构与品牌;

(3)营销乏力,不能有效地占领市场;

(4)组织结构与管理机制僵化,管理观念与管理方式落后;

(5)企业惯性严重,缺乏创新与活力。

6. 企业隐忧的消除

(1)深刻认识企业隐忧的严重危害,树立危机意识。

(2)深入分析企业内部环境,找出并正视企业存在的隐忧。

(3)通过改革、重组、调整、加强等多种手段,堵塞漏洞,消除隐忧。

(4)建立完善的结构与机制,从根本上消除隐忧的再发生。

三、管理问题的分析与确定

(一)管理问题分析与确定模型

要解决管理问题,前提必须是对管理问题有正确和深刻的了解。这就需要在收集大量信息的基础上,用科学的方法和技术分析问题,并进而确定问题,以便有效地解决问题。

分析与确定管理问题的基本模型如图 3.3 所示。

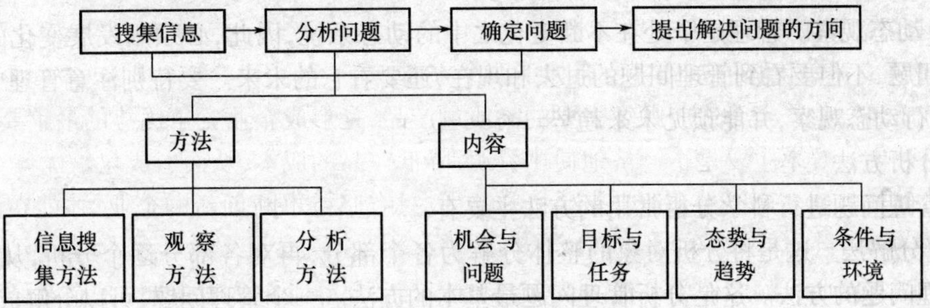

图 3.3　管理问题分析与确定模型

基本工作过程。首先,收集信息,对与管理问题相关的信息进行收集与整理;其次,分析问题,这是最为关键的环节;再次,在科学分析的基础上,准确地确定问题,界定问题的范围、性质;最后,提出解决问题的方向或思路。

方法。在收集信息、分析问题和解决问题的过程中,要选择科学的方法,包括:①收集信息的方法;②观察问题的方法;③分析问题的方法等。

内容。要分析和确定管理问题,就是要具体地分析和确定管理问题的状态、性质和趋势等内容。具体包括:①机会与问题;②目标与任务;③态势与趋势;④条件与环境。

(二)管理问题分析与确定的方法与技术

1. 信息收集方法

收集信息的方法种类很多,这里介绍几类基本的方法。

(1)数据资料收集法。这是指对历史或现实数据、资料进行收集从而获得信息的方法。这种方法对于掌握管理问题的过去和现在以及预测未来是非常便捷的,具体可以通过有关资料库、档案、新闻媒体、图书情报资料、网上检索等方式获得。

(2)访谈(座谈)法。这种方法即同知情人进行面对面的交谈,收集信息。这种方法可以及时、准确地了解到事情的真相,得到深入、详实的信息。

(3)现场调查法。这种方法即直接到现场进行调查了解的方法,可以收集到真实、细致的信息。

(4)工作报告法。工作报告法即按照组织层次与制度规定,由下级向上级报告工作,或由上级听取下级的汇报,以获取信息的方法。这是一种通过正式渠道获取信息的方式,有利于实现经常化与制度化,并有利于同管理行为实现更紧密的结合。

2. 观察方法

观察方法按不同的分类标志,可以有多种多样的方法类别。观察方法主要包括:

(1)全面观察法与局部观察法;

(2)直接观察法与间接观察法;

(3)感观观察法与抽象观察法。

无论运用何种观察方法,都要掌握观察的要领,以取得良好的观察效果。运用观察方法时特别要注意以下几点:

(1)全面观察。观察管理问题时,首先要注意全面地看问题。要观察与研究相关的各个要素、各个环节、各个阶段、各个领域;要看历史,看现实;要看主观,看客观。

(2)深入观察。管理问题,大都复杂多变,问题的本质往往被纷纭复杂的现象所掩盖。这就需要在观察时,能透过现象看本质,深入观察。

(3)动态观察。管理是个处在不断变化之中的动态系统,因此,必须用发展变化的观点观察管理问题,不但要看到管理问题的过去和现在,还要看它的未来。要特别注意管理中的动态因素,进行动态观察,并能预见未来趋势。

3. 分析方法

对管理问题进行科学分析常用的方法主要有:

(1)分解法。这是将分析对象的整体分解为各个部分,再对各部分逐个分析,从而认识、分析管理问题的方法。这是分析管理问题最基本的方法。一个管理问题,可以分解成各领域、各要素、各环节、各阶段、各因素等,层层分解,逐步深入,最后将问题分析透彻,认识到问题的全貌与实质。

(2)因果分析。这是根据管理问题内在因素之间的关系来进行分析的方法。在分析中,可以依据一定的原因分析可能出现的结果,也可以根据现实中出现的结果,来寻找造成这种结果的原因。

(3)比较分析法。比较分析法可以分为横向比较与纵向比较两大类。横向比较是与相关或同类事物的比较,而纵向比较则是指同一事物与其历史水平比较。

(4)归纳法。这是一种由特殊到一般的推理方法。管理者需要透过具体的现象、个别的事例,归纳出规律性的东西来。

(5)演绎法。这是一种由一般到特殊的推理方法。管理者面对各类管理问题,运用管理规律、管理原则进行分析,就能尽快地认识问题的属性和特征。

(6)类推法。这是一种由特殊到特殊的推理方法。在分析管理问题过程中,根据分析对象与过去的管理经验或相关事物的某些方面的相同或相似,来推知它们之间在其他方面的某些相同或相似。

(三)确定管理问题,提出解决问题的方向

根据前面提出的分析与确定管理问题的模式,应重点界定以下问题。

1. 识别与认识机会与挑战

要制订计划或进行决策,首先要认识当前面临的形势,分清是机遇还是挑战。管理者所面临并要解决的问题,可能为组织的成功与发展带来机会,也可能是阻碍成功、制约发展,甚至是导致失败的问题或威胁。要利用各种信息,作深入、细致的分析,确认对组织生存与发展的利与弊,在质和量上科学界定。应该看到,实际管理过程中,经常是现象掩盖本质,本质与现象背离;机遇与挑战并存,机会与风险伴生,而且,有的时候机会与威胁相互转化。认识、把握或利用机会与问题是衡量现代管理者领导水平高低的重要标志,是能否取得成功的关键因素。

2. 正确地认识与把握管理的目标与任务

目标与任务在管理中是最为核心的要素。要明确管理的目标与任务,首先,应准确地认定目标与任务到底是什么;其次,要深入了解目标与任务的具体要求与达到标准、完成时限、责任者等;再次,要分析所处现状、所需条件等;最后,要分析实现的困难程度及成功概率。

3. 态势与趋势

这是指要了解管理问题目前的状态与未来发展趋势。既要了解问题的历史,但更应准确把握问题的现状,即目前所处的状态、水平、利与弊、优势与劣势,并注意依据现有信息推测未来走向、发展趋势。

4. 条件与环境

条件与环境是管理问题赖以存在的基础,在相当程度上影响、制约乃至决定着管理问题的发展。不弄清管理问题的环境与条件,管理问题就不会真正得到确定。这些条件、环境因素主要包括:从管理者主观条件上看,有解决这类问题的热情、信心、优势、经验、技术、信息等;从客观环境上看,有国家宏观经济、文化环境,有行业、市场和社区的形势、氛围、习惯、行为等。

5. 明确解决问题的方向与思路

对管理问题进行科学界定与确认之后,就为解决问题提供了依据。管理者在分析确定管

理问题之后,应进一步明确解决这一问题的方向与思路。例如,是主动进攻还是防御退却;是在原阵地攻坚渗透,还是转移阵地,另辟蹊径;是采用传统成熟战术取胜,还是标新立异,出奇制胜;是耐心做好说服教育工作,还是重奖重罚,加大管理力度,等等。这个环节已经与创新、运筹相互衔接与渗透,并为其提供筹划基础。

单元二　创新与运筹

计划职能的灵魂是创新,实质过程是运筹。必须通过创新,拿出有创意的"点子",并通过科学运筹,形成系统的、可操作的工作方案。

一、创造性思维与创意

计划职能,作为对未来行动进行谋划的行为,关键在于有新的创意和构想。没有创意,就没有高质量的决策与战略,就不会有高水平的计划,未来的管理行动就很难取得成功。

(一)创造力的来源

管理中创新,靠的是创造力,而创造力的大小受很多因素影响和制约。创造力来源模式如图3.4所示。

1.创新精神

创新精神是创新的灵魂。没有创新精神,就没有创新实践。创新精神主要体现在以下三个方面:

(1)强烈的创新欲望。创新欲望即管理者出于事业心、责任感或兴趣、好奇心等,产生出巨大的创新需要。

(2)敢于创新的勇气。创新在追求成功的同时,必然伴随着风险。只有"敢"字当头,勇于创新,创新行为才可能发生。

(3)创新意识、创新观念。只有具备现代的、科学的创新观念、创新思想,才会有正确、有效的创新活动。

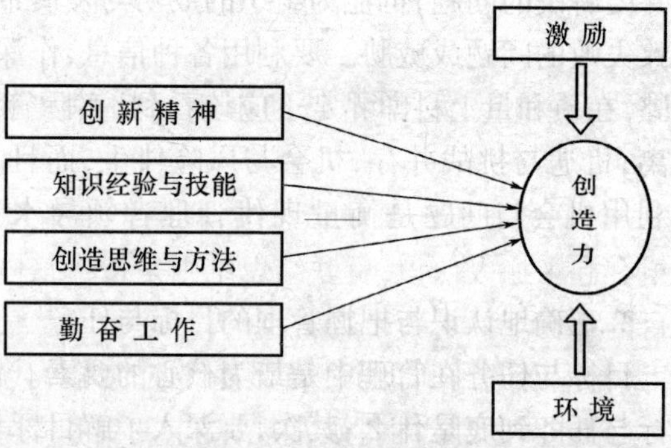

图3.4　创造力来源模式

2.知识、经验与技能

管理者所拥有的知识、经验与技能是创新的知识基础。创新就是对传统的突破,但不是在零起点飞跃的,而总是在过去知识、经验、技能基础上的飞跃。管理者的管理理论基础越扎实,实际管理经验越丰富,管理的技能越高超,他就越有条件进行管理上的创新。

3.创造性思维与创造方法

创造性思维与创造方法是创造力最直接、最重要的来源。管理者只有具有创造性思维,并能有效运用创造方法,才能卓有成效地开展管理创新活动。

4.勤奋工作

卓有成效的创新也依赖于勤奋工作。创新不是从天上掉下来的,不是人们随意想象出来的，而是通过脚踏实地、辛勤工作，在艰苦的实践中实现的。

以上四方面来自管理者自身，是创造力的直接来源；以下两方面则来自外部的影响因素，具有促进创造力形成的作用。

5. 激励

激励给创造者注入动力，会作用于管理者创新精神，促其勤奋工作，并间接地促进知识、经验、技能与创造方法的掌握。管理中的激励主要包括对创造者以精神鼓励，特别是激发他们的成就感和追求成功的欲望，同时包括各种形式的奖励等。

6. 环境

环境是激发或抑制创新的重要条件，营造宽松而富有激励的环境会有效地促进创新。具体而言，宽松而富有激励的环境包括放宽约束，鼓励自主决策，实行自我控制，制定宽松政策，允许犯错误，鼓励冒险精神，营造有利于创新的团体氛围等。

上述六方面因素的综合作用，就会产生巨大的创造力。

（二）创造性思维的形式

1. 发散型思维

发散型思维是指为解决某一问题而最大限度地放开思路，从多视点、多方向、多途径寻求解决方法的一种开放性思维方式。具体包括：

（1）立体思维，即突破平面思维定势，从多维视角对事物进行观察和思考。

（2）想象思维，即在掌握大量信息基础上，凭借丰富的想象力，产生有创意思路的一种思维方式。

（3）联想思维，即指借助事物之间的某种共性而将它们联系起来，产生新的思维的形式。

（4）联结思维与反联结思维，联结思维指将相关的或表面看起来不相关的事物以某种方式组合起来加以认识；反联结思维则是指将整体分解或利用其中一部分的方式进行思维，两者的目的都在于寻求新事物。

（5）替代思维，即通过局部替代或整体替代的方式，产生新的认识或方案。

（6）求异思维，即打破常规，寻求变更和差异，建立新事物的一种思维形式。

（7）逆向思维，即改变原有的思维方向，倒过来向相反方向进行思维的一种形式。

（8）侧向思维，即从所研究领域以外的事物寻求启示，求得新的认识或创造的一种形式。

2. 收束型思维

收束型思维是指利用已有的知识和经验，将众多信息、经验，进行分析、整理和综合，以便最终实现最优化和系统化的思维形式。它本身不产生创造性成果，但要靠它运用逻辑思维，将发散思维产生的各种思维成果逻辑化、系统化。

3. 灵感思维

灵感思维是创造性思维的重要形式。它是一种非自觉越轨思维。

（1）灵感思维来自于外部的偶然机遇和内部的显意识与潜意识交互作用两个方面，是内、外双重作用的结果，并且靠显意识与潜意识交互作用才能形成。

（2）紧张后面的小憩是灵感产生的有利时机。由于长时间的紧张循规思考，造成连续的优势兴奋中心区。当这种紧张刚过，该中心区被抑制，自发地引起位于中心区外围皮层细胞的兴奋，循规思维思路外围的潜在概念、知识就有可能被激发出来，从而形成逆向越轨思维。

(3)促进灵感思维激发的途径：要积累广博的知识和信息；要积极深入地进行思索；要创造适时的松弛。

(三)管理中的创造技法

面对棘手的管理问题，要熟练地运用一些创造性技法筹划管理方案。根据管理实践经验，有以下技法可供参考。

1. 寻异

这是指打破常规，突破思维定势，改变现状，求新寻异，以创造出全新的构想与事物。创新在本质上必须是一种变异，打破常规是创新的起点。在管理实践中要敢于对约定俗成和司空见惯的事物发问，寻求改进与创新，谋求出奇制胜。

资料卡

玫琳·凯化妆品公司在人员推销策略上进行创新。玫琳·凯认为传统的挨家挨户推销的方式已经过时，她创造了一种小组展示的直销方式。把自己的销售员称为“美容顾问”，采用小组展示的方式推销产品。他们把这个展示小组称为“玫琳·凯美容会”，每次邀请五六位顾客，由美容顾问现场指导女士如何保养皮肤，从而突破了传统的挨家挨户推销的方式，大获成功。

2. 综合

综合是指将各种要素或不同方案综合起来，而形成新的构想或事物。

管理者面对下级提出的诸多备选方案，如无特别理想的方案，则可以将几种方案综合为一，取各自优点，去各自弊端。能实现几种方案的综合，本身就具有创造成分。例如，面对两个下属各持一个互相对立的方案时，高明的管理者不是简单地肯定一个方案，而否定另一个方案；明智的做法是从更高的视点上观察处理这一管理难题，将两方案优势互补，综合为一，从而提出一个吸收两方案优点、剔除两方案弊端的第三方案，并使两个下属都成为选中方案的提供者。

在产品创新上，把多种功能综合起来，从而制造出新的产品。如收录机就是把收音机、录音机和电唱机的功能集中到一起而研制出来的。

3. 分解

面对有关方案，如认为整体方案弊端太大，则可将其科学分解，剔除不适当部分，只选择和应用其中部分内容。分解也是一种变动或创新。

4. 折中

当几种意见对立，而又各有道理或各有弊端时，管理者一般不应简单地赞成其中一种意见，而应在深入分析的基础上，对几种意见进行折中处理，从而使各方都能接受。这种折中也是一种高难度的创新。

资料卡

当初西班牙要求引渡被英国拘留的智利前独裁者皮诺切特时，遭到智利政府的坚决反对，使英国政府处于两难境地。结果，英国内政大臣斯特劳以由专家小组鉴定皮诺切特身体已不适宜审判为由，从人道主义角度决定不让西班牙引渡，从而缓解了冲突，解决了这一危机。

5. 换元

换元或称替代，是指用等效目标进行替代，以寻求新的构想或方案。换元可以是一种方案行不通时，用另一种方案进行替代；也可以对原方案中某些要素或环节进行替代。有时还要进行多轮替代，直至满足目标要求时为止。换元是创新的重要手段。

6. 重组

按照新的思路，将原有的要素进行重新组合，就可能获得有价值的新事物。詹姆斯·韦伯·扬创意法就体现了这一思想。韦伯·扬最重要的观点是"新构想是不折不扣的老要素之新组合"。韦伯·扬生前曾任美国智威汤逊广告公司创意主任，并于1940年提出其产生构想的概念。韦伯·扬创意法提出创意产生有五个特定步骤：①收集原始资料；②用心检查这些资料；③孵化阶段；④构想的产生；⑤最后形成与发展构想。

资料卡

凯斯勒的创意法也反映了这一原理。亚瑟·凯斯勒提出了"二旧换一新"的构想。所谓"二旧换一新"是指一个新构想通常可以出自两个相互抵触的想法的再生组合。即两个相当普通的，可以是相反或对立的概念或想法、情况、事件组合在一起，使"二旧"换成"一新"，产生一个全新的构想。

劳温堡作为一种德国啤酒，第一次在美国市场上市时就运用"二旧换一新"的思路设计广告。劳温堡的价格昂贵、品质优良。其提出的广告构想是："当他们用光劳温堡时，就相当于享用了香槟酒。"

在美国消费者心目中香槟酒是高品质的，而啤酒是大众消费品。这句广告词，将本属于大众消费品的啤酒同高品质的香槟酒这两个看来明显不同档次的酒的概念组合到一起，获得一个全新的概念与认识。他虽没有说劳温堡是一种最高品质的啤酒，但却表达出"劳温堡是一种最高品质的啤酒"的概念。这一构想采用了与正常思考反其道而行之的方法。即不说啤酒是可以代替香槟的选择，却明显地提示饮用劳温堡啤酒有饮用香槟的感受。这一构想将两个不相关的甚至互相抵触（香槟酒是高档的、啤酒是低档的）的概念经过结合，产生了另一个更使人注目的概念。这就是"二旧换一新"的作用。

7. 移植

当将某一领域中的机制与办法引进新的领域用来解决所要解决的管理问题时，就会产生一种全新的思路或办法,使原有领域传统的东西一下子变成了另一领域全新的东西。

现代信息论的创始人维纳,将物理学中的概念"熵"引进信息论,用"负熵"解决了信息量化问题,成为划时代的创新成果。

8.逆寻

逆寻即运用逆向思维,在原有解决问题思路的相反方向上寻求解决方案。人们在思考或处理问题的过程中,经常存在一种思维惯性,沿着原有解决问题的思路走下去,直至碰壁。而逆向思维则是打破原有的思维惯性,从原有思路的相反方向突破,以寻求全新的解决问题的思路与方案。

资料卡

英国一家乡间旅馆,地处荒凉地带,没有公路,不通汽车;没有电,不通电话。这家旅馆应该说不具备办旅馆的有利条件。但旅馆的经营者却运用逆向思维,从相反的方向上提出经营战略,在《泰晤士报》上登出如下广告:"这家旅馆没有公路,不通汽车;没有电,不通电话……这里什么都没有,你不必担心汽车的噪音和污染;不必担心有人打电话找你,你尽可以不受任何干扰地在这里休息。"这对那些饱受现代污染和电话干扰,一心想寻觅幽静之处彻底放松、休息的老板们,真是个理想之所。结果这家旅店门庭若市,生意兴隆。

(四)创意及其形成过程

1.创意的含义

创意是创造性思维的成果,是创新在计划职能中的体现,是决定计划价值的核心要素。创意是指在创造性思维活动过程中所创造的独特设想与构思。它是以创造性思维活动为前提和基础的,对所谋划的事项提出全新、独特的设想、构思,或称"点子""高招"。创意可能是关于所要解决事物的一个思路、一种对策、一条途径、一个主题、一种形式、一个方案等。

资料卡

加拿大一家超市别出心裁,设置了一个大水池,养了许多鱼。凡想购买鱼的顾客,均可持钓鱼竿去钓鱼。钓到之后再称量购买。这种做法将购物与休闲娱乐有机结合,招来大批顾客,不但卖鱼的生意红火,而且带动了整个商场的繁荣。

美国一家食品公司为了推销其有特色的面包,在底特律市竖立了一个80米高、100米长的巨型面包广告牌。这一面包模型不但特别高大,而且更加特别之处在于行人走近时会闻到浓郁的面包香味从而引起当地居民的极大兴趣与关注,使这家食品公司的面包销售额增加了两倍多。

2.创意的形成过程

创意作为创造性思维的结果,其形成过程就是针对具体管理目标的创造性思维的活动过程。创意的形成过程主要包括以下几个步骤:

(1)创意的准备。这是指管理者从管理目标与需要出发,大量收集与处理信息资料,界定所要解决的问题与任务要求,明确客观环境与主观条件,理清创意的大致方向等。

(2)创意的酝酿。在前一阶段的基础上,管理者遵循管理目标与创意的大致方向,依据自身或群体的知识、经验、想象力、创造力,运用多种创造性思维形式,通过极度活跃的思维活动,多角度、全方位地分析判断,综合分解,替代重组,大胆设想,上下求索,以期产生大量、各异的新奇想法、念头。

(3)创意的闪现。在创意酝酿到一定程度时,会升华出某种具有灵感性质的新奇构想,这就是创意的雏形或内核。这一步是最具有决定意义的,将直接决定创意的产生及其价值的大小。

(4)创意的确定。上一阶段所闪现出的新奇构想是否就是有价值的创意,还需要运用理智和逻辑思维对其进行深入的思考、分析和论证。创意的确定有两条最重要标准:一是必须有效地服务于管理目标;二是必须可行。

(5)创意的完善。创意的基本构想确定后,还必须通过各种有效形式,充分研讨,集思广益,加以补充、修改与完善,并最终要形成具有可操作性的活动项目、实现方式或工作方案。

二、管理方案的科学运筹

有了创意之后,就需要进行科学运筹,拟订周密的方案。管理方案的科学运筹主要包括以下内容。

(一)科学安排计划要素

1. 目标

要根据本组织的基本功能及具体任务要求,结合主客观条件,科学合理地制定目标。要尽可能使目标明确化、可度量化,含糊不清或无法衡量的目标等于没有目标。目标标准的水平要适当,要以先进可行为度。

2. 对策与措施

这是管理方案的主体部分。要对如何实现目标提出科学、可行的方案、途径、程序、措施等。对策与措施应特别注意以下几点:

(1)有效性。对策与措施一定要直接为实现目标服务,对实现目标是最有效的。

(2)可行性。管理方案必须切实可行,有很强的可操作性。

(3)经济性。能有效实现目标而又最节省的方案是最好的方案,要注意使管理行为成本最低。

3. 完成时限与责任者

要确定目标实现的时间界限,要明确执行主体,制定严格的责任制。

(二)合理配置资源

合理有效地配置资源,是科学运筹、周密设计方案的重要内容,也是预先控制的重要手段。

1. 按目标、任务分配资源

资源是为实现目标和任务服务的,必须坚持按目标任务的需要来分配资源,用资源保证目标的实现。

2. 正确处理重点与一般的关系

主要目标必须以足够的、高质量的资源重点保证,绝不可平均分配,使资源分散使用。但同时对于一般任务目标也要有相应的资源分配,使一般任务目标得以完成。

3. 资源使用的有效性与经济性

要以产出定投入,并比较投入与产出效果,以最小的资源投入,获得尽可能大的管理产出,注重资源使用效率,最大限度地提高资源经济效益与社会效益。

(三)巧妙运筹时空与活动

1. 活动运筹

这既包括一项活动自身的运筹,又包括诸多活动的统一协调。

(1)一项活动的运筹。一项活动的运筹包括活动题目、内容、形式、过程以及相关工作,对这些都要进行周密计划,科学安排,以保证取得预期效果。

(2)当同时有多项活动时,要合理安排,有机协调。多项活动在时间上一般存在三种关系:并行关系、交叉关系和先后关系。要区分这三种性质的关系,对各种活动科学运筹、合理安排,以提高效率、节省时间。存在相关或制约关系的几项活动,要注意先后次序、衔接问题;如果是相互争时间、争精力、争资源的活动,则要通过科学运筹,错开高峰,利用互补,协调发展;如果是本组织与上级同时安排一些紧迫任务时,应运用结合原则,尽可能将上级布置的任务与本单位正在开展或即将开展的工作结合起来,融为一体,统一运作,这样可以达到事半功倍的效果,尽可能不另起炉灶,顾此失彼。

2. 程序运筹

科学的程序是运筹的核心内容之一,没有科学的工作程序,工作就很难有效率。工作实施的先后顺序对于工作的效率与效果具有重要意义。

(1)要根据工作环节或阶段之间的关联或依存关系安排先后顺序,打基础的工作在先,后继性的工作在后,搞好衔接。

(2)要注意各环节与阶段的连贯性,使各环节、阶段之间紧密衔接,形成工作链条。

(3)注意关键线路法思想的运用。在大的工作项目中,找出作用重要,工作周期最长的关键工作环节或项目,优先安排,贯彻始终,而其他项目则按结合原则,交叉安排,从而可以保证整个工作项目在最短时间内完成。

3. 空间运筹

在筹划空间地点时,要注意地点对活动的适应程度;要充分利用地点、场所对活动效果的增强或放大作用;要注意空间上活动的并存与协调;要尽可能节约在地点场所上的开支。

资料卡

宋代一场大火烧毁了皇宫。皇帝命大臣丁谓负责皇宫修复工程。该工程量相当大,用料多,且运输距离遥远,正常工期将长达25年。而丁谓经过巧妙运筹,制定了一个综合方案:将宫前的几条主要街道挖成渠道,从中取土就地烧成修建用砖瓦;同时引汴水入渠,由水路使用竹排木筏将远道而来的建筑材料直接运到施工现场;待皇宫竣工后,再将工程废料填入水渠中,修复道路。这样一举三得,不但节省了巨额资金,而且大大缩短了工期,大获成功。

(四)弹性与应变

在对管理方案进行运筹时,一定要注意方案在实施中可能遇到的意外:如目标、任务变化,或主客观环境变化。这样,在运筹的过程中就应充分作好应变准备。

1. 弹性

为有效应付各种变化,要在运筹过程中预先保留相应的运作空间,使活动方案具有较大的弹性,以增强计划的灵活性、适应程度。

2. 预案

对管理方案实施中遭遇意外或突发事故,要事先作好充分准备,并拟订突发事故或意外出现时的基本对策或防范、处理措施。有时要准备几套备用方案。

单元三 决 策

一、决策及分类

(一)决策的含义与重要性

1. 决策的含义

决策是指管理者为实现组织目标,在调研分析的基础上,运用科学理论和方法设计与选择优化方案,用以实施的管理行为。管理决策,从广义上讲,包括调查研究、预测、分析研究问题,设计与选择方案,直至付诸实施等一系列活动。在狭义上,决策仅指对未来行动方案的抉择行为。

2. 决策的重要性

决策的重要性主要体现在以下两方面:

(1)决策是计划职能的核心。履行计划职能,最核心的环节是进行决策。

(2)决策事关工作目标能否实现乃至组织的生存与发展,因为决策失误,必然导致管理与经营行为的失败。

(二)决策的类型

1. 按决策的作用范围分

(1)战略决策,指有关组织长期发展等重大问题的决策。例如,1985 年,英特尔公司在公司亏损十分严重的情况下,高层领导毅然决定放弃主要产品——随机存取存储器,着手生产微处理器。结果这项重大的战略决策使英特尔公司迅速成为世界领先的半导体生产商,超过了日本电气公司和东芝公司。

(2)战术决策,指有关实现战略目标的方式、途径措施的决策。

(3)业务决策,指组织为了提高日常业务活动效率而作出的决策。

2. 按决策的时间分

(1)中长期决策,一般为 3 ~5 年,甚至时间更长。

(2)短期决策,一般在1年以内。

3. 按照制定决策的层次分

(1)高层决策,指组织中最高层管理人员作出的决策。

(2)中层决策,指组织内处于高层和基层之间的管理人员所作的决策。

(3)基层决策,指基层管理人员所作的决策。

4. 按决策的重复程度分

(1)程序化决策,指按原来规定的程序、处理方法和标准进行的决策,如原材料采购决策等。

(2)非程序化决策,指对不经常发生的业务工作和管理工作,即没有决策规范所遵循的决策,如新产品开发决策等。

5. 按决策的时态分

(1)静态决策,指一次性决策,即对所处理的问题一次性敲定处理办法,如公司决定购买一批商品等。

(2)动态决策,指对所要处理的问题进行多期决策,如公司分三期进行投资项目的决策等。

6. 按决策问题具备的条件和决策结果的确定性程度分

(1)确定型决策,指每种备选方案只有一种确定结果的决策,即决策事件未来的自然状态明确,只要比较各方案的结果即能选出最优方案,如物资调运方案决策等。

(2)风险型决策,指决策事件未来的各种自然状态虽不能预先肯定,但可以测出各种状态出现的概率的决策。这种决策属于有一定风险的决策。例如,企业经销一种曾经销售过的商品,其销售规模的决策,无论选择哪种方案都是具有一定的风险。

(3)不确定型决策,指决策事件未来的各种自然状态完全未知,各种状态出现的概率也无法估计,只能凭决策者主观经验作出的决策。如在市场变化情况不明时,生产一种全新产品的决策等。

二、决策的程序

由于决策所要解决的问题复杂多样,决策的程序也不尽相同,但一般都遵循一些基本程序,如图3.5所示。

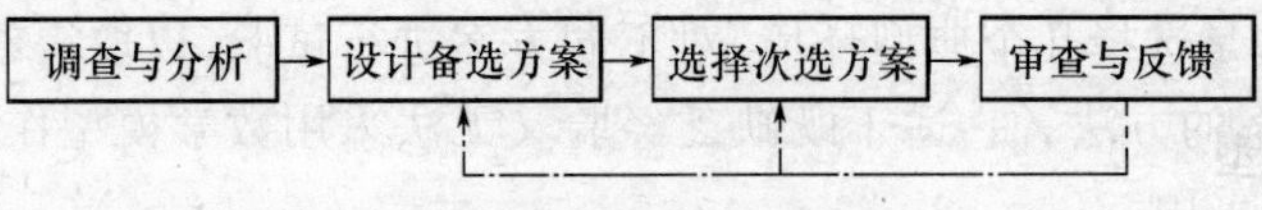

图3.5　决策程序

(一)调查与分析

1. 界定决策问题

通过对现有系统的分析,找出问题点及解决思路,界定决策问题。

2. 确定决策目标

针对决策问题,提出决策目标,并确定目标的衡量标准。

3. 调查与信息收集

围绕决策目标,对决策问题及环境系统作周密分析调查,并收集相关信息。

4. 分析与预测

在占有大量信息资料后,要对信息进行整理,运用数学技术及计算机手段等进行科学分析,对事物的未来发展趋势进行预测。

(二)设计备选方案

1. 大胆设想

要根据决策目标及相关的分析预测,充分运用各种创造性思维,广开思路,大胆设想。特别要集思广益,多方探索,提出创意,最大限度地寻求解决问题的多种途径与办法。

2. 精心设计

以有效实现目标为中心,注意多种因素及内外环境的思考与综合,使各种途径与方法具体化,构造出多种可行方案。

(三)选择决策方案

1. 制定评价与选择的标准

要根据有利于目标实现和适应主客观环境的要求制定标准。一般采用的不是最优标准,而是足够满意标准,这是一种充分利用主客观条件的最佳选择。

2. 对备选方案进行全面评价

首先,根据“制约因素原理”从众多备选方案中选出少数有效且可行的备选方案;其次,在较少的备选方案中,再用科学方法,对照标准,逐个分析评价。

3. 抉择最佳方案

在评价的基础上,要从多个备选方案中选出一个或对多个方案进行再综合,从而确定一个最佳方案。这里所谓的最佳方案,是指根据足够满意标准,两利取其大,两弊取其小,作优化选择的方案。选择的方法主要有:

(1)经验判断法,即依靠决策者的实践经验和判断能力来选择方案的一种方法。这种方法适用于处于较为稳定的环境且较简易的方案的选择。

(2)数学分析法。这是一种借助数学模型与量化分析进行方案选择的方法,它适于一些无法靠人的经验来选择方案的复杂决策问题。

(3)试验法。这是选择几个典型环境,对不同方案进行试验,以取得经验和数据,并以此为作为依据选择方案的方法。它适于既缺乏经验又无法采用数学模型作定量化分析的情况下,选择重大方案时采用。

(四)审查与反馈

方案选出后,必须进一步做好决策的审查、实施、反馈等工作。

(1)审查。要对方案形成的基础——信息资料的可靠性进行复检,并分析在设计方案时被忽略不计的因素与假定条件,全面作敏感性分析,检查方案在不同条件下的适应能力,并判定实施的保证措施。

(2)将决策付诸实施。

(3)反馈。对决策的实施进行跟踪控制,及时收集反馈信息,必要时对决策进行修订调整,使决策在实践中进一步完善。

三、定性决策方法

(一)决策的"硬"方法与"软"方法

1. 决策"硬"方法

这是指运用数学模型及计算机手段,在对决策问题进行定量化分析基础上进行决策的方法,也称定量决策方法。

2. 决策"软"方法

决策"软"方法也就是定性决策方法。它是指在决策过程中充分发挥专家集体的智慧、能力和经验,在系统调查研究分析的基础上,根据掌握的情况与资料,进行决策的方法。

(二)定性决策方法

1. 头脑风暴法

该方法又称畅谈会法,它是一种邀请专家、内行,针对组织内某一个问题或某一个议题,让大家开动脑筋,畅所欲言地发表个人意见,充分发挥个人和集体的创造性,经过互相启发,产生连锁反应,集思广益,而后进行决策的方法。会议一般邀请 5 ~ 12 人,时间在一个小时左右。主持者介绍背景,提出总议题;然后,与会者畅所欲言,形成思想和热情的风暴;最后,形成创意、决策意向或方案。其主要规则为:①放开思路,自由鸣放;②不相互批评,不要争论;③倡导多角度分析,鼓励提多种不同方案;④激励相互启发、联想、综合与完善。

2. 认知冲突法

这种方法与头脑风暴法的规则正相反。它要求与会者要针对他人提出的见解、方案,直接提出相反的意见或进行否定,并鼓励争论,以求在不同意见与方案的冲突、争论中辨明是非,发现各种方案的缺陷,逐步趋于一致。这种方法主要用于对已有方案的深入分析、评价与选择。

3. 征询法

征询法是指要求被征询意见的人,事先不接触、事后接触的一种决策方法。将被征询意见的人编成组。开始时,在不接触、不产生相互影响的条件下,让他们分别用书面方式提问题、提建议、或回答所提问题;然后,由组织者将每个人的书面材料整理成汇编材料发给每个参与者,公布时只有汇编结果,并无具体人名;每个参与者可以针对汇编的各种意见毫无顾虑地发表意见,并修订自已的意见;可以将大家的意见再进行汇编与反馈,进行多轮;最后,把大家趋于一致的成熟意见集中起来,作出决策。

4. 提喻法

该方法又称哥顿法,提喻法主要针对研究决定一些较为敏感的问题,或为了不限制大家的思路,在会上不讨论决策问题本身,而用类比的方法提出类似的问题,或者把决策问题分解为几个局部小问题,主持会议者不讲明讨论的主题,而是围绕主题提出一些相关问题,以启示专家发表见解。最后,把好的见解集中起来形成决策。

5. 方案前提分析法

有些决策的问题,如何进行决策主要取决于其方案的前提假设条件。方案是否正确,关键看它的前提假设是否成立。采用这种方法时,组织者让与会者只分析讨论方案的前提能否成立,据此判定决策方案。

四、定量决策方法

定量决策方法,即决策的硬方法,可以分为静态决策法和动态决策法。这里主要介绍静态决策法。

(一)确定型决策方法

确定型决策问题,即只存在一种确定的自然状态,决策者可依科学的方法作出决策。确定型决策的方法有以下几类:①线性规划、库存论、排队论、网络技术等数学模型法;②微分极值法,即利用微分求导的方法确定极大(小)值;③盈亏平衡分析法,即借助盈亏平衡点进行分析的方法。这里主要介绍盈亏平衡分析法。

1. 盈亏平衡分析的基本模型

它是研究生产、经营一种产品达到不盈不亏时的产量或收入的一种分析模型。这个不盈也不亏的平衡点即为盈亏平衡点。显然,生产量低于这个产量时,则发生亏损,超过这个产量时,则获得盈利。如图3.6所示,随着产量的增加,总成本与销售额随之增加,当到达平衡点*A*时,总成本等于销售额(即总收入),此时不盈利也不亏损,正对应此点的产量*Q*即为平衡点产量,销售额*R*即为平衡点销售额。同时,以*A*点为分界,形成亏损与盈利两个区域。此模型中的总成本是由固定成本和变动成本构成的。按照是以平衡产量*Q*还是以平衡点销售额*R*作为分析依据,可将盈亏平衡分析法划分为盈亏平衡点产量(销量)法和盈亏平衡点销售额法。

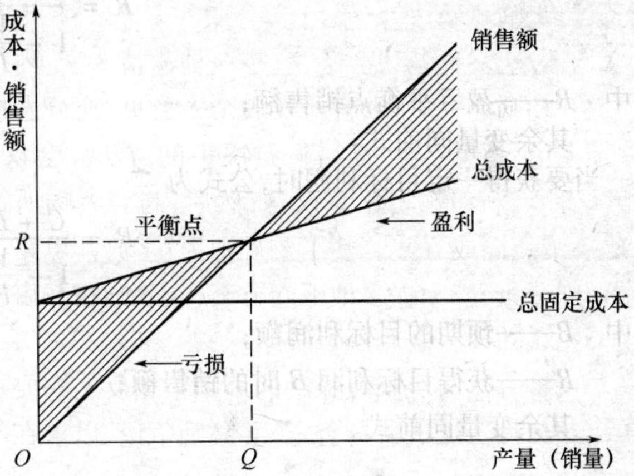

图3.6 盈亏平衡分析基本模型

2. 盈亏平衡点产量(销量)法

这是以盈亏平衡点产量或销量作为依据进行分析的方法。其基本公式为

$$Q = \frac{C}{P - V}$$

式中 *Q*——盈亏平衡点产量(销量);

C——总固定成本;

P——产品价格;

V——单位变动成本。

当要获得一定的目标利润时,其公式为

$$Q = \frac{C + B}{P - V}$$

式中 *B*——预期的目标利润额;

Q——实现目标利润*B*时的产量或销量。

例 3.1 某厂生产一种产品。其总固定成本为 200 000 元；单位产品变动成本为 10 元；产品销价为 15 元。

求：(1)该厂的盈亏平衡点产量应为多少？

(2)如果要实现利润 20 000 元时，其产量应为多少？

解 (1) $Q = \frac{C}{P - V} = \frac{200\ 000}{15 - 10} = 40\ 000$(件)

即当生产量为 40 000 件时，处于盈亏平衡点上。

(2) $Q = \frac{C + B}{P - V} = \frac{200\ 000 + 20\ 000}{15 - 10} = 44\ 000$(件)

即当生产量为 44 000 件时，企业可获利 20 000 元。

3. 盈亏平衡点销售额法

这是以盈亏平衡点销售额作为依据进行分析的方法。其基本公式为

$$R = \frac{C}{1 - \frac{V}{P}}$$

式中 R——盈亏平衡点销售额；

其余变量同前式。

当要获得一定目标利润时，公式为

$$R = \frac{C + B}{1 - \frac{V}{P}}$$

式中 B——预期的目标利润额；

R——获得目标利润 B 时的销售额；

其余变量同前式。

(二)风险决策方法

在风险型决策中，决策者对未来可能出现何种自然状态不能确定，但其出现的概率可以大致估计出来。风险型决策常用的方法是决策树分析法。

1. 决策树法的含义

这是指借助树形分析图，根据各种自然状态出现的概率及方案预期损益，计算与比较各方案的期望值，从而抉择最优方案的方法。下面结合实例介绍这一方法的运用。

例 3.2 某公司计划未来 3 年生产某种产品，需要确定产品批量。根据预测估计，这种产品的市场状况的概率是：畅销为 0.2；一般为 0.5；滞销为 0.3。现提出大、中、小三种批量的生产方案，求取得最大经济效益的方案。有关数据如表 3.2 所示。

表 3.2 各方案损益值表　单位：万元

方案 \ 状态	畅销(0.2)	一般(0.5)	滞销(0.3)
大批量	40	30	-10
中批量	30	20	8
小批量	20	18	14

2.决策树分析法的基本步骤

(1)从左向右画出决策树图形。首先从左端决策点(用"□"表示)出发,按备选方案引出相应的方案枝(用"——"表示),每条方案枝上注明所代表的方案;然后,每条方案枝到达一个方案结点(用"○"表示),再由各方案结点引出各个状态枝(也称作概率枝,用"——"表示),并在每个状态枝上注明状态内容及其概率;最后,在状态枝末端(用"△"表示)注明不同状态下的损益值。决策树完成后,再在下面注明时间长度,如图3.7所示。

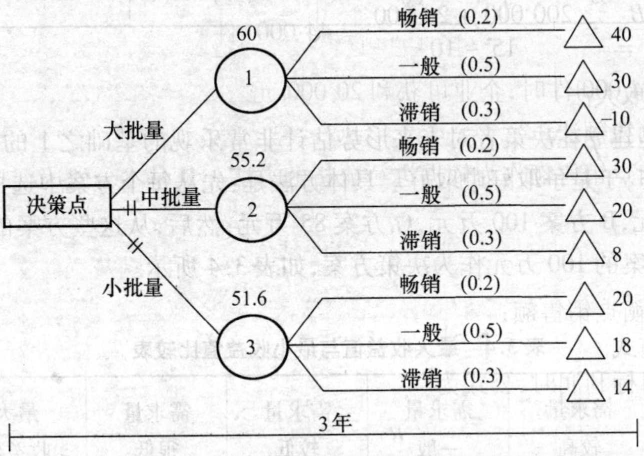

图3.7　决策树图

(2)计算各种方案的期望值。根据表3.2数据资料计算如下:

大批量生产期望值=[40×0.2+30×0.5+(-10)×0.3]×3=60(万元)

中批量生产期望值=[30×0.2+20×0.5+8×0.3]×3=55.2(万元)

小批量生产期望值=[20×0.2+18×0.5+14×0.3]×3=51.6(万元)

(3)选择最佳方案。将各方案的期望值标在各个方案结点上;然后,比较各方案的期望值,从中选出期望值最大的作为最佳方案,并把最佳方案的期望值写到决策结点方框的上面。同时剪去(用"//"表示)其他方案枝。此例中,大批量生产期望值最大(60万元),故选中该方案。

(三)不确定型决策方法

不确定型决策是在对未来自然状态完全不能确定的情况下进行的。由于决策主要靠决策者的经验、智慧和风格,便产生不同的评选标准,因而形成了多种具体的决策方法。

例3.3　某公司计划生产一种新产品。该产品在市场上的需求量有四种可能:需求量较高、需求量一般、需求量较低、需求量很低。对每种情况出现的概率均无法预测。现有三种方案:A方案是自己动手,改造原有设备;B方案是全部更新,购进新设备;C方案是购进关键设备,其余自己制造。该产品计划生产5年。据测算,各个方案在各种自然状态下5年内的预期损益见表3.3。

表 3.3　各方案损益值表　　单位:万元

方案＼状态	需求量较高	需求量一般	需求量较低	需求量很低
A 方案	70	50	30	20
B 方案	100	80	20	-20
C 方案	85	60	25	5

1. 乐观法(大中取大法)

这种方法决策是建立在决策者对未来形势估计非常乐观的基础之上的,即认为极有可能出现最好的自然状态,于是争取好中取好。具体方法是:先从每个方案中选择一个最大的收益值,即 A 方案 70 万元,B 方案 100 万元,C 方案 85 万元;然后,从这些方案的最大收益中选择一个最大值,即 B 方案的 100 万元作为决策方案,如表 3.4 所示。

表 3.4　最大收益值与最小收益值比较表　　单位:万元

方案＼状态	需求量较高	需求量一般	需求量较低	需求量很低	最大收益值	最小收益值
A 方案	70	50	30	20	70	20
B 方案	100	80	20	-20	100	-20
C 方案	85	60	25	5	85	5

2. 悲观法(小中取大法)

这种方法决策是建立在决策者对未来形势估计非常悲观的基础上的,故从最坏的结果中选最好的。其具体方法是:先从每个方案中选择一个最小的收益值,即 A 方案 20 万元,B 方案 -20 万元,C 方案 5 万元;然后,从这些最小收益值中选取数值最大的方案(A 方案 20 万元)作为决策方案,见表 3.4。

3. 平均法(等概率法)

这种方法决策是将未来不明的自然状态出现的可能完全等同地加以看待,因此,设各种自然状态出现的概率都相同,从而将其转化为风险型决策。

4. 后悔值法(大中取小法)

这种方法的基本思想是如何使选定决策方案后可能出现的后悔达到最小,即蒙受的损失最小。各种自然状态下的最大收益值与实际采用方案的收益值之间的差额,叫做后悔值。这种决策方法的步骤是:先从各种自然状态下找出最大收益值;再用各个方案的收益值去减最大收益值,求得各方案后悔值;然后,从各个方案后悔值中找出每个方案最大后悔值;最后,从中选择最大后悔值最小的方案为决策方案,如表 3.5 所示。三个方案最大后悔值分别为 30,40,20。因为 C 方案的最大后悔值最小(20),故选中该方案。

表3.5 最大后悔值比较表 单位:万元

方案＼状态	需求量较高	需求量一般	需求量较低	需求量很低	最大后悔值
A方案	30 (100-70)	30 (80-50)	0 (30-30)	0 (20-20)	30
B方案	0 (100-100)	0 (80-80)	10 (30-20)	40 (20+20)	40
C方案	15 (100-85)	20 (80-60)	5 (30-25)	15 (20-5)	20

上述四种方法在实际中往往同时运用,并将用四种方法决策被选中次数最多的方案作为决策方案。

单元四 计划职能实务

一、目标制定

(一)目标与目标体系

1.目标含义

目标是体现某种目的要求的具有数量或质量特征的具体化形式。目标是组织及其成员所有行为的出发点与归宿,在组织管理中处于十分重要的地位。完整的目标概念应包括以下含义:

(1)目标既要有目标项目,又要有达到标准。如降低成本是目标项目,降低5%则是需达到的标准。只有项目而无标准的目标在管理上是毫无价值的。

目标=目标项目+达到标准

(2)目标是质与量的统一。完整的目标,既有质的规定性,又有量的界限。

(3)目标是有时间维的。目标的实现一定要有明确的完成时限。

2.目标体系

任何管理组织内都不会只有单一目标存在,总是同时存在若干目标。由此,这些目标就构成组织的目标体系。

(1)组织体系纵向上的目标结构。在组织体系的纵向上,存在着组织不同管理层次之间的目标衔接问题,包括组织的总目标、中层目标和基层目标。下级目标成为完成上级目标的手段。由上至下是层层分解关系;由下至上是层层保证或综合关系,并构成了一个目标-手段链,如图3.8所示。

(2)组织体系横向上的目标结构。从组织体系的横向上看,在同一管理层次各个部门之间,也有目标协调与组合问题。各职能部门的工作角度与利益不同,它们之间的目标可能产生冲突,必须进行很好的协调与衔接以形成合力。

(3)目标多元化与目标次序。无论是组织纵向还是组织横向,也包括一个部门本身,都是一种目标多元化状态。这就产生了目标优先次序问题,即在多个目标,特别是平行目标之间,如何根据目标的重要程度排列出优先次序。必须根据组织的总目标,结合各目标之间的内在

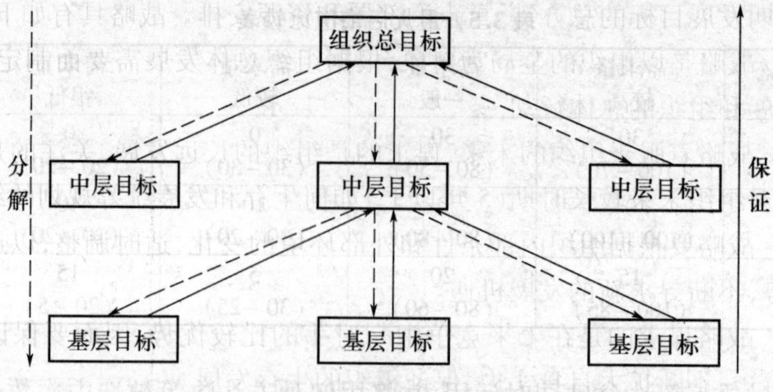

图 3.8　目标－手段链

联系，区分轻重缓急，科学合理地加以排列。

（二）目标制定

组织目标是一个多元递阶的复合系统。目标的制定是一项极为重要的工作，应遵循正确的原则，有可靠的依据，按照科学的程序进行。

1. 制定目标的原则

（1）明确性原则。目标的内容必须清楚明确，不能含糊不清。

（2）先进合理原则。目标标准的水平必须先进，同时又必须经过努力可以达到。

（3）可行性原则。设立的目标，不但标准是可以达到的，而且目标的数目也不宜过多，并充分考虑主客观条件限制，具有很强的可操作性。

（4）定量化原则。该原则表示目标的各种指标或标准要尽可能定量化，便于测量。对于一些不好直接量化的，尽可能采用一些方法技术转化为量化指标。

2. 制定目标的依据

（1）从本组织的宗旨出发，结合组织内外部环境，这是制定组织目标的最基本依据。

（2）可根据前一阶段未实现的目标或标准的问题点以及出现的新问题确定目标。

（3）根据市场竞争的需要制定目标。

（4）根据上级部门提出的要求、部署或社会的形势要求制定目标。

（5）根据与国内外先进水平比较的差距制定目标。

3. 制定目标的程序

制定目标的基本程序可以分为“由上而下”“由下而上”及“上下结合”等几种。一般业务较为简单的小企业采用“由上而下”的程序，即先由企业上层提出总目标，再层层下达；而业务复杂的大企业则必须先由各部门制定目标，然后再综合为企业的总目标；但大多数情况下都是采取上下结合、几上几下的程序进行。

二、战略与政策

（一）战略及构成要素

1. 战略含义与特征

战略是为了实现预定目标，对组织的全局的、长远的和重大的问题所作出的运筹规划。战略是实现企业长期发展目标的总方针、重点的部署和资源安排。战略具有如下特征：

(1)全局性。战略是以组织的全局为对象，根据组织总体发展需要而制定的，它的着眼点是组织全局的发展和组织的总体行动。

(2)长期性。战略着眼于组织的未来，谋求的是组织的长远发展，关注的是组织的长远利益，因此，战略是对组织未来较长时期(5年以上)如何生存和发展统筹规划的结果。

(3)适应性。战略要根据组织内部条件和外部环境的变化，适时调整，以适应各种变化因素，化劣势为优势，不断寻求新的发展机遇。

(4)竞争性。战略谋求的是在未来竞争中与对手的比较优势，因而要保证能充分发挥自己的优势，扬长避短，不断扩大自身实力，保证组织的生存发展。

(5)指导性。尽管战略的内容大都是原则性的、概括性的规定，但具有行动纲领的意义，对组织的一切行动都具有指导性作用。

2. 战略构成要素

就一般组织的战略而言，其作为一个系统，主要应由以下五个要素构成：

(1)战略思想。战略思想即制定实施战略所依据的指导思想，这是战略的灵魂。战略思想主要来自于战略理论、战略环境的客观分析以及领导层的战略观念。企业的战略思想主要包括：竞争观念、市场营销观念、创新观念、效益观念等。

(2)战略目标。战略目标是组织通过战略在未来所要达到的目的。它是战略决策的核心，也是战略管理其他环节进行活动的依据。

(3)战略重点。战略重点是指对战略目标的实现有重大甚至决定意义的关键部位、环节和部门。

(4)战略阶段。战略阶段是指为了达到预定战略目标在战略的制定和实施过程中按一定标志或依据划分的阶段。阶段的划分切忌主观随意性，要注意：①每一阶段都要有指定的战略任务，尽量使任务均衡，逐步推进；②每一阶段各有侧重点，注意抓关键问题；③各阶段要衔接紧密，防止脱钩、扯皮。

(5)战略对策。战略对策即为实现战略指导思想和战略目标而采取的措施和手段。战略对策要做到"四性"，即①预见性，指要充分考虑未来可能出现的各种不确定因素，增强对未来事件的适应能力；②针对性，指对已存在和即将出现的各种问题要找准突破口，寻求最有效的解决办法；③综合性，或叫组合性，即对在战略制定实施过程中出现的各种各样的问题，可以采取组合策略，综合各种有效方法，灵活应变；④灵活性，即根据具体情况、具体问题，随时采取有效的解决办法，避免墨守成规，要具有创新精神和冒险精神。

3. 战略的重要性

战略决定着企业的生存与发展。由于战略是关于企业生产经营与发展的指导方针与总体策略，决定着企业行为的长远发展方向与思路，因此其所发挥的是一种长远性、全局性、根本性的作用与影响，是非常重要的。

(二)政策的含义与功能

1. 政策的含义

政策是指组织为实现目标，对决策及实施中的思想和行动进行指导或限定的规范或准则。政策是以保证目标实现为宗旨的，它使决策及由决策引起的行动处于有助于目标实现的理想范围内;政策实质上是一种思维与行为的指导方针;政策作用的对象是组织成员决策及实施中的思想与行动;政策的作用方式是正面的指导和反面的制约限定。

2. 政策的功能

政策主要有以下四个功能。

(1)政策能有效保证目标的实施。这是政策最基本的功能。通过政策的执行,指导人们采取有利于目标实现的预期行动,而限制或纠正不利于目标实现的行动,从而使组织成员的决策思想和行动始终处于促进目标有效实现的理想范围之内,以保证目标的实现。

(2)有利于统一计划结构,协调未来行动。依据统一、规范的政策,确定实现未来工作目标的计划与对策,对诸种要素、诸项活动进行统一配置与衔接,从而保证实现目标的未来行动高度协调、有效。

(3)可以避免重复分析,使管理规范化,提高工作效率。管理实践中,更多的是经常性的、重复发生的例行工作。如果没有统一的处理准则规范,就可能一事一议,大大增加管理者的负担。如果订立了政策,使处理例行工作有了规范或准则,就可以避免重复分析,并且使先后发生的同类工作都按统一的政策规范处理,减少工作的随意性,提高管理工作的规范性,从而使管理工作的效率明显提高。

(4)有利于授权和调动下级积极性。在一个组织政策体系不健全的情况下,下级从事任何工作都得一事一请示,而且只能按上级的具体指示行事,完全无自主可言。而建立了较为完善的政策体系后,管理者就没有必要再作更多的具体指示,完全可以授权,放手让下级按照明确的政策规范去处理工作。这样就可以大大调动下级工作的积极性和主动性,保证组织目标的有效实现。

(三)政策形成的来源

(1)政策最主要的来源是最高管理部门。组织最高管理层的一项重要工作职能,也是他们推动下级实现组织目标的有效手段,就是制定有效的政策。特别是规模较大的组织,靠政策领导比靠发布具体指示领导更有效。最高管理层要根据组织目标的需要,结合组织的实际,适时制定科学、有效的政策,依此推动整个组织所有成员的行动,协调各种关系,以控制目标的实现过程。

(2)经下级请示,上级在解释、阐述和修改、补充过程中,完善或新定的一些政策。政策制定的出发点和基础,来源于基层的工作实践。在实践中,碰到新问题、新矛盾,下级随时向上级请示。这种请示正是反映和研究新问题的极好机会,管理者在下级请示的过程中,收集信息、摸清现状、分析问题、提出对策,从而调整、完善或新定一些政策,进而使政策更切实际、更科学、更完善。

(3)通过管理者的行动暗示,形成的不成文政策。管理者在面对或处理一些实际问题的过程中,总是要有一定的态度或采取某种行动。这些行动暗示起着一种正强化或负强化作用,从而使组织成员普遍领悟到一种处理这些问题的不成文政策。在工作实践中,有时这种行动暗示政策比虽有条文、但没认真落实的政策作用更大。在尚未来得及形成规范、成文的政策之前,由明智的、正确的行动暗示产生出一些指导性或约束性规范是必要的。当然,这种行动暗示产生的政策带有很多弊端。例如,管理者无意识行为造成的影响、背离组织目标的错误暗示、管理者的主观随意性的负面作用等都可能导致不良后果。

(4)由习惯或惯例而形成的政策。政策的一个重要形成渠道,是组织及其成员的习惯做法、历史惯例。政策成为对过去成功经验的总结或浓缩,用以指导未来。这样的政策有时也反映了落后的东西。对这类政策,应坚持用科学的理论进行分析,通过实践加以检验,使其趋于完善。

(5)来自组织外部的政策。有时,组织的政策不是完全由组织内部制定的,而是接受来自外部的政策。例如,政府部门、社区方面的一些政策为组织所接受和执行。这些政策反映了宏观利益和实现社会总目标的要求,组织均应遵守。

(四)有效政策的标准

政策是否有效,主要取决于是否具备以下特点。

1. 直接有助于目标实现

制定政策的目的是为了保证组织目标的实现,好的政策必须从目标出发,从政策的内容到所选择的方式、手段都能保证经济而有效地实现组织的目标。所谓有效的政策,核心就是对"实现目标有效",这是衡量政策有效性最根本的标准。

2. 内容全面,表述明确

政策的全面性是指政策所指导或制约的未来行动的范围是广泛的,计划所涉及的未来的主要行动都应该通过政策来确定规则,使整个决策与行动系统都处于政策控制之下。政策的表述必须清楚、明晰,并强调要形成规范的文件或资料。

3. 具有一贯性、协调性

政策是指导人们实现目标的方针,只有当它产生方向一致的合力作用时,才能有助于目标的实现,这就要求政策必须具有一贯性和协调性。政策的一贯性,是就纵向而言,即制定政策必须考虑同以前制定政策的衔接。只要组织的基本目标没变,就必须保持政策的一致性、连续性;否则,政策多变,前后不一,必然造成行动上的混乱。政策的协调性,是就横向而言,即制定某项政策时,必须兼顾多项目标的要求,并使其与相关的诸方面的政策相协调。否则,就会造成政策之间相互矛盾,也必然引起行动上的混乱。

4. 稳定性与灵活性相结合

政策是在较长时间起作用的指导行动的规范,它不同于一次性的指示。因此,好的政策必须具有稳定性,绝不能朝令夕改,变动频繁,令下级无所适从。但由于组织目标及主客观条件又是在不断变化之中的,政策又不可能长期一成不变。因此,它应具有灵活性,即能够及时、灵活地适应变化了的情况;否则,政策僵化将使政策成为阻碍目标实现的绊脚石。政策的灵活性,既包括情况变化、政策不变仍能适应新情况,又包括情况变化,作必要调整、修改而使政策适应新情况。

(五)政策的制定

1. 政策制定的程序

政策制定应该遵循由下而上,或由上而下的程序进行。前者是指由下级针对工作中遇到的问题而提出,或从工作实践中启动,再由上级制定;后者指上级提出原则指示,由下级讨论和拟定。在实际工作中,这两类程序经常是交叉或反复进行的。对重大或敏感的政策,可能需要进行多次反复。无论何种程序,制定政策时都必须特别注意从实际出发和让下级参与。脱离实际的政策，没有下级参与的政策，很难成为科学、有效和受下级拥护的政策。

2. 政策的科学构思与拟定

政策必须进行充分的调查研究，发现事物本质，把握相关的管理机制，在此基础上，对政策核心内容进行科学的构思。要遵循目标导向的原则，使政策要素能更好地保证目标实现。在拟定政策中，要特别注意政策的自由处理度问题。政策不是规则，不是指示，不应该也不可能将未来行动的细节全都详尽地加以规定。拟定政策的具体内容要求时，要给下级留有一定的自由处理度，使政策含有必要的余地和自决内容，在总的指导与控制下，交给下级去自由处置。因此，制定政策只应对那些主要的未来行动规定基本准则或原则。

3. 政策的表述

政策内容必须通过一定的语言文字形式来加以表述。根据政策的内容要求，既要使所用语言简要、准确、明了，又要有目的地使用广义的、宽泛的词语来概括，并使这两者很好地协调起来。前者可以保证政策的明确性和严肃性，防止出现歧义、误解或被人有意歪曲；后者适应政策施用范围的普遍性和广泛性，并能保证基层政策执行中的自由处置权。

（六）政策的运用

1. 政策的传达

要使下级执行政策，首先必须使其了解和掌握政策，这就要搞好政策的传达。首先，要以权威形式颁布政策，如以正式文件下达等；其次，要运用多种方式进行传达、贯彻，力求使执行者准确了解政策的内容要求，把握政策的实质；再次，要进行各种教育和说服工作，使执行者理解政策执行的必要性，而不仅仅从思想感情上接受和拥护政策；最后，要抓好政策的落实，要将政策落实到人，落实到具体工作之中。

2. 政策的执行

政策执行是所有政策工作中最重要的环节。没有得到很好执行的政策，内容再好也是没有用的。政策执行中最关键的问题是正确处理好执行政策的原则性和灵活性的关系，使政策的原则性与灵活性有机结合。首先，执行政策必须坚持原则，即准确、完整地把握政策的精神实质，一丝不苟地贯彻执行；但执行政策绝不能按图索骥，而必须结合实际情况灵活运用。即在把握政策核心要求的基础上，结合本单位、本部门当前的实际，行使自由处置权，最适宜地发挥政策威力，以确保目标实现。检验政策的执行是否正确的最终标准是看是否有助于组织基本目标的实现。

3. 政策执行的控制

为使政策有效地促进目标的实现，必须在政策的执行中进行跟踪控制，监督政策的执行过程及其效果，评价政策的有效性与适用性，以及时地进行纠正行动或提出政策的调整、修改和完善意见，从而使政策更加完善，确保政策执行的实际效果。

三、计划编制

（一）计划的种类

1. 计划的分类

按照不同的标志，计划的种类可作各种划分：

(1)按计划表现形式,可将计划分为宗旨、目标、战略、政策、规则、程序、规划和预算等类型;

(2)按企业职能分类,计划可分为销售计划、生产计划、供应计划、新产品开发计划、财务计划、人事计划、后勤保障计划等;

(3)按制订计划的管理层次分类,计划可分为企业计划、中层部门计划、基层单位计划;

(4)按计划的内容分类,计划可分为专项(专题)计划和综合计划;

(5)按计划的期限分类,计划可分为长期计划、中期计划、短期计划。

2. 三种基本计划类型

就企业而言,通常划分战略计划、生产经营计划和作业计划三种基本类型。

(1)战略计划。战略计划也叫战略规划,决定的是企业在未来一个时期的工作目标和发展方向,是企业最重要的一种计划。战略计划一般是由企业的高层管理人员制定的。它有三个显著特点:一是长期性,一般涉及企业未来3~5年、10~15年甚至更长的时间;二是普遍性,即它的涉及面广,相关因素多,既包括企业内的各部门和环节,也包括企业的外部环境;三是权威性,战略计划是一种宏观指导性计划,对企业的所有其他计划具有指导、约束作用。

(2)生产经营计划。企业生产经营计划是企业在战略计划的指导下,根据企业的经营目标、方针、政策等制订的计划。生产经营计划的特点是整体性和系统性,它一般包括利润计划、销售计划、生产计划、成本计划、物资供应计划等。另外,生产经营计划一般多以年度计划为主。

(3)作业计划。它是企业生产经营计划的实施计划,是企业的短期计划。作业计划一般是由基层管理人员或企业负责计划工作的职能人员制定,指标具体,任务明确。

(二)企业计划书的基本结构

1. 企业计划书的框架模式

企业中不同类型的计划,计划书的格式会有所不同,但是一些基本的内容与项目是共同的。企业计划按照用途与思路的不同,大致可以划分为两种框架类型:基本框架模式与问题框架模式。

(1)企业计划书的基本框架模式。一般的企业计划均采用这种模式。其主要内容结构为:①进行内外环境分析;②确定企业目标;③制订行动方案,包括活动内容、要求、途径、措施等;④确定资源配置方案,包括执行人、资金保证、物资配备、完成时限等,见图3.9。

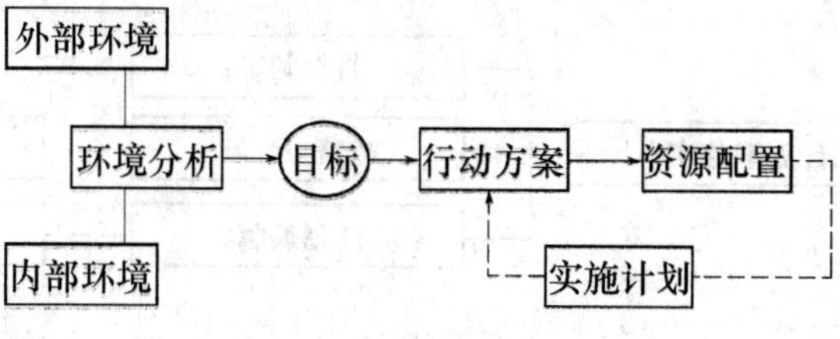

图3.9　企业计划书基本框架模式

(2)企业计划书的问题框架模式。这是指为解决特定问题而拟定计划所采用的模式。其主要内容结构为:

①对所要解决的问题进行分析与界定；

②分析主客观条件，确定未来行动的目标；

③制定对策与措施，见图3.10。

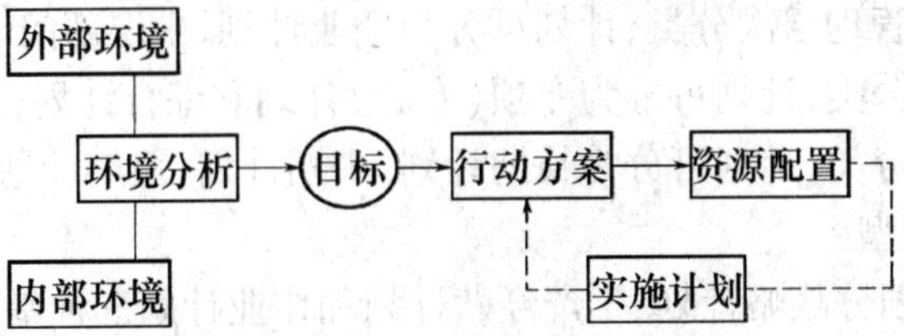

图3.10　企业计划书的问题框架模式

2.企业计划书的基本项目

其最基本的项目有：封面（标题），序言，正文，主要包括环境或问题分析、行动目标、工作方案、资源配置等内容；附件，主要有计划指标体系、计划进度表及其他相关资料。

小　结

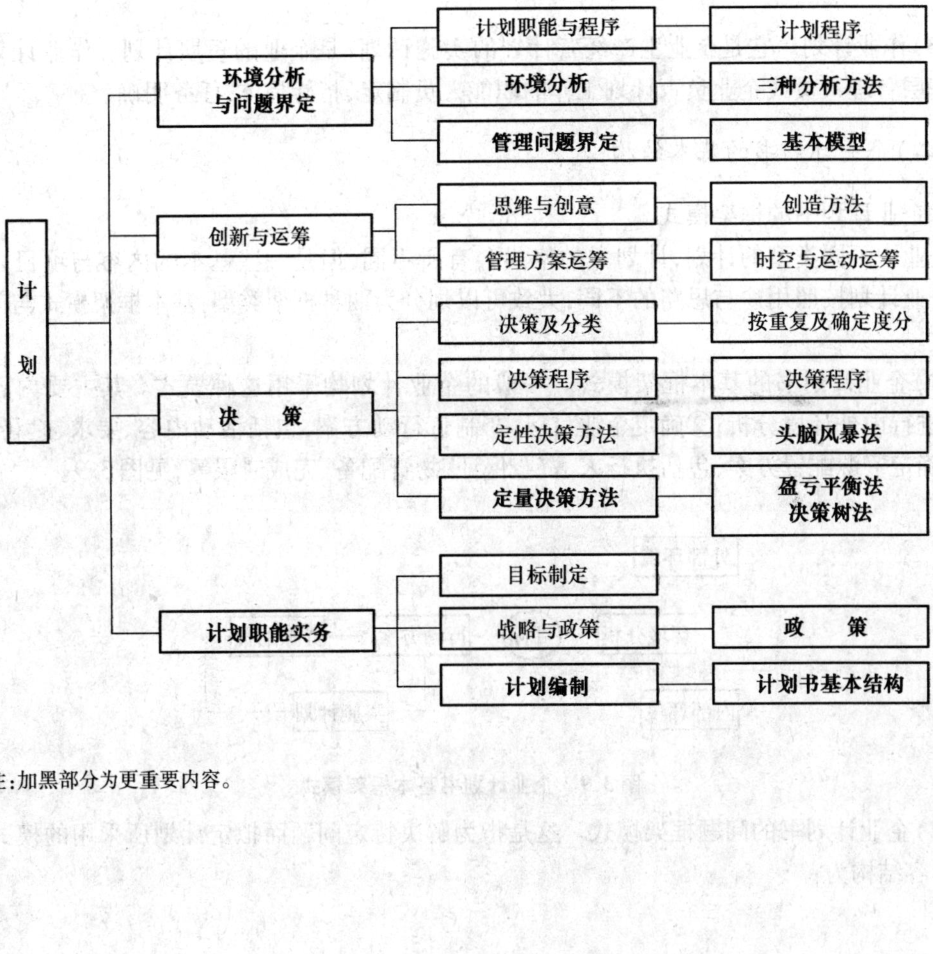

注：加黑部分为更重要内容。

思考题

1. 什么是计划职能?
2. 计划职能的基本程序有哪些?
3. 怎样进行环境分析?
4. 怎样对管理问题进行分析和界定?
5. 创造力的来源有哪些?
6. 在管理中可采用哪些创新技法?
7. 创意是怎样形成的?
8. 怎样对管理方案进行科学运筹?
9. 怎样理解决策的含义及分类?
10. 决策的基本程序是什么?
11. 定性决策方法有哪些?
12. 怎样理解与应用盈亏平衡模型?
13. 怎样理解和应用决策树方法?
14. 计划书框架模式有哪些类型,怎样编制计划?
15. 战略的构成要素有哪些?
16. 怎样理解政策的含义与功能?
17. 政策有哪些来源?
18. 怎样有效地制定与运用政策?

案　　例

【案例3.2】

失败的营销决策

A厂是我国北方一家生产电工产品的大型企业,也是"一五"期间我国156个重点工程项目之一,一直列在全国500家最大工业企业和500家利税大户之中。20世纪90年代初,企业主要经济指标一直居同行业之首,生产的产品是名牌产品,产品主要用在电力、铁路、矿山系统和大型基础建设项目中。但就是这样一个企业,目前经营却陷入困境,明亏潜亏达7亿元,到了资不抵债的边缘。

一、病急乱投医——遍地设点

20世纪90年代以前,A厂产品由国家计划订货量每年就有3~4亿元。国家物资部门根据订货以计划价格向其供料,在当时,中小企业和乡镇企业是无法与之抗衡的。90年代以后,随着我国的经济体制逐步由计划经济向市场经济转变,市场全面放开,A厂面临着严峻的形势。

为了适应新的形势,厂领导采取了很多措施。其中之一就是专门成立了销售总公司,统一销售A厂的产品。但由于观念陈旧和根深蒂固的老大思想,销售公司的工作远不能适应市场竞争的需要。这时,厂领导受相邻一个厂家实行"全员销售"经验的启发,也搞起了全员销售,除销售总公司的直属门店外,又陆续办了大批销售门店。这些销售门店有四种类型:

(1)厂里投资在各中心城市办的销售处或公司;

(2)各分厂、车间办的集体性质的销售门店,解决部分富余人员就业问题,厂里给予优惠条件;

(3)本厂职工合伙或个人办的销售门店,人员停薪留职或是业余时间销售;

(4)各地其他单位或个人挂A厂的牌子办的门店,每年向A厂交管理费。

这些销售公司和门店销售形式各异,或是厂里下达任务,或是承包,或是代销,还有的做中间人牵线。一般是先交一部分定金,由厂里按出厂价供货,货售完后,货款返回厂里,高出出厂价部分(费用加利润)归个人或单位。

二、彻底失去控制

经过几年的运营,A厂的销售门店几乎失去控制,总厂、分厂、各部门、三产、个人和其他单位在各地办的大大小小的门店近1 000个,具体到底多少谁也说不清,这些销售环节出现了严重问题:

(1)各销售门店普遍拖欠货款,每年有上亿元收不回来,到1998年底,账面反映有162户门店欠A厂货款共达1.5亿元。

(2)厂里投资的销售公司有的大量占用货款挪作他用。其中本厂所属的南方一家销售公司,1992年至1998年,销售A厂产品亿元,其中1.6亿元货款没有直接返回厂里,而是无偿地占用这笔货款与他人共同投资兴办了一个股份公司,还打时间差,不间断地用货款做流动资金,发展起了一个3亿多元净资产的企业。

(3)由于推销组织没有统一规划,分散、重复设置,出现各销售门店争夺市场,破坏了统一的价格体系,使客户有机可乘,压低产品价格。

(4)本厂职工或三产办的门店公开赖账,有钱不还。

(5)外单位和个人以A厂名义办的门店,拿到货款后,人走店空,无处追寻。有的根本不卖A厂的货,而卖其他厂家的货。

厂领导针对这种情况,曾绞尽脑汁想了一些对策。比如,简单地要求客户先交款后提货,但这样做又赶走了一些大的客户;再有,让中间商直接带客户到厂里签合同,返给一定的利,结果有些有推销手段和固定客户的门店感到利少而不愿做。两种方法都影响了产品的销售。更致命的是,有些门店已控制了A厂的部分销售渠道,使A厂处于想清理这些门店又不能清理的境地。

三、难咽的苦果

由于A厂销售环节管理出现的问题,使A厂的整个营销活动受到了严重的影响。

(1)滞留在销售中间环节的货款不能及时回收,使A厂流动资金原本不足的困难状况更加严重,不得不增加贷款。20世纪90年代中期是银行利率较高时期,贷款的增加使A厂财务费用激增,加剧了营销活动的困难。

(2)由于财务费用和原材料价格上升以及其他原因,A厂的产品成本在同行业中处于较高水平,失去了市场竞争优势,又使困境中的A厂雪上加霜。

(3)由于许多销售门店以A厂名义注册或挂靠A厂,当这些门店发生民事纠纷后,由A厂承担连带责任,又造成了一部分损失。

问题:

1. 请描述一下A厂的销售环节的流程。
2. A厂营销决策是属于什么类型的决策,又是怎样制定出来的?
3. 按照有关的决策理论分析A厂营销失败的主要原因是什么?

【案例3.3】

生产率下降的原因

赵先生是一家大电子厂的制造经理。该公司的管理部门最近安装了一些新机器,实行了一种简化的工作系统,使每一个人包括他自己在内感到惊讶的是,提高生产率的期望并未实现。实际上,生产开始下降,质量降低,离职的雇员数目增加。

他认为机器没有任何故障。有使用这种机器的其他公司的报告,这些报告坚定了他的想法。他也曾要求制造这种机器的公司的一些代表对机器进行过仔细检查,他们报告说,机器运转正处于最高效率。赵先生怀疑,问题可能出在新的工作系统上。但是,他的直接下属并非都持有这种看法,他们是四个基层主管人,每人负责一个科组,还有一个是他的物资供应经理。他们对生产率下降的原因看法不同,分别认为是操作工训练差、缺乏适当的经济刺激体制和士气低落。显然,对这一问题各人有各人的想法,下属中存在着潜在的分歧。

这天早晨,赵先生接到分部经理的一个电话,他刚刚得到近6个月的生产数字,打电话表示他的关切。他指示说,应以赵先生认为的最好方式解决这一问题,他很想在一周内知道计划采取什么步骤。赵先生和部门经理同样关心生产率的下降。问题在于采取什么步骤扭转这种情况。

问题:

1. 分析这位制造经理所面临的问题,并猜测他将采取怎样的步骤或程序(有几种可能方案)?
2. 请对造成生产率下降的原因进行分析。
3. 请提出你的对策建议。

技能训练

项目一:企业环境分析

【实训目标】

1. 培养分析外部环境的能力;
2. 培养分析内部环境的能力。

【实训内容与要求】

1. 实地调查一家企业或收集一家企业的系统资料;
2. 运用"五力"分析法,分析该企业的外部环境;
3. 运用价值链理论与方法,分析该企业的内部环境。

【成果与检测】

1. 每个人都要提供一份企业外部环境分析简要报告;

2. 每个人都要提供一份企业内部环境分析简要报告；

3. 由教师对学生的两个报告评定分数。

项目二:活动策划

【实训目标】

1. 培养创新能力与策划能力；

2. 掌握实际编制计划的方法。

【实训内容与要求】

1. 在调研的基础上,运用创造性思维,策划一项活动,制订计划书。要求:

(1)所策划的活动的内容与主题,既可以由教师统一指定,又可以由学生自选。选题尽可能与所学专业业务相关。

(2)应通过调研,占有较为充分的材料。

(3)要运用创造性思维,所策划的活动一定要有创意。

(4)要科学地规划有关要素,计划书的结构要合理、完整。

2. 在每个人进行个别策划的基础上,以模拟公司为单位,运用“头脑风暴法”等方法,组织深入研讨,形成公司的创意。

3. 进行系统的活动策划,编制公司的活动策划书或计划书。

【成果与检测】

1. 每个人都要起草一份策划书；

2. 编制公司的策划书或计划书；

3. 由教师与学生共同对各公司的策划创意与计划编制进行评估,确定成绩。

模块四 组 织

学习目标

知识目标：

★了解组织结构的构成与形式，掌握组织结构设计的基本原理；

★掌握职权配置的原理与方法，理解规范化管理；

★掌握人力资源管理的内容与要求；

★理解人员组合和群体管理的原理与要求；

★理解“团队”的本质特征、类型、团队建设的阶段。

技能目标：

★掌握部门划分的方法；

★学会协调职权关系的方法与艺术；

★掌握制定制度规范的要求与方法；

★掌握人员选聘、培训、考核的程序、方法与要求；

★掌握奖酬体系设计的方法与要求；

★培养群体管理与团队建设的初步能力。

管理名言

若乃人尽其才，悉用其力。

——哈罗德·孔茨

若拿走我的财产——但留给我这个组织，五年之内，我就会卷土重来。

——小阿尔弗莱德·斯隆

先导案例

【案例 4.1】

王厂长的等级链

王厂长总结自己多年的管理实践，提出在改革工厂的管理机构中必须贯彻统一指挥原则，主张建立执行参谋系统。他认为,一个人只有一个婆婆,即全厂的每个人只有一个人对他的命令是有效的,其他的是无效的。如书记有什么事只能找厂长,不能找副厂长。下面的科长只能听从一个副厂长的指令,其他副厂长的指令对他是不起作用的。这样做中层干部高兴,认为是解放了。原来工厂有13个厂级领导,每个厂级领导的命令都要求下边执行就吃不消了。一次,有个中层干部开会时在桌子上放一个本子、一支笔就走了,散会他也没来。事后,王厂长问他搞什么名堂,他说有三个地方要他开会,所以就放一个本子,以便应付另外的会。此事不能怨中层领导,只能怨厂级领导。后来他们规定,同一个时间只能开一个会,并且事先要把报告交到党委和厂长办公室统一安排。现在实行固定会议制度,厂长一周两次会,每次两小时,而且规定开会迟到不允许超过五分钟。所以会议很紧凑,每人发言不许超过15分钟,超过15分钟就停止。

上下级领导界限要分明。副厂长是厂长的下级,厂长作出的决定他们必须服从。副厂长和科长之间也应如此。厂长对党委负责(注:当时实行的是党委领导下的厂长负责制),要向党委打报告,计划、预算决算,经批准就按此执行。所以厂长跟党委书记有时一周一面也不见,跟副厂长一周只见一次面。王厂长认为这样做是正常的。他们规定,报忧不报喜,工厂一切正常就不用汇报,有问题来找厂长,无问题各忙各的事。

王厂长认为,一个人管理的能力是有限的,所以规定领导人的直接下级只有5~6个人。他现在多了一点,有9个人(4个副厂长,2个顾问,3个科长)。他提出,这9个人我可以直接布置工作,有事可直接找我,除此以外,任何人不准找我,找我也一律不接待。

思考与提示:

1. 王厂长主张“一个人只有一个婆婆”。在理论上的依据是什么,在实践上是否可行?

2. 你怎样理解王厂长的“报忧不报喜”,你赞成吗?

3. 王厂长认为除直接下属外,“任何人不准找我,找我也一律不接待”。请说出赞成或反对的理由。

单元一　组织结构设计

一、组织职能与组织结构设计

(一)组织职能与组织结构

1. 组织职能的含义

组织职能是指为有效实现组织目标,建立组织结构,配备人员,使组织协调运行的一系列活动。

2. 组织职能的基本内容

管理者的组织职能,主要包括以下工作内容:①设计并建立组织结构;②设计并建立职权关系体系、组织制度规范体系与信息沟通模式,以完善并保证组织的有效运行;③人员配备与人力资源开发;④组织协调与变革。

3. 组织结构的含义

组织结构是组织内的全体成员为实现组织目标，在管理工作中进行分工协作，通过职务、职责、职权及相互关系构成的结构体系。组织结构的本质是成员间的分工协作关系。组织结构的内涵是人们的职、责、权关系，因此组织结构又可称权责结构。

（二）组织结构设计的原则和影响因素

1. 组织结构设计的原则

组织设计应遵循以下原则。

（1）目标、任务原则。即组织结构的设计，必须从组织要实现的目标、任务出发，并为有效实现目标、任务服务。

（2）专业分工与协作的原则。要按照专业化的原则设计部门和确定归属，同时要有利于组织单元之间的协作。

（3）指挥统一原则。即在设计职权关系中，必须保证指挥的统一性，防止令出多门。

（4）有效管理幅度原则。每个管理者管理幅度大小的设计，必须确保能实现有效控制。

（5）集权和分权相结合的原则。要将高层管理者的适度权力集中与放权于基层有机结合起来。

（6）责权利相结合原则。要使每一个组织单元或职位所拥有的责任、权力和利益相匹配。

（7）稳定性和适应性相结合原则。既要保证组织的相对稳定性，又要在目标或环境变化情况下能够适应或及时调整。

（8）决策执行和监督机构分设的原则。为了保证公正和制衡，决策执行机构和监督机构必须分别设置。

（9）精简高效原则。机构既要精简，又要有效率。

2. 组织结构的影响因素

组织结构的影响因素主要包括：①组织目标与任务；②组织环境；③组织的战略及其所处发展阶段；④生产条件与技术状况；⑤组织规模；⑥人员结构与素质。

资料卡

在科技、社会日新月异的今天，企业要想生存和发展，就必须根据内外环境的变化，及时调整组织结构，绝不能因循守旧，固步自封。在短短十几年时间里，联想的组织结构变了好几茬：从大船结构到舰队模式；从众多的事业部到整合为六大子公司；从北京联想、香港联想分而治之到统一平台……联想几乎每年都在变。但经过几次“折腾”，联想已经摆脱了大多数民营企业小作坊式的经营模式，走向大集团、正规化、协同作战的现代企业管理模式。通过调整，联想不断打破阻碍自己发展的“瓶颈”，从而不断走向成熟。

（三）组织结构设计的程序

1. 组织结构设计的时机

组织结构设计主要针对三种情况：一是新建组织需进行组织结构设计；二是原有组织结构

出现较大问题或组织目标发生变化；三是组织结构需进行局部的调整和完善。在三种不同的情况下，组织结构设计的基本程序是一致的。

2. 组织结构设计的程序

(1)要根据组织的宗旨、目标和主客观环境，确定组织结构设计的基本思路与原则。

(2)根据企业目标设置各项经营、管理职能，明确关键职能，并把公司总的管理职能分解为具体管理业务和工作等。

(3)选择总体结构模式，设计与建立组织结构的基本框架。

(4)要设计纵向与横向组织结构之间的联系与协调方式、信息沟通模式和控制手段，并建立完善的制度规范体系。至此，组织结构设计的主体过程已完成。

(5)要为组织结构运行配备相应的管理人员和工作人员，并进行培训。

(6)反馈与修正。要在组织运行过程中，加强跟踪控制，适时进行修正，使其不断完善，如图 4－1 所示。

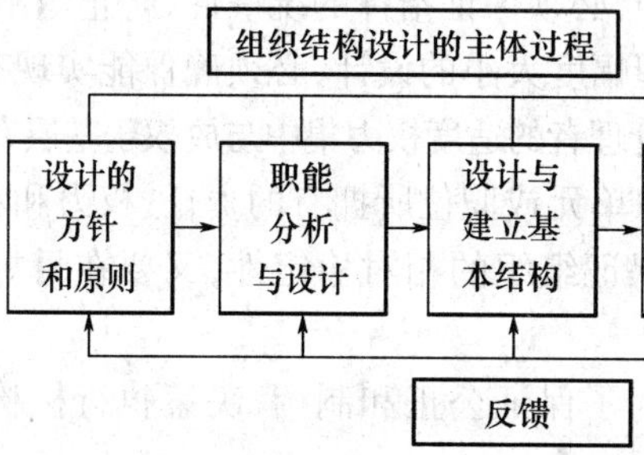

图 4.1　组织结构设计的程序

二、组织横向结构设计

组织结构设计包括横向设计与纵向设计。组织横向设计主要解决管理与业务部门的划分问题，反映了组织中的分工合作关系；组织纵向结构设计主要解决管理层次的划分与职权分配问题，反映了组织中的领导隶属关系。

(一)部门划分的含义与原则

1. 部门划分的含义

部门划分是指把工作和人员组织成若干管理的单元并组建相应的机构或单位。不同的管理或业务部门，是使整个管理系统有机地运转起来的细胞与基础。

2. 部门划分的原则

(1)有效实现组织目标原则。即部门划分必须以有利于组织目标实现作为出发点和归宿。

(2)专业化原则。即按专业化分工，将相似职能、产品、业务汇到一个部门中。

(3)满足社会心理需要原则。划分部门也不宜过度专业化，而应按照现代工作设计的原理，使员工的工作实现扩大化、丰富化，尽可能使其满意于自己的工作。

(二)部门划分方法

划分部门的主要划分方法有以下几种。

1. 按人数划分部门

由于某项工作必须由若干人一起劳动才能完成,则采用按人数划分部门的方法。其特点是部门内的人员在同一个领导人领导下做同样的工作。

这种方法主要适用于某些技术含量低的组织。

2. 按时间划分部门

这是指将人员按时间进行分组,即倒班作业。在一些需要不间断工作的组织中,或由于经济和技术的需要,常按时间来划分部门,采用轮班作业的方法。其特点是可以保证工作的连续性。

这种方法通常用于生产经营一线的基层组织。

3. 按职能划分部门

按职能划分部门就是把相似的工作任务或职能组合在一起形成一个部门。按职能划分部门的优点是:①有利于强化各项职能;②可以带来专业化分工的种种好处;③有利于工作人员的培训与技能提高。

这种结构形态的弊端是:长期在一个专业部门工作,容易形成思维定势,产生偏见;可能导致整个组织对于外界环境变化的反应较慢。

这种方法较多地应用于管理或服务部门的划分。

4. 按产品划分部门

这是指按产品分工划分部门,组成按产品划分的部门(或事业部)。其优点是:①能使企业将多元化经营和专业化经营结合起来;②有利于企业加强对外部环境的适应性,以市场为主导,及时调整生产方向;③有利于促进企业的内部竞争。

其缺点是:必须有较多的全面管理能力的人员;由于职能部门重叠设置而导致管理费用的增加;各产品部门的负责人可能过分强调本部门的利益,而影响企业的统一指挥。

这种方法主要适用于制造、销售和服务等业务部门。

5. 按区域划分部门

这是将一个特定地区的经营活动集中在一起,委托给一个管理者或部门去完成。其优点是:①可以根据本地区的市场需求情况自主组织生产和经营活动,更好地适应市场;②在当地组织生产可以减少运费和运送时间,降低成本;③分权给各地区管理者,可以调动其参与决策的积极性,有利于改善地区内各种活动的协调。

按地区划分部门也有与按产品划分部门类似的缺点。即需要很多具有全面管理能力的人员,使管理费用增加,增加总部的控制难度。

这种方法主要适应于空间分布很广的企业生产经营业务部门。

6. 按工艺过程(设备)划分部门

这种方法是指把完成任务的过程分成若干阶段,以此来划分部门,或按大型设备来划分部门。在制造业企业,可按不同的工艺过程、生产过程进行分解。其优点是:符合专业化的原则,可充分利用专业技术和特殊技能,简化培训。其缺点是:各部门之间沟通协作困难,同时不利于全面管理人才的培养。

这种方法主要用于生产制造业企业、连续生产型企业、交通运输企业等。

7. 按服务对象划分部门

这是按照企业的服务对象进行部门划分。其最大优点是可以对顾客提供针对性更强、更高质量的服务。缺点是加大成本,并增加协调的难度。

主要用于服务对象差异较大,对产品与服务有特殊要求的企业。

(三)部门职责委派

划分部门还涉及到各项具体的业务工作的分配、部门职责的委派等问题。委派职责、分配任务的一个最基本的依据就是按业务工作的类似性分配任务。这就需要对业务工作的一些项目进行分类,把从事类似业务工作的人集中到一个部门,从而实现职务专业化。同时,分派责任时也应考虑彼此联系密切的程度。有时根据工作需要,也可能将多种性质的业务工作集中到一个部门中来,但这些业务工作必须是有着密切联系的,以便能最有效地进行工作。在向各部门委派职责时,应注意防止发生下列问题。

1. 重复

把生产、经营及管理方面的同类问题,同时分派给不同机构,使他们都有解决问题的权力和责任,这就会发生职责上的重复,也等于机构设置的重复。一旦发生问题,几家来回"扯皮",谁都有"责",谁又都不"负责",问题反而难以解决。如果有的特殊问题确需几个部门协作才能解决,那么,将该职责授予这几个部门的时候,必须明确划清各自的权限和职责范围,并确定牵头部门。

2. 遗漏

某项基本的例行工作,任何机构都没有把它列为自己的工作职责,这就发生了职责的遗漏,出现有事无人管现象,必然影响组织目标的实现和工作的正常进行。如果属于例外工作,当重复发生时也应及时将其委派给有关部门作为例行的职责。

3. 不当

这是指将某项职责委派给了不适于完成这一职责的部门。每个机构都有其基本的职能及有助于完成这一职能的有利条件。因此,对某一具体工作,总有某一个部门能利用其有利的条件,更好地加以完成。所以,应将工作交给能最有效解决这一问题的工作部门。

三、组织纵向结构设计

组织的纵向结构设计,首先根据企业的具体条件,正确规定管理幅度;然后,在这个数量界限内,再考虑影响管理层次的其他因素,科学地确定管理层次;在此基础上,进行职权配置,从而建立基本的纵向结构。

(一)管理幅度与管理层次

1. 管理幅度

管理幅度亦称管理跨度,是指一名管理者直接管理的下级人员的数量。上级直接管理的下级人员多,称之为管理幅度大或跨度宽;反之,则称为管理幅度小或跨度窄。管理幅度的大小,实际上反映着上级管理者直接控制和协调的业务活动量的多少。它既同人(包括管理者和下属)的状况有关,也同业务活动的特点有关。

2. 管理层次

管理层次亦称组织层次,是指社会组织内部从最高一级管理组织到最低一级管理组织的各个组织等级。管理层次实质上反映的是组织内部纵向分工关系,各个层次将担负不同的管理职能。因此，伴随层次分工，必然产生层次之间的联系与协调问题。

3. 管理幅度与管理层次的关系

管理幅度与管理层次互相制约，它们之间存在着反比例的数量关系，其中起主导作用的是管理幅度。所谓起主导作用，就是管理幅度决定管理层次，即管理层次的多少取决于管理幅度的大小。这是由管理幅度的有限性所决定的，即管理者的知识、经验和精力是有限的，下级人员受其自身素质条件和岗位工作的负担的局限影响。同时，管理层次对管理幅度亦存在一定的制约作用。当组织不做大的调整时，管理层次具有较高的稳定性，这就要求管理幅度在一定程度上应服从既定的管理层次。

(二)管理幅度与层次设计

1. 管理幅度设计

管理幅度主要应依据上下级关系的复杂程度进行设计。直接影响上下级关系复杂程度的因素主要有：①管理工作性质，如复杂程度、相似性等；②管理者自身的能力与素质状况；③下级人员素质与职能性质；④计划与控制的难度与有效性；⑤信息沟通的难易与效率；⑥组织的空间分布状况；⑦组织的外部环境等方面。

2. 管理层次设计

管理层次设计的制约因素主要有：有效管理幅度、纵向职能分工以及组织效率等。管理层次设计的步骤主要是：①根据纵向职能分工，确定基本的管理层次；②按照有效管理幅度推算具体的管理层次；③按照提高组织效率的要求确定具体的管理层次；④按照组织的不同部分的特点，对管理层次作局部调整。

3. 高层结构与扁平结构

在组织设计中，可能产生两种典型的组织结构。一是高层结构形式，即管理层次较多，而管理幅度较小；二是扁平结构形式，管理层次较少，而管理幅度较大。

(1)高层结构的优缺点。其优点是：主管人员的管理幅度较小，能够对下属进行有效控制；有利于明确领导关系，建立严格的责任制；因层次多，各级主管职位多，能为下属提供晋升机会，促使其积极努力工作。高层结构的缺点：由于层次较多，协调工作增加，造成管理费用大；信息的上传下达速度慢，并容易发生失真和误解；计划和控制工作较为复杂；最高领导层与基层人员相隔多个层次，不容易了解基层现状并及时处理问题。

(2)扁平结构的优缺点。其优点是：有利于授权，激发下属积极性，并培养下属管理能力；信息传递速度快、失真少；能灵活地适应市场；管理费用低；便于高层领导了解基层情况。扁平结构也存在缺点：管理人员的管理幅度大，负荷重，难以对下级进行深入具体的指导和监督；对领导人员的素质要求较高。

组织结构类型必须根据企业的具体条件选用。但是，在现代企业管理中，注重采用扁平结构是一种普遍趋势。

四、组织结构的基本形式

组织结构形式是组织结构框架设置的模式。职能设计完成后，就可以进行组织结构框架设计，它包括纵向结构设计和横向结构设计两个方面。通过机构、职位、职责、职权及它们之间的相互关系，实现纵横结合，组成不同类型的组织结构。

(一)直线制

1. 基本含义

直线制是一种最早的和最简单的组织形式。它最初产生于手工业作坊,当时老板和工场主都是实行"个人管理",对生产、技术、销售、财务等各项事务都亲自处理。因此,这种组织形式没有职能机构,从最高管理层到最低层实现直线垂直领导,如图 4.2 所示。

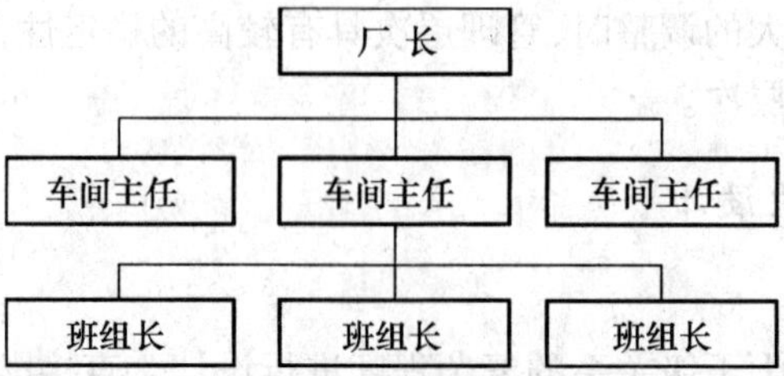

图 4.2　直线制组织结构形式

2. 优缺点

直线制的优点是:①机构简单,沟通迅速;②权力集中,指挥统一;③垂直联系,责任明确。其缺点是没有职能机构,管理者负担过重,而且难以满足多种能力要求。因此,直线制组织结构只适用于小规模企业。

(二)职能制

1. 基本含义

职能制是指设立若干职能机构或人员,各职能机构或人员在自己的业务范围内都有权向下级下达命令和指示,即各级负责人除了要服从上级直接领导的指挥以外,还要受上级各职能机构或人员的领导,如图 4.3 所示。

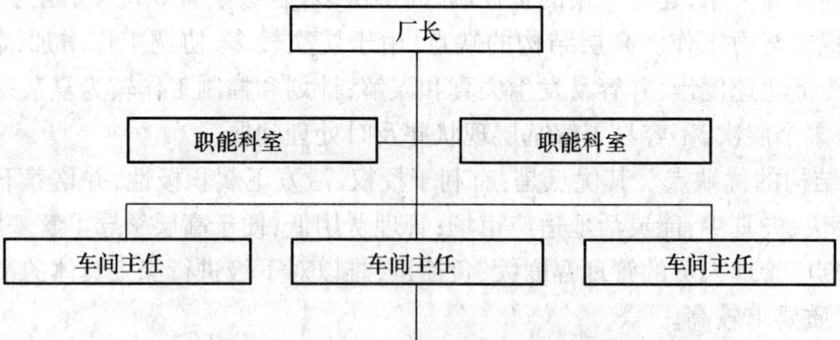

图 4.3　职能制组织结构形式

2. 优缺点

职能制的优点是管理分工较细，利于工作深入，便于充分发挥职能机构的专业管理功能。但这种组织形式容易出现多头领导，政出多门，破坏了统一指挥原则。事实上，职能制也只是表明了一种强调职能管理专业化的意图，无法在现实中真正实行。

(三) 直线－职能制

1. 基本含义

直线－职能制又称直线参谋职能制或生产区域制。它吸取了直线制和职能制的长处，也避免了它们的短处。它是把直线指挥的统一化思想和职能分工的专业化思想结合起来，在组织中设置纵向的直线指挥系统的基础上，再设置横向的职能管理系统而建立的复合模式，如图4.4所示。

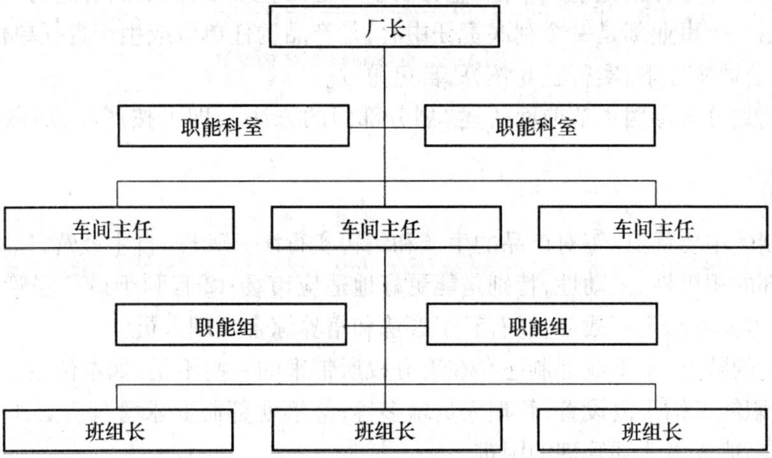

图4.4　直线－职能制组织结构形式

这种组织形式以直线指挥系统为主体，同时发挥职能部门的参谋作用。职能部门对下级部门无权直接指挥，只起业务指导作用，其在直线人员授权下可行使职能权。

2. 优缺点

直线－职能制既保证了组织的统一指挥，又有利于强化专业化管理，因此，这种组织形式广泛适用于各类组织。

直线－职能制也有不足：①下级缺乏必要的自主权；②各职能部门之间联系不紧，易于脱节或难以协调；③直线人员与参谋人员关系有时难以协调。

(四) 事业部制

1. 基本含义

事业部制也叫联邦分权化，它是一种分权制的组织形式，是指在公司总部下增设一层独立经营的"事业部"，实行公司统一政策，事业部独立经营的一种体制，如图4.5所示。

2. 事业部

事业部不是按职能而是按企业所经营的事业项目划分的，具有经营自主权的专业化生产

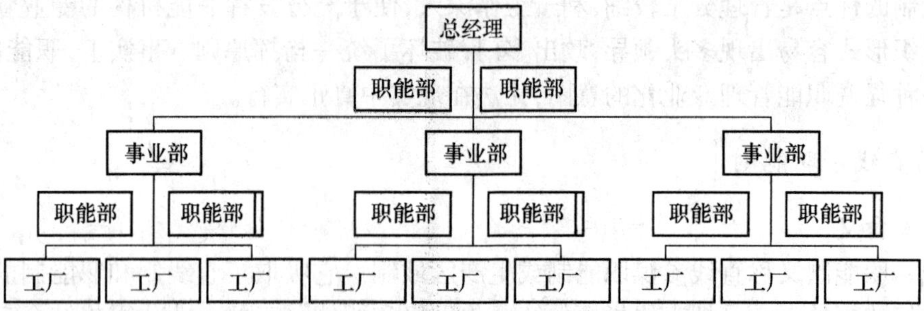

图 4.5 事业部制组织结构形式

经营单位。事业部是分权化组织单位，它分割了一定的直线指挥权限，有进行采购、生产、销售的自主权。每一个事业部是一个利润责任中心，是产品责任单位或生产责任单位，有自己独立的市场；在总公司领导下，实行独立核算，自负盈亏。

事业部的划分可参照本节前面所述“划分部门的方法”，即可按产品、地域等标志来划分事业部。

3. 优缺点

事业部制的主要优点：①对产品的生产和销售实行统一管理，自主经营，独立核算，有利于发挥各事业部的积极性、主动性，特别是能更好地适应市场；②有利于最高层管理者摆脱日常事务，集中精力去考虑宏观战略；③有利于锻炼和培养综合管理人员。

事业部制的缺点：①事业部制还存在着分权所带来的一些不足，如本位主义、指挥不灵，企业整体性差、职能机构重复设置，管理人员增多等；②事业部制要求管理者必须具备很高的管理素质，否则会造成事业部管理的困难。

事业部制主要适用于规模大、有不同市场面的多产品（服务）的现代大企业。

（五）矩阵制

1. 基本含义

矩阵制结构又叫规划 - 目标结构，它由纵横两套管理系统叠加在一起组成一个矩阵，其中纵向系统是按照职能划分的指挥系统，横向系统一般是按产品、工程项目或服务组成的管理系统，如图 4.6 所示。

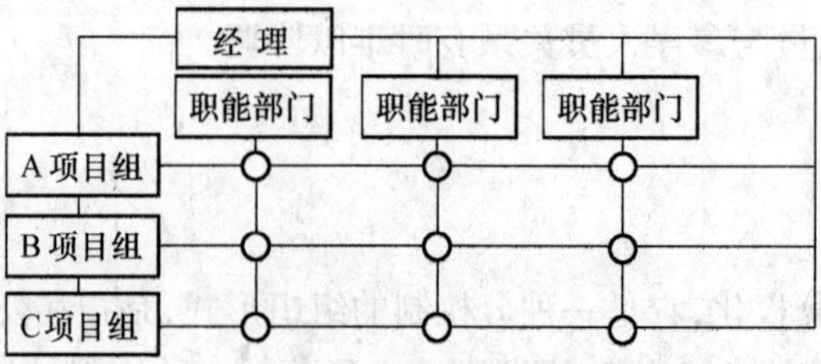

图 4.6 矩阵制组织结构形式

这种形式的组织结构最初出现在20世纪50年代末,被用于完成某些特殊任务。例如,企业为了开发某项新产品,在研究、设计、试制、生产各个方面,要求有关职能部门派人参加,组成一个专门小组。小组成员既接受原部门主管的领导(主要是专业技术上的领导);又要服从项目主管的管理(作为一个作业部门的领导者对其工作人员的全面管理)。

2. 优缺点

矩阵制组织结构的优点是:①使企业组织结构形成一种纵横结合的联系,加强了各职能部门之间的配合,有利于发挥专业人员的综合优势;②具有较强的组织灵活性,既可以根据需要快速组建,完成任务后又可以撤销。

矩阵制组织结构的缺点是:①由于组织成员必须接受双重领导,破坏了统一指挥原则,下属会感到无所适从;②工作出现差错时,不易分清领导责任。

这种组织形式主要适用于变动性大的组织或临时性工作项目。

(六)委员会组织

1. 基本含义

委员会是执行某方面管理职能并实行集体决策、集体领导的管理者群体。委员会在实践中被广泛采用,如董事会、监事会、职工委员会、学位评定委员会等。

2. 委员会的类型

(1)组织中的委员会可以是临时的,它是为某一特定目的而组织的,完成特定任务后即行解散;委员会也可以是常设的,行使某种经常性职能。

(2)按职能性质划分可分为两种类型:一种是行使决策职能的直线式的,如董事会,它的决策要求下级必须执行;另一种是行使咨询协调职能的参谋式的,它为直线人员提供咨询建议等。

3. 优缺点

委员会组织的突出优点是集体领导和决策,有效避免了个人水平能力有限造成的各种失误;缺点是决策速度慢,不利于个人负责,责任不清。

这种组织形式主要适用于需要集体领导或专项职能的组织。

上述介绍的各种组织形式,各有利弊。组织应依目标与实际情况进行灵活选择。必要时也可将几种形式有机结合起来,以更有效地保证目标实现。

单元二　职权配置与规范设计

一、职权配置

职权是构成组织结构的核心要素,对于组织的合理构建与有效运行具有关键性作用。

(一)职权与职权配置

1. 职权与职责

职权,是指由于占据组织中的职位而拥有的权力。与职权相对应的是职责,是指担当某一职位而必须履行的责任。职权是履行职责的必要条件与手段;职责则是行使权力所要达到的目的。

2. 职权类型

管理者的职权有 3 种类型:

(1)直线职权。直线职权即直线人员所拥有的决策指挥权,如下达命令、指挥下级等。

(2)参谋职权。参谋职权即参谋人员所拥有的咨询权和专业权,如职能管理者提供咨询、建议以及在本专业领域内的指导权等。

(3)职能职权。职能职权即参谋人员所拥有的、由直线主管人员授予的决策与指挥权,如经理授权给某职能管理者在某个问题上的指挥权。

3. 职权配置的含义

职权配置,是指为有效履行职责、实现工作目标,而将组织的职权在各管理部门、管理层次、管理职务中进行分配与设置。

(二)职权配置的基本类型

1. 职权横向配置

职权横向配置即依目标需要而将职权在同一管理层次的各管理部门和人员之间进行合理配置。例如,公司将人员招聘权交给人事部,而将人员使用权交给各业务部门。

2. 职权纵向分配

职权纵向分配即依目标需要而将职权在不同管理层次的部门或人员之间进行分割,主要表现为集权与分权。例如,在事业部体制中,总公司将相当大的一部分权力交给下属的事业部,就属于一种分权体制。

(三)职权横向配置的原则

职权在组织中横向配置时,必须遵循以下原则。

1. 服务于组织目标原则

职权在各部门的分配,必须从有利于实现组织目标和工作任务出发。

2. 统一指挥与协调原则

各部门之间权力的配置,必须保证整个组织实现统一指挥,不能令出多门,要有利于各部门之间的协调运行。

3. 责权对等、权责明晰原则

各部门或人员所拥有的权力一定与应履行的职责相对等,并且规定清晰明确的权力与职责范围、界限。权责界限不清,必然造成管理上的混乱。

4. 权力制衡原则

权力的设置,既要有助于推进工作,又要适当地加以制约。在各管理部门之间,应建立既能高效率地完成工作任务,又能有必要的制约、平衡作用的权力结构。例如,对于立法、执行与监督三者之间的科学分立、协调与制约。

(四)集权与分权

1. 集权与分权的含义

集权与分权是指职权在不同管理层之间的分配与授予。所谓集权,是指较多的权力和较重要的权力集中在组织的高层管理者；所谓分权，是指较多的权力和较重要的权力分授给组织的基层管理者。

集权与分权是任何组织正常运行过程中的必然现象。而且，集权与分权也是相对的，没有任何组织是绝对集权或绝对分权的。“职权的集中和分散是一种趋向性，它的性质就像是‘热’和‘冷’一样。”

2. 集权与分权的优缺点

集权有利于组织实现统一指挥、协调工作和更为有效的控制。但另一方面，会加重上层领导者的负担，从而影响重要决策的制定质量；不利于调动下级的积极性与主动性；难以适应外部环境的变化。而分权的优缺点则与集权相反。应根据组织目标与环境、条件的需要正确决定集权与分权程度，但现代管理中总的趋势是组织职权分权化。

资料卡

最近一家公司的总裁感叹道：“我们对地方分权长期、坚定和近乎狂热的承诺，造成与产品相关的不同部门为争取客户而彼此竞争。结果形成一股有悖整体的力量和一种人人为我、却无我为人人的精神。”他还说：“表面上把企业分成较小的单位，应该能够鼓励地方的主动性和承担风险的积极性，事实上恰巧相反，部门分立与自治产生了更短期导向的管理者，他们比以前更受利润的影响。”

听到这种意见后，另一位经理却提出截然相反的意见。

（五）影响集权与分权的主要因素

1. 组织因素

组织因素包括：

（1）组织规模。组织规模的不断扩大导致分权化。

（2）产品结构及生产技术特点。单一产品结构更强调集权；而多品种，特别是产品差异大的产品结构则要求分权。

（3）职责与决策的重要性。重大问题的决策权更有可能集中在上层。

（4）管理控制技术发展程度。有了更为科学有效的控制手段可以更多地将权力下放。

2. 环境因素

环境因素包括：

（1）外部环境。如企业面临市场的复杂与变动程度。当企业面临复杂多变的市场时，必须实行分权，以便更及时、更准确地适应市场的需要。再如当出现极为复杂的政治形势时，组织可能要保留相当的集中政策的权力，以便整体协调。

（2）内部环境。内部环境如一个组织的历史传统、组织文化等，这些都将影响到集权与分权程度。

3. 管理者与下级因素

管理者与下级因素包括：

(1)管理者的管理哲学、性格、喜好、能力。例如,不同领导者的领导观念、领导方式不同,集权或分权的程度就会不同。

(2)被管理者的素质与对分权的兴趣。对具有较高素质的被管理者应授予更多的权力。

集权与分权的关键在于所集中或分散权力的类型与大小。在判断或评价集权或分权的标准上,决策权比执行权更为重要,人权、财权比一般业务权更为重要,最终决定权比建议权、过程管理权更为重要。管理者应该根据实现组织目标的需要,结合上述影响因素,正确地确定集权或分权的权力类型与大小,实现科学的职权分配。

二、授权

(一)授权及其优越性

1. 授权的含义

广义上的分权应包括制度分权与管理者授权两种类型。前者是由组织体制所决定的分权,后者是由管理者个人将自己所拥有的一部分权力授予下级而形成的分权。这里所说的授权就是指后者这种形式。管理者授权是现代管理的一种科学方法与领导艺术。

2. 授权的优越性

(1)授权有利于组织目标的实现。通过科学的授权,使基层拥有实现目标所必需的权力,自主运作,可以更好地促进目标的实现。

(2)授权有利于领导者从日常事务中超脱出来,集中力量处理重要决策问题。"授权是领导者的分身术",高明的领导者都会恰当地运用授权。

(3)授权有利于激励下级。下级若拥有完成任务的权力,能按照自己的意图,独立自主地进行工作,就会获得一种信任感和满意感,这有利于调动其工作的积极性、主动性和创造性。

(4)授权有利于培养、锻炼下级。下级在自主运用权力、独立处理问题的过程中,会不断地提高管理能力,提高综合素质。

(二)授权的原则

在授权中,应遵循如下原则。

1. 依目标需要授权原则

授权是为了更为有效地实现组织目标,所以,必须根据实现目标和工作任务的需要,将相应类型与限度的权力授给下级,以保证其有效地开展工作。

2. 适度授权原则

授权的程度要根据实际情况决定,要考虑到工作任务及下级的情况灵活决定,既要防止授权不足,又要防止授权过度。

3. 职、责、权、利相当原则

在授权中要注意职务、权力、职责与利益四者之间的对等与平衡,要真正使被授权者有职、有权、有责、有利。此外,还要注意授权成功后合理报酬的激励作用。

4. 职责绝对性原则

领导者将权力授予下级,但必须仍承担实现组织目标的责任。这种职责对于领导者而言,并不随授权而推给下级。

5. 有效监控原则

授权是为了更有效地实现组织目标,所以,在授权之后,领导者必须保留必要的监督控制手段,使所授之权不失控,确保组织目标的实现。

(三)授权类型

管理中的授权一般包括以下类型。

1. 口头授权与书面授权

这是就授权的传达形式而言。一般书面授权比口头授权更正规、更规范。

2. 个人授权与集体授权

这是就授权主体而言的。个人授权与集体授权是指可以由管理者个人决定将其所拥有的一部分权力授予下级,也可以由领导班子集体研究,将该层次拥有的一部分权力授予其下级。

3. 随机授权与计划授权

这是就授权的时机而言的。随机授权与计划授权是指有时是按照预定的计划安排将某些权力授予下级,而有时是由于某些特殊需要而临时将权力授予下级。

4. 长期授权与短期授权

这是就授权的期限而言的。短期授权是指有时为完成特定任务需要而进行短期授权,完成任务即结束授权。而那些为完成长期任务需要而进行的授权就要较长时期地将权力授予下级。

5. 逐级授权与越级授权

这是就授权双方的关系而言的。来自顶头上司的授权就属于逐级授权,而来自更高层次的领导者的授权就是越级授权。

(四)授权步骤

简单授权没有必要划分步骤,而较为规范的授权可以划分为以下几个步骤。

1. 下达任务

授权的目的在于完成任务,实现目标,所以,授权过程始于下达任务。首先,要选择好被授权者。其要有正确行使权力的能力,并能有效完成任务。其次,要下达明确的任务,规定所要实现的目标与标准(尽可能量化)以及相应要求和完成时限。

2. 授予权力

领导者要将完成任务、实现目标所需的相应类型和限度的权力授给下级,要做到权责对等,并与一定的利益挂钩。授权中,要特别注意明确权力界限,切不可含糊不清、令出多门。还要注意在授权的同时,给予下级以充分的信任,全力支持,放手使用。

3. 监控与考核

在授权过程中,即下级运用权力推进工作的过程中,要以适当的方式与手段进行必要的监督与控制,以保证权力的正确运用与组织目标的实现。在工作任务完成后,要对授权效果、工作实绩进行考核与评价。

三、职权关系结构与信息沟通模式

职权配置是通过职权关系结构和相应的信息沟通模式实现的。

(一)建立明晰的职权关系结构

要处理好职权关系,使各管理部门、各管理人员职权关系协调,工作配合默契,最基本的是要建立明晰的职权关系结构,即通过组织、体制、制度对职权关系进行划分与规范。

1. 建立清晰的等级链,实行层级管理

在任何组织系统中,从最高级到最基层,都必须建立清晰的、由各管理层次职务组成的等级链。由上至下层层命令,由下至上层层报告,领导隶属关系清楚,命令—报告渠道畅通,防止越级指挥与越级请示,从而保证职权关系的有序维系。

2. 明确划分权责界限

组织应明确规定各管理部门或人员的职责范围、职权类型、权力界限、适用条件、行使期限等,特别是对需要两个以上部门或人员配合、共同行使职权的,更要明确主次以及具体权责界限。权责界限一般在组织规程里通过职务说明书来加以规定。

3. 制定并严格执行政策、程序和规范

职权必须要在政策、程序和规范允许的范围内运用,否则便是职权的滥用或越权。建立健全有关职权运用的规范并严格遵循规范用权,是维系正常职权关系的重要保证。

(二)构建有效的信息沟通模式

1. 构建有效的信息沟通模式是保证职权关系协调的重要条件

无论是上下级之间还是同级横向部门之间,要使职权关系协调,就必须加强沟通与配合。管理实践中,许多争执或矛盾,往往不是由于实质上的分歧造成的,而更多的则是由于沟通不当而引起的误解或"挑理"造成的。

2. 在组织内设计多种信息沟通渠道与合理流程,实现沟通的制度化

(1)上级要真心实意地提倡民主管理,积极鼓励下级参与管理,多渠道征询群众对决策的意见,加强决策执行中的宣传与说服工作。

(2)下级则应对重大或上级感兴趣的决策及执行情况及时向上级请示与汇报;在采取重大举措前一定要取得上级的全力支持,并注意及时对上级进行信息反馈。

与上下级职权关系的协调类似,同级部门与人员之间也应相互尊重职权及加强沟通与配合。

四、制度规范的功能与类型

(一)制度规范的功能与特点

1. 制度规范设计是组织结构设计的继续与细化

建立了组织结构的框架,确定了各部门、各职位的基本职能与职权关系之后,还必须通过建立组织制度规范体系的形式,将上述职能与职权明确化、具体化、规范化、制度化和合法化。

资料卡

为了保证生产经营高效有序，使各职能部门的职责权限得到落实，西安杨森制定了一整套系统化、规范化的生产经营程序和制度，其中包括基本制度、生产经营工作制度、技术质量管理制度等三大类共几十种。这些规章制度全面细致、操作性强，是公司职工自我约束的行为规范。它使公司每个部门、每个岗位、每个职工的工作都有章可循，避免了工作中的随意性和不协调。各级领导则把主要精力放在制定政策和协调、处理、解决“非程式化”的问题上，“例外原则”使他们的工作大为简化。

2. 制度规范的含义

制度规范是指组织为有效实现目标，对组织的活动及其成员的行为进行规范、制约与协调，而制定的具有稳定性与强制力的规定、规程、方法与标准体系。

3. 制度规范的基本功能

组织制定制度规范最基本的功能是对组织的活动及其成员的行为进行规范、制约与协调，以保证有效实现组织的目标。

(1) 规范功能。制定并执行制度规范，可以有效地指导组织及其成员按照既定的程序、方法、标准行事，使其有章可行，以保证各项活动规范运作，秩序井然，更有效率。

(2) 制约功能。制度规范能有效地约束组织及其成员有悖于组织目标实现的活动，惩戒违规行为，鼓励积极行为，使组织更有秩序与纪律。

(3) 协调功能。通过制定完善的制度规范体系，使组织的各项工作与活动建立在科学设计的高结构化的体系之上，使组织整体协调运行，并为处理冲突提供进行协调的依据。

4. 制度规范的特点

组织的制度规范的特点主要有以下几个：

(1) 权威性。制度规范是由组织或其上级制定颁布的，要求其成员必须执行，有很高的权威性。

(2) 规范性。制度体系不但具有高度的统一性、标准性，而且体现规律的要求，对组织成员进行科学合理的指导与规范。

(3) 强制性。制度规范就是组织中的法规，强制性地要求其成员执行、遵守。凡有违反者就要受到制裁。

(4) 稳定性。组织的规章制度一般都是条文化的，一经制定，就是相对稳定的，要在一定期间内严格执行。

(二) 制度规范的类型

组织的制度规范主要包括四大类。

1. 组织的基本制度

组织的基本制度是指规定组织构成和组织方式、决定组织性质的基本制度。这是组织的根本制度，决定与制约组织的行为方向、基本活动的范围与性质。例如，企业的产权制度、公司治理制度、企业章程等。

2. 组织的管理制度

组织的管理制度是指对组织各领域、各层次的管理工作所制定的指导与约束规范体系。它引导并约束组织的成员为实现组织的目标努力工作,是实现组织目标的根本性保证。例如,组织中的各种职权关系与联系的组织制度、各种部门与岗位的权责制度、各种管理程序与标准的管理制度等。

3. 组织的技术与业务规范

组织的技术与业务规范,是指组织中的各种关于技术标准、技术规程以及业务活动的工作标准与处理程序的规定。例如,企业的技术规程、业务流程、技术标准等。

4. 组织成员的个人行为规范

这是针对组织中的成员,为对其个人行为进行引导与约束所制定的规范,如员工职业道德规范等。

五、制度规范的制定与执行

(一)制度规范制定的原则

1. 法制性原则

组织制定的一切规章制度,都要符合党和国家的政策法规,并同本组织的章程等基本制度相一致。

2. 目标性原则

必须根据组织的目标需要来制定组织的规章制度,所有制度都必须服从于与服务于组织的目标。对于一些专业性的制度规范,还应紧密服务于具体的经营管理目标。

3. 科学性原则

组织制定规章制度,一是必须体现客观规律,特别是管理规律的要求;二是必须从实际出发,充分考虑本组织实际;三是必须先进可行,将先进性与可行性结合起来。

4. 系统性原则

组织制定规章制度必须考虑各种规范的衔接与统一,并形成配套体系。

(二)制定制度规范的程序

1. 调研与目标

要根据组织的总目标的需要,在充分调查研究的基础上,提出制定制度与规范的具体目标。

2. 制定草案

在大量分析处理有关信息资料的基础上,起草制定制度与规范草案。

3. 讨论与审定

制度草案提出后,要广泛征求意见,反复讨论修改。最后完善定稿,报制度审定部门审批。

4. 试行

将制度在组织内试行,经进一步修改、检验,使之完善。

5. 正式执行

将制度规范以正式的、具有法律效果的文件形式颁布实施。

(三)管理制度的制定

不同组织的管理制度各不相同。就企业而言,管理制度主要包括专项管理制度和部门(岗位)责任制度。

1. 企业专项管理制度的制定

这是指在企业生产经营过程中,对各项专业管理工作的范围、内容、程序、方法、标准等所作的制度规定。通过企业专项管理制度的制定与实施,明确工作程序、方法与应达到的标准,规范与制约各项管理活动与行为,以保证各项管理工作的科学化与效率化。专项管理制度要依据不同企业的实际进行设计与制定。

企业专项管理制度的内容一般主要包括:①该项管理工作的目的、地位与意义;②做好该项工作的指导方针与原则;③开展该项管理工作的依据和采集信息的渠道;④该项管理工作的范围与内容;⑤该项管理工作的具体程序、方法与手段;⑥该项管理工作完成的时限与达到的标准;⑦该项管理工作的主管部门、承担者与相关部门;⑧该项管理与其他专项管理之间的关系与联系方式等。

企业专项管理制度通常采用条例或规定的形式。其制定一般根据现有组织的高层提出总的指导方针与部署方案。由各职能部门或业务单位依据专业要求制定制度草案;经有关专业人员与群众参与讨论研究,反复修订,最后经授权部门批准颁布。

2. 部门(岗位)责任制

这是指对工作部门或工作岗位(个人)的工作责任与奖惩所作的规定。部门(岗位)责任制主要包括的内容有:各部门或工作岗位(个人)的工作范围、工作目标与标准、职责与职权、工作标准、工作绩效与奖惩等。责任制可分为部门责任制和岗位责任制。前者主要规定各职能部门或生产经营单位的工作范围、目标、权限、协作关系等,以保证实行科学有序的管理;后者主要是规定岗位(主要指个人)的职责、工作程序与方法、达到的标准以及相应的奖惩等,以保质保量地完成工作任务。

部门(岗位)责任制要在企业的原则指导下,由各部门员工起草制定,最后由主管部门或人员审批颁布。在制定过程中,要特别注意既要发挥本部门与本岗位人员的专业优势,使责任制更符合实际与体现专业特点;又要由上级严格把关,使所制定的标准先进合理,奖惩有一定力度,将在标准上先进合理与在操作上可行便捷统一起来。

(四)技术与业务规范的制定

企业的技术与业务规范主要有生产技术标准、生产技术规程等。

1. 生产技术标准

这是对企业产品或工程等在质量、技术、规格等方面所作的规定。这主要体现为一种质量与水平性质的标准。根据制定的单位与使用的范围,我国企业执行的技术标准分为国家标准、地方标准、行业标准和企业标准。

2. 生产技术规程

这是对企业的产品设计、生产制造、服务运作、设备使用与维护等生产技术活动的程序、方法所作的规定。其主要内容是生产经营活动的基本流程与要求。

3. 技术与业务规范制定的基本要求

(1)要严格按照生产经营过程中客观规律的要求进行设计。技术与业务规范更直接地反映了技术规律、经济规律与管理规律的要求,因此,在设计与制定的过程中,必须研究规律、把握规律、运用规律,充分体现规律的要求。

(2)应坚持先进的管理思想,反映先进的技术水平。制定技术与业务规范一定要体现先进性。

(3)必须从本企业的实际出发。要使所制定的技术与业务规范不但先进而且可行,以充分发挥其规范与制约作用。

(4)要充分发挥专业人员与群众的作用。专业人员与群众是技术与业务规范的执行者,在实践中对技术与业务过程最熟悉,最有资格制定技术与业务规范。要调动他们研究技术规律、参与规范制定的积极性,发挥其创造性,使他们参与起草、制定的全过程,以提高技术与业务规范的科学性、可行性,并增强员工贯彻执行规范的自觉性。

(五)制度规范的执行

组织制度规范在执行过程中应注意以下几方面。

1. 加强宣传教育

要利用各种有效途径与方式,将组织的规章制度向组织的全体成员进行宣传,做到"家喻户晓",并教育组织成员认真贯彻实施。

2. 明确责任,狠抓落实,严格执行

组织制度规范的生命就在于执行。再好的制度,如果束之高阁,也是毫无意义的。贯彻执行制度规范,必须有严格的责任制作保证,并狠抓落实、严格执行。

3. 坚持原则性与灵活性的统一

在具体工作实践过程中,必须依法办事,保证规章制度的严肃性;同时,一定要结合具体情况,灵活而创造性地执行制度,注重规章制度的实效。

4. 加强考核与监督

制度规范工作的重点在落实,而落实的关键在于考核与监督。执行制度规范,只停留在号召与要求上是远远不够的。最关键的是搞好制度贯彻情况的监控,进行科学的考核,实行严格的监督。

5. 加大奖惩力度

制度与规范的执行总是要有这样或那样的困难,特别是可能要涉及利益冲突,因此,必须用较大力度的奖惩手段对制度加以推进与保证。制度执行好的,就应该有奖励;执行不好的就应受到处罚。通过加大奖惩力度来保证制度的实施,并放大制度规范的作用。

6. 跟踪控制

在适当时机进行调整与进一步完善。

六、制度化管理

(一)制度化管理的实质与优越性

1. 制度化管理的含义

组织中的制度化管理或称规范化管理,就是国家管理中的"法治"模式,它是同"人治"相区别的。所谓制度化管理,就是倚重制度规范体系进行管理的模式。

2. 制度化管理的实质

制度化管理的实质就是依靠由制度规范体系构建的具有客观性的管理机制进行管理。制度化管理由于依靠的是管理机制进行管理,因此具有很强的客观性、规范性、正规性、稳定性;而"人治"依靠的是管理者的个人权威及其情感好恶进行管理。

3. 制度化管理的优越性

(1)制度化管理的科学性。由于制度化管理是靠管理机制进行管理,因此较好地体现相关规律的要求,使管理更科学、更可行、更有效率。

(2)制度化管理的客观性。制度化管理实行的是"法治",而不是"人治",使管理行为更具有客观性,能最大限度地排除人为因素的不利影响。

(3)制度化管理的规范性。由于有成文的制度,有法可依,管理工作可以按程序进行,可以实现工作的标准化。

(4)制度化管理的稳定性。制度化管理依靠制度体系与机制进行管理,因此稳定性是比较高的。

(二)制度化管理的要求

(1)要建立健全科学、系统的制度规范体系,特别是注重管理机制的改革与建设。这是制度化管理的前提与基础。

(2)要树立"法治"观念,在组织内树立制度规范的权威。"法治"是现代社会治理的基本准则之一,组织的全体成员都要牢固树立"依法治事"的观念;组织制定的制度规范就是组织中的法规,"法律面前人人平等",组织的全体成员都必须严格执行。

(3)要加大授权,凭借制度化管理机制进行管理。制度化管理的实质就是依靠由制度规范体系构建的管理机制进行管理,这就要求以完整的制度规范体系为基础,实行充分授权,构建科学而权威的规范管理机制,基层或被管理者以制度规范为"准绳",自觉规范、约束、协调组织与个体的行为,维系运行秩序,实现组织目标。

(4)要将坚持制度的严肃性与尊重人、调动人的积极性和创造性有机结合起来。制度化管理注重制度规范的作用,但绝不意味着忽视人的因素。而恰恰相反,制度化管理必须与人的活力、人的积极性、主动性、创造性以及人的社会联系与情感因素有机地结合起来,这样才能取得制度化管理的最大功效。

单元三　人力资源管理

一、人力资源管理的内容与原则

(一)人力资源管理及其内容

1. 人力资源的含义

组织的资源可以划分为"人"的资源和"物"的资源两大类。当把人的资源看成是组织最

重要、最有活力、最能为组织带来效益的资源时,组织的全体成员就是人力资源。理解人力资源的含义要把握几个要点:

(1)人是组织最宝贵的资源,他将决定其他资源作用的发挥;

(2)组织的全体成员都属于人力资源,而不仅限于"人才";

(3)人力资源本身是可以被不断开发的;

(4)人力资源在狭义上特指为实现组织目标服务并作出贡献的全体成员能力的总和。

2. 人力资源管理的含义

在狭义上,人力资源管理是指为实现组织目标,对组织人力资源的取得、配置、利用所进行的计划、组织、领导、控制行为。在广义上,人力资源管理包括狭义的人力资源管理和人力资源开发。人力资源开发是指对人力资源的充分发掘和对人力资源的培养与发展。

3. 人力资源管理与人事管理

人力资源管理与人事管理在管理的内容上是大致相同的,但人力资源管理与人事管理相比更强调两点:一是更加重视人的重要性,把组织的所有成员(而不仅是人才)都提高到资源的高度;二是重视人的能力的开发,并把人的全面发展作为组织的重要目标。

4. 人力资源管理的内容

人力资源管理的内容主要包括:

(1)人力资源需求预测与规划。

(2)人员选聘与组合。即根据组织岗位的需要,选拔配备合适的人才,并进行优化配备。人员选聘主要解决人与事的配置问题,人员组合主要解决人与人的配合问题。

(3)人员使用与激励。即将人作为一种最为宝贵的资源,通过合理使用、有效激励、科学考核、奖惩强化,充分调动人的积极性,有效发挥人力资源的功效。

(4)人力资源开发。即根据工作需要与人的自身需要,进行系统培养,以促进人的全面发展。鉴于一些内容将在有关章节中进行研究,本节主要研究人员选聘与配备、人员培训与发展、人员考核与奖酬等几方面内容。

(二)人力资源管理的原则

1. 优化原则

优化原则即通过科学选聘、合理组合,实现人员配备的最优化。

(1)要择优选拔,使优秀的人才担任重要的工作。

(2)要适才适用,使不同类型的人才与不同性质的工作相适应,实现人与事的科学配置。

(3)要用人所长,善于选择人的长处而用之,充分发挥其优势。

(4)要人才互补、优化组合,发挥人才组合的整体效应。

2. 竞争原则

人员的选聘、组合、使用与发展不能在封闭和僵化的环境下进行,必须引入竞争机制,公开、公正、平等竞争,并形成有利于人才脱颖而出的有效机制。

3. 激励原则

激励原则即通过人员配备,最大限度地调动人的积极性和创造性。

(1)要搞好授权,放手使用,充分信任下级。

(2)要科学地安排工作职位和进行工作设计,增强下级对所从事工作的兴趣。

(3)要实行科学的考核,公正地对组织成员作出客观的评价。

(4)要将奖励与贡献紧密挂钩,并使物质奖励与精神奖励结合起来。

4. 开发原则

开发原则即在人员配备和使用的过程中,通过各种形式进行智力开发,不断提高人员的素质,最大限度地发挥人的潜能,并要把促进人的全面发展作为组织的重要目标。

二、人员选聘

在确定了组织内的一些职位后,就可以通过招聘、选拔、安置和提升来配备所需的管理者与员工。要依据职位或岗位本身的要求和受聘者应具备的素质和能力进行选聘。

(一)管理者选聘的途径

管理者选聘有两大途径。

1. 外部招聘

外部招聘是根据一定的标准和程序,从组织外部的众多候选人中选拔符合空缺岗位工作要求的管理人员。外部招聘优点是:①被聘人员具有"外来优势",如果他确有能力,便可迅速打开局面;②有利于平息和缓和内部竞争者之间的紧张关系;③能够给组织带来新的管理方法和经验。

招聘局限性主要表现在:①外聘者不熟悉组织内部情况,同时也缺乏一定的人事基础,往往需要一段时间的适应才能有效地工作;②可能产生聘用失误的问题;③外聘会挫伤组织内部成员的积极性(会堵死他们的升迁之路)。

2. 内部提升

内部提升是指根据工作需要,从组织内部成员中选拔优秀的人员担任更为重要的管理职务。内部提升方式的优点是:①利于鼓舞内部成员的士气(给每个人带来发展机会);②有利于吸引外部人才(外部人才愿意到有发展机会的企业);③有利于保证选聘工作的正确性,避免误选;④有利于被聘者迅速开展工作。

内部提升方式的弊端主要有:①引起同事的不满。②可能造成"近亲繁殖"的现象,不利于组织的管理创新。

3. 确定选聘途径的依据

确定从内部还是从外部选聘管理者时,要考虑的因素有:

(1)职务的性质。涉及对组织的发展具有重要意义的技术骨干与重要管理者应注意从组织外部选聘;而大部分一般性职务,则多从内部提升。

(2)企业经营状况。小型的、新建的及快速增长的企业,需要从外部招聘技术人才及有经验的管理者;而大型的、较成熟的企业因有经验、有才干的备选人才众多,则多半靠自己的力量。

(3)内部人员的素质。

(二)管理者选聘的方式

选聘管理者在具体运作中还应注意以下选聘方式的运用。

1. 公开竞聘

这是一种通过公开发布选聘信息,运用竞争机制,借助公开方式招聘人员的方式。为使企业获得最合适的人选，除外部公开竞聘外，也可在企业内部采用公开竞聘的方式。公开竞聘的方式可以在一定程度上克服从内部提升或外部招聘所带来的缺点，使企业获得最合适的人选，并充分调动人员积极性。

2. 组织选拔与调整

组织选拔是指通过组织考核，选拔优秀人才担任高一层次管理职务的一种方式，主要通过民主推荐、组织考核、领导审批等程序进行选聘。组织调整的方式是指对所选人才的优缺点加以评估，为他们找到合适的职位甚至专门设计一个新的职位。

（三）员工选聘步骤

对于中基层管理者来说，更多面对的则是员工选聘问题。员工选聘的基本工作包括确定需要、编制计划、实施选聘、上岗培训等工作。选聘的具体步骤如下。

1. 初次面试

初次面试多半是根据招聘的一些标准与条件来进行筛选，淘汰掉明显不符合职务要求的应聘者。在这一阶段，招聘者所提的问题大多直截了当。

2. 审查申请表

审查申请表的目的是为了帮助招聘人员对应聘者有基本的了解，并根据其条件，决定是否有必要对其进行进一步考核。一般来说，申请表的内容包括：姓名、年龄、性别、家庭情况、受教育情况、特长、简历等。在申请表的具体编排上，应依据企业及职务的要求而定，尽量做到与职务密切相关。同时，在用词上也应作到清晰明了，应使招聘者通过申请人所填的具体内容即可作出有效的初步判断。

3. 录用面试

面试的目的是进一步获取应聘者的信息，在初次面试和审查申请表的基础上，加深对应聘者的认识，有助于对应聘者合格与否作出判断。同时，计划得当的面试还可以达到使应聘者了解企业和宣传企业形象的目的。

4. 测验

测验是运用系统的、统一的标准及科学的、规范化的工具，对不同人员的各种素质加以公正而客观的评价。它是选聘过程中重要的辅助手段，特别是对于那些其他手段无法确定的个人素质，如能力、个性特征、实际技能等。最常用的测验包括智力测验、知识测验、个性测验和兴趣测验等。

5. 人才评价

这是选聘重要管理职位或高技能岗位人才而采用的方式。即让候选人参加一系列管理情景模拟活动，让评价人员观察和分析受试者在一个典型的管理环境中如何运作，以考察其实际管理技能或技术技能。例如，让候选人参加“公文处理模拟测试”“无领导小组讨论”和“企业决策模拟竞赛”等。参加评估的人员是评估专家和经过培训的企业高层领导者，一般由待选聘岗位的直接领导参与最后结论评估，并由评估小组集体讨论得出结论，作为上级审批人员聘任的依据。

6. 对新员工进行上岗培训

上岗培训，一方面包括向新员工介绍企业、企业的职能、任务和人员等情况；另一方面是使新管理人员适应工作，包括学习工作所需要的知识和能力，执行任务采取的合适态度，适应本单位的准则和价值观念。

三、人员培训与发展

(一)人员培训的内容

1. 人员培训的基本内容

各级、各类人员的素质、能力要求不同,故其具体培训内容也不同。但培训的基本内容不外乎三部分:①政治思想与职业道德教育;②技术与业务理论知识;③技术与业务能力。如果是对管理者进行培训,那么技术与业务理论知识、技术与业务能力的培训中均应包括管理的理论与技能。

2. 确定培训内容的依据

主要根据以下三方面因素来确定培训的具体内容:

(1)组织本身的要求,即根据组织的宗旨、目标与所处的环境等因素确定培训的内容。

(2)与企业经营任务和工作本身有关的要求,即可以根据工作的具体内容和市场与技术未来发展需要等因素来选择培训的内容。

(3)根据受培训者的工作表现与能力及其自身发展需要等因素选择培训内容。

(二)人员培训的方式

人员培训主要包括管理者培训和一般员工培训。

1. 管理者培训

具体培训方式主要包括以下几种。

(1)轮换工作。轮换工作的目的是为了扩大受培训人员的知识面,通过不同岗位的轮换,不仅可以了解企业不同岗位的职能,掌握公司业务与管理的全貌,而且可以培养他们的协作精神和系统观念。轮换工作大致包括:非管理性工作;对分配的工作进行观察;在各种管理岗位上工作,如可以将受培训者不固定地轮换到生产、销售、财务等不同部门的不同管理岗位上锻炼。

(2)设立“助理”职位。这种方法可以使受培训者逐步接触高层次管理实务,并通过处理这些实务积累高层管理经验,熟悉高层管理工作的内容与要求,学习主管人员的管理经验与方法。

(3)临时性晋升。当由于某种原因导致正式管理人员职位空缺时,指派受培训者担任“代理”管理者,这种临时性晋升是一种培养管理者的有效办法。代理管理者在任职期间作出决定并承担完全责任,这种管理工作的经验对于受培训者是很宝贵的。

(4)参加委员会工作。让受培训者参加委员会等组织的工作,使其有机会与有经验的管理者交往,与他们一起参与管理决策工作,学会在集体中协调、决策,便于他们从中得到锻炼。

(5)在岗辅导。管理者在执行工作职务的同时,除自我提高外,还要接受有经验管理者的辅导。辅导是每一个部门经理的职责。要使辅导有成效,必须在上司和受培训人之间建立起相互信赖和信任的气氛。作为上司必须明智和有耐心,必须能下放权力,而且对于出色的工作要给予承认和赞赏。有效的辅导能调动下属的积极性,发挥其潜在的能力并帮助他们克服缺点。

(6)外部培训。除了在组织内部组织培训之外,还可以派受聘人员去大学、培训中心等专门的机构进行培训。这些培训除了正规系统的工商管理硕士外,还包括专题讲习班、研讨会、讲座和按个别公司的要求而特别设计的培训课程。现在,越来越多的企业注意与学校联合为本企业培养各级各类管理人才和专门的技术人才。

2. 一般员工培训

对于非管理者的一般员工进行培训的主要方式有以下几个。

(1)上岗培训。员工上岗前,必须接受系统的培训。主要培训内容包括生产技术规程与标准、安全生产规范、企业规章制度、职业道德等。

(2)岗位练兵。即在生产经营过程中,边干边学,不断学习新知识、新技术,提高技术操作的熟练程度。

(3)集中培训。即企业根据发展的需要或引进新设备、新技术的需要,组织员工进行集中性的培训。

(4)脱产进修。为培养技术骨干,企业将员工送到专门学校或培训班进行系统学习进修。

(5)技术考核与晋级。通过技术考核与晋级,可以调动员工通过自学自练、提高技术水平的积极性,将有力地促进员工技术水平的提高。

(三)促进员工的全面发展

1. 促进员工的全面发展是一切社会组织的最根本性任务

从马克思主义的基本理论,到现代社会发展的时代要求,都决定了促进人的全面发展是整个社会乃至一切社会组织的一项最根本性任务。每个组织在实现本组织宗旨和完成生产经营任务的同时,都必须高度重视本组织成员的全面发展问题,并将其列入重要的管理目标,下工夫抓出成效。

2. 促进员工全面发展的途径

为促进员工的全面发展,应特别注重抓好以下工作:

(1)尊重员工的主人翁地位,尊重员工的政治权利,充分发挥其议政和参与管理的积极作用;

(2)鼓励员工的首创精神,支持他们在工作中的改革与创新,满足其成就事业、自我实现的需要;

(3)建立终身学习的体系,提供员工学习理论与技术的必要条件,鼓励他们在技术上与业务上的进步,促进其自身素质的不断提高;

(4)尊重员工的个性,鼓励员工健康的个性发展和人格的自我完善;

(5)满足员工的各种社会心理需要,创造和谐的人际环境,在组织中建立健康、向上、团结、融洽的团体氛围;

(6)在完成工作任务的同时,关心并促进员工的身心健康;

(7)要利用本组织的各种有利条件,使本组织的成员有高质量的、愉悦的社会生活,使他们成为“幸福的人”;

(8)树立组织成员的社会责任意识,使他们成为自觉维护社会公德、承担社会义务的高素质的社会成员。

四、人员考核

(一)人员考核的含义与作用

1. 人员考核的含义

人员考核是指按照一定的标准,采用科学的方法,衡量与评定人员完成岗位职责任务的能力与效果的管理方法。

2. 人员考核的目的

对员工进行考核,从管理者的角度看,主要有两大基本目的:①发掘与有效利用员工的能力;②通过考核,对员工给予公正的评价与待遇,包括奖惩与升迁等。

3. 人员考核的作用

①考核有利于评价、监督和促进员工的工作,有明显的激励作用;②为确定员工的劳动报酬与其他待遇提供科学依据;③为个人认识自我进行考核,为促进员工的全面发展创造条件;④有利于管理者了解下属,以便进行合理的岗位调整及职务晋升。

(二)人员考核的内容与结构

对员工进行考核,主要涉及德、能、勤、绩和个性等五个方面。

1. 德

德即考核员工的思想政治表现与职业道德。特别是职业道德,对于企业的员工来说具有重要的意义。它直接关系到员工的工作质量,为社会所作的贡献,对社会精神文明的影响等。

2. 能

能即考核员工所从事的业务技术工作而相应具备的专业理论水平与实际能力。能力是做好工作的基本条件。在智力资本对组织贡献率越来越大的今天,对员工知识与能力的考核越来越重要。技能本身已成为员工价值与组织支付薪酬的重要依据。同时,技能考核也是员工使用的重要依据。

这种能力是指员工本身具有的、潜在形态的各种知识、技能的总和,主要可以通过技能程度和熟练程度的形式来衡量。对员工考核主要包括基本能力和精神熟悉程度:①基本能力,包括知识、技能和体力;②精神熟悉能力,包括理解能力、判断能力、决断能力、创造能力、筹划能力、开发能力、表达能力、谈判能力、涉外能力、领导能力等。

3. 勤

勤即考核员工主观上的工作积极性和工作态度,包括在工作中表现出来的热情与干劲。员工的工作态度对工作的成果与贡献也具有十分重要的意义,因此,构成考核的重要内容。

考核工作态度,主要包括积极性、责任感、纪律性、协调性等。

4. 绩

绩即考核员工在工作过程中的实际成绩与效果。这是最重要的考核内容。对员工绩效的考核是确定对其评价、奖酬、使用的最基本的依据。

考核绩效,主要包括员工所完成工作成果的数量、质量及时效。

5. 个性

个性主要了解员工的性格、偏好、思维特点等。对员工个性的了解,有利于管理者更好地掌握下属的特点,有针对性地、更富有成效地搞好管理。

(三)人员考核的要求

1. 考核最基本的要求是必须坚持客观公正的原则

考核最基本的目的就是对员工给予公正的评价与对待。如果考核不能客观公正,考核就失去意义,不但不能起激励作用,而且还会起消极作用。所以在整个考核过程中,最重要的就是必须坚持客观公正的原则。

2. 要建立由正确的考核标准、科学的考核方法和公正的考核主体组成的考核体系

人员考核是一项系统工程,必须建立科学的考核体系,这是实现有效考核的前提、基础与必要条件。

(1)要建立正确的考核标准。考核标准是有效实施考核的尺度,标准正确与否,直接关系到考核的结论的正确性与价值的大小。

(2)要选择与设计科学的考核方法。没有科学的考核方法,很难获取真实而有价值的信息,自然不可能形成正确的考核结论。

(3)要有公正的考核主体。考核的客观性与准确性,不可避免地会受到考核主体的公正性与素质水平的影响。

3. 要实行多层次、多渠道、全方位、制度化的考核

(1)组织中的考核是分层次进行的,不同层次有各自不同的考核重点。

(2)为了全面、准确地了解一个人,就应该通过多条渠道,进行全面考核,以形成系统、完整的结论。

(3)考核应坚持制度化。人员考核是组织的一项极为重要的经常性职能,必须建立完整的制度规范体系,对考核目标、考核程序、考核方法、考核期等都应加以制度化。

4. 要注意考核结果的正确运用

考核不是目的,而是一种手段。考核的最大价值取决于考核结果的运用。考核的结果必须与本人见面,恰当地给予表扬与批评,以激励或鞭策被考核者;同时,考核结果必须同工资奖金、工作安排与职务晋升等紧密挂钩。

(四)人员考核的程序

1. 制订考核计划

首先必须制订周密的考核计划。要根据组织的基本要求和具体的考核目的,结合当时的实际情况,确定本次考核的目标、对象、程序、实施时间与日程、考核主体等,并明确相应的考核要求与事项。

2. 制定考核标准,设计考核方法,培训考核人员

(1)制定考核标准。考核的标准主要有两种:一是职务标准,即组织所期望或要求做的工作内容与水平;二是职能条件,即组织期望与要求个人应具备的能力内容和水平。

(2)设计考核方法。应根据考核对象的工作性质与特点、考核标准的要求以及组织的实际情况,灵活地选择与设计考核的方法。

(3)培训考核人员。在考核前应进行对考核人员的培训,使他们掌握考核的目的与要求、程序与方法,包括进行必要的客观公正教育等。

3. 衡量工作,收集信息

这是考核的具体实施阶段,是考核过程的主体。

(1)要深入实际,深入群众。这是获取真实而准确信息的基础。

(2)要做好思想发动与相关人的思想工作,获得知情人的积极配合。

(3)要采用事先设计的科学的考核方法,客观公正地进行衡量。

(4)收集的信息要真实准确,并尽可能实行量化。

4. 分析考核信息,作出综合评价

(1)对收集到的信息要进行筛选、审核与提炼,特别是要去伪存真,确保信息的准确性。

(2)要对信息进行科学分类,系统整理。

(3)对信息进行全面综合,系统分析,科学抽象,正确地作出考核结论。

5. 考核结果的运用

考核结果要上报给上层管理者,并同本人见面。考核结果可以作为了解员工、激励工作、开发能力、奖酬发放、调整使用、晋职晋级等的依据。

(五)人员考核的方法

1. 实测法

实测法即通过各种项目实际测量进行考核的方法。例如,对员工进行生产技术技能的考核,常采用由员工现场作业,通过对其实际测量,进行技术测定、能力考核。

2. 成绩记录法

成绩记录法即将取得的各项成绩记录下来,以最后累计的结果进行评价的方法。这是一种日常的、连续的、客观记录事实的方法。这种方法主要适应于能实行日常连续记录的生产经营活动或其他职能工作,如记录生产的数量、质量、进度等。

3. 书面考试法

书面考试法即通过各种书面考试的形式进行考核的方法。这种方法主要适应于对员工所掌握的理论知识进行测定。当然,也可进行某些能力的测定。

4. 直观评估法

直观评估法即根据被考核者的一些表现,由考核者直接作出评估的方法。这主要是依据对被考核者平日的接触与观察,由考核者凭主观判断进行评价的方法。这种方法简便易行,但易受考核者的主观好恶影响,科学性差。

5. 情景模拟法

情景模拟法即设计特定情景,考察被考核者现场随机处置能力的一种方法。这种方法通常用于对管理者的考核中。这种方法先由考核者设计一段描述管理矛盾与冲突的管理案例或管理情景,然后由被考核者现场进行分析与处理,最后由考核者观察并进行评价。此法重点考察被考核者分析与处理问题的实际能力。

6. 民主测评法

民主测评法即由组织的成员集体打分评估的考核方法,一般采用问卷法进行。此法即由考核者事先设计问卷,按考核的项目设计问题;再由相关知情者以书面或口头的方式回答;最后由考核者进行统计整理的一种方法。对领导者的考核,通常按德、能、勤、绩等四个方面设计项目,并按优秀、良好、合格、不合格分等作出评价。

7. 因素评分法

因素评分法即分别评估各项考核因素,为各因素评分,然后汇总,确定考核结果的一种考核方法。这是一种广泛应用的方法,主要适用于对一些本身没有可度量的最终产品、不好直接计量的工作的考核。其基本思路是通过对有关项目分别考核,再进行综合评价。即将考核的有关项目具体分成评定要素,分类排列,并规定每一个项目的分数;然后,根据实际情况,对照标准,分别给各项目打分;最后,将各项目的分数累加起来,以累计分的形式综合表示出对被考核者的评价。此法又可以划分为多种具体形式。

(1)加减法。这是指对每个评定要素,根据它们的作用性质与程度,分别规定不同的分数,而且有正有负,其代数和即为综合评价分,如表 4.1 所示。

表 4.1 加减法考核表

评定项目	分　数	备　注
完成计划	10	
未完成计划 1%	-1	
超额完成计划 1%	+1	
……		
综合评分		

(2)扣减法。这是考察应该达到的事项或标准的方法。对于达不到标准的实行扣分,而没有加分项。其所考核的事项就是各种职务或岗位的工作标准。凡发现有达不到标准的项目就要扣分,最后,根据扣分合计进行综合评价,如表 4.2 所示。

表 4.2 扣减法考核表

评定项目	扣分标准	扣减分数	备　注
迟到次数	2	8	
废品率(%)	3	6	
……			
扣分合计			

(3)扣除法。这是上述扣分法的一种特殊形式。即只要某条标准没有达到,就把该项的分数全部扣掉。这种方法主要适用于对那些要求绝对遵守的项目的考核。如安全生产,只要出了事故,该项的分数就全部扣掉。

(4)累加法。这种方法实行只加不减,以最后的累加分数作为评价依据。这种方法主要适用于对成果进行考核,如用于考核销售额、市场占有率、服务质量指标、利润额等项目。

五、奖酬设计

奖酬泛指组织成员的全部劳动收入,既包括基本薪金,又包括各种形式的奖金。奖酬是各类组织中基层管理者重要的管理内容与最基本的激励手段。

(一)奖酬设计目标与原则

1. 奖酬设计的目标

奖酬体系最重要的目标有三个:

(1)最首要的目标就是能有力吸引社会上的优秀人才来本企业工作,并能保证企业现有核心员工安心于本企业工作。

(2)最直接的目标就是对组织成员产生尽可能大的激励作用。

(3)促进员工能力的不断开发。

2. 奖酬设计的原则

设计奖酬体系应遵循以下基本原则:

(1)按劳分配原则。多劳多得,少劳少得,同工同酬。

(2)激励性原则。必须按照有利于促进员工积极工作,努力提高技能的要求设计奖酬体系。

(3)系统性原则。要从奖酬目标、原则,到奖酬形式、奖酬机制、奖酬制度,形成系统的运作,才能有效地实现奖酬的目标。

(4)直接性原则。必须使奖酬与员工的劳动成果、贡献紧密挂钩,并且缩短挂钩的周期。同时要注意所设计的奖酬形式简单明了,容易为员工所掌握。

(5)公平性原则。奖酬与每个员工自身利益密切相关,是管理中极为敏感的因素,必须做到科学设计、公平合理。

(6)灵活性原则。奖酬要适应目标与环境等因素的变化而作相应的调整,并且为了增强激励性,应尽可能增加浮动的比例,特别是奖金部分,更应根据员工的现实表现与贡献的变化,及时地进行调整。

(二)奖酬的决定因素与设计要领

1. 奖酬的决定因素

确定奖酬水平,设计奖酬体系,要依据以下因素。

(1)工作的价值,即岗位因素。要通过工作分析,确定岗位的工作内容、工作性质、相对重要性及对企业的相对贡献率,进而确定各个岗位的奖酬差别。这是确定奖酬最基本的依据。

(2)员工的价值,即员工的技能因素。这主要是指员工本身所具备的工作技能与工作的相关知识。按照员工的技能因素确定奖酬,既是对员工的人力资本投入的回报,更是鼓励员工努力提高技能的激励。因此,员工的价值是决定奖酬的重要因素。

(3)人力市场情况。一方面,人力市场上各职种的薪酬水平是决定奖酬的重要依据,这是实现外部公平的重要尺度;另一方面,通过与人力市场价位的比较来确定奖酬,有利于增强本企业的竞争优势,以吸引优秀人才来本企业工作,并留住本企业的核心员工。

(4)社会成员的生活成本。这反映了人力资源的再生产费用。企业确定薪酬必须考虑政府规定的最低生活费与当地居民的生活水平。

(5)企业的支付能力。要根据企业的效益状况与水平,确定与调整员工的奖酬水平。

(6)国家法规。企业确定奖酬体系,必须符合国家的政策法规。

2. 激励性奖酬体系的设计要领

为增强奖酬体系的激励性,应重点抓好以下工作:

(1)加大薪酬的浮动比例。薪酬的活力在于其差别与变动性。无论用什么办法建立起来的薪酬体系,只要固定不变,就会失去其活力,丧失其激励性。因此,在设计时,应尽可能增加薪酬体系中的浮动部分,使薪酬体系能更好地反映贡献的差异与变化,以增强其激励性。

(2)必须与绩效紧密挂钩。奖酬与员工的实际工作成果和贡献挂钩,是形成奖酬激励性的最直接的因素。从国外企业和我国企业改革的趋势来看,都特别重视员工的个人绩效在奖酬中的作用,按照实际贡献确定薪酬,增加薪酬中体现业绩的部分。

(3)突出技能工资的作用。随着智力资本贡献率的加大,一些新经济企业更加重视员工的智力投入和对员工的智力开发,把员工的技能作为确定薪酬的主要依据,使技能工资制度得到发展。

(4)科学地确定岗位薪酬差别。要坚持"向生产一线的主要岗位,特别是技能要求高、责任重、贡献大的岗位倾斜,向苦、脏、累、险岗位倾斜"。同时,岗位工资的级差要实行不等额递进制,即层次越高,技能要求越高,因此,工资水平也应越高。

(5)注重奖酬激励的长期性。对于一线员工,应注重激励的直接性,这样效果更好;而对于高层管理者和高层次技术骨干,则更应注重激励的长期性。为了克服高层管理者的短期行为和有利于技术骨干的长期贡献,对他们实行长期激励具有特别重要的意义。企业通常采用年薪制与股票期权和期股制来对高层管理者和技术骨干实行长期激励。

(三)奖酬形式与制度

奖酬体系的主体部分(不含奖金),即为狭义上讲的工资;而在广义上,工资则泛指整个奖酬体系。

1. 工资差别

工资差别是指不同人员或岗位工资之间的差别,是体现工资激励性最关键的要素。工资的差别是依据劳动的差别确定的。确定劳动差别的依据是劳动的数量和质量,具体包括以下两点。

(1)劳动的数量。确定劳动数量的指标有三个:劳动时间长度;劳动强度;凝结劳动,即以成果、产品来表示的劳动数量形式。

(2)劳动的质量。确定劳动质量的指标有三个:劳动的复杂程度(熟练程度)、劳动条件、劳动的价值。

2. 工资形式

(1)计时工资。计时工资是指结合员工的劳动质量,按照劳动时间的长度支付工资的形式,具体包括小时工资、日工资、周工资、月工资和年工资(即年薪)。这种形式的优点是简便易行,缺点是激励作用小。

(2)计件工资。计件工资是指按照员工生产的合格品或完成的工作量和预先规定的计件单价来计算工资的一种形式。具体形式有统一单价的计件制和变动单价的计件制(累进计件和分段计件),还有包工制、提成制等形式。计件工资的优点是激励作用大,缺点是操作难度大,有的工作甚至无法实行计件制。

(3)奖励工资。奖励工资或称奖金。奖金实质上是对员工超额劳动的报酬,是工资的附加部分。奖金是调节劳动态度,提高工作绩效的有力杠杆。奖金的特点是比较及时准确地反映劳动者支出劳动量的变化情况,具有较大的灵活性与较强的激励性。

(4)津贴。津贴是工资的一种补充形式。当工资制度不能准确反映一些差别时,用津贴的形式对那些在特殊条件下工作的员工的劳动消耗和特殊贡献而形成的差别给予合理的补偿,主要包括健康津贴、生活津贴、技能津贴等。

3. 工资制度及其设计方法

工资制度是指整个奖酬体系的制度化形式。在改革开放前,我国基本实行两大类工资制度:①工人实行技术等级工资制;②管理人员实行职务等级工资制。改革后,我国正在由等级工资制度过渡到结构工资制度。

设计工资制度有两种方法:

(1)综合法。综合法即通过一种工资制度综合地反映劳动数量和质量变化的各种因素。其典型形态是等级工资制度。

(2)分解法。分解法即把影响劳动数量和质量变化的各种因素进行分解,分别通过各种不同的工资形式加以反映,用几个工资额组合成奖酬体系。其典型形态是结构工资制度。

4. 结构工资制度

结构工资可以由以下几种工资形式进行组合:

(1)基本工资。这是指保证员工基本生活需要,维持劳动力再生产的部分。

(2)技能工资。它主要反映技术复杂程度、劳动熟练程度和技术能力,是对员工投入所给予的回报。

(3)岗位工资。它主要反映劳动的熟练程度及劳动条件、责任等因素,是对工作岗位进行的区分。

(4)职务工资。它主要反映干部的水平、能力和责任,是对不同职位管理者进行的区分。

(5)绩效工资。它主要反映员工的劳动成果与贡献,是对员工产出所给予的回报。

(6)工龄工资。它反映对员工过去积累劳动的报酬。

(7)津贴。它主要反映随时间、地点、条件变化而引起的劳动消耗的变化。

(8)奖金。它是对超额劳动的报酬。

社会组织或企业,一般要结合工作的实际进行灵活的选择与设计,进而构建有本组织特色的工资制度。企业应用较多的是技能工资、岗位工资和绩效工资有机组合构成的结构工资制度。

(四)奖金的确定与发放

作为中基层管理者,奖金是可以运用的极为重要的一种奖酬激励手段。

1. 奖励体系的构成要素

要发挥奖金的激励作用,就必须建立科学的奖励体系。奖励体系的构成要素包括:

(1)奖励指标。这是指决定是否受奖及得奖数量的一些指标,包括数量指标和质量指标。它是一定时期员工的努力目标或组织考核绩效的一些指标。建立指标要具体准确,便于考核和统计,数目不能太多。

(2)奖励条件。这是指获得奖励所必须具备的条件,是一种修正指标。实质上执行的是一种监督职能。达到了奖励指标而不具备奖励条件的就不能获奖。

(3)奖金比例与标准。要确定奖金起点,即开始支付奖金的奖励指标的最低标准;要制定奖金比率,即奖励指标完成程度与奖金数额的具体联系形式;要确定奖金标准,即奖金的发放水平与数额。

(4)受奖人范围。获奖者必须是那些同该奖励指标的实现有直接关系的人。

(5)资金来源。奖金的来源及其数量必须同企业经营成果挂钩。

2. 奖励的形式与方法

(1)奖励的形式:从奖励的指标上看,有综合奖与单项奖;从奖励的时间上看,有定期奖励(月、季、年)和一次性奖励;从奖励的对象上看,有个人奖和集体奖。

(2)奖励方法:即奖励分配或发放的方法。主要有以下几种方法:

①指标分配法。凡有硬性指标的,可以按指标进行分配。

②提成法。对奖励可以同价值成果直接挂钩的,可以按价值成果的一定比例提成或分配奖金,如按利润额的一定比例提取或分配奖金。

③系数法。可以借用与奖励相关因素的比例关系计算出的系数来进行分配。

④标准折合法。即把不同的成果折合成同一的、可以比较的指标来进行分配。

⑤分等法。对于无法计量的,可采用评估分等的办法分配奖金。

单元四　人员组合与团队建设

建立有效的群体与团队,是现代组织职能的极为重要的内容与目标,是增强组织活力与战斗力的重要途径。

一、人员组合

中基层管理者处理的重要组织问题就是人员组合问题,即解决人与人的配合问题。

(一)人员组合及其结构

1. 人员组合含义

人员组合是指组织内按管理或作业需要所进行的人员配置与合作。人员组合的目的是提高管理的效率,取长补短,人尽其才,最大限度地调动组织内各种人员的工作积极性,使他们能在彼此之间、上下级之间以及整个组织内,达成一种默契的合作关系,为实现组织的总体目标而共同努力。

2. 人员组合的重要性

(1)社会化大生产的需要。当今世界社会化、国际化的大生产,要求管理必须以人为中心,尽可能做好各类人力资源的组合分配,以最大限度地发挥人的潜能与群体的整体效应。

(2)实现组织目标的需要。企业要想在复杂、激烈的市场竞争中站稳脚跟并求得不断发展,必须有效地实现人员的最佳组合,增加企业员工的凝聚力,使企业内部的人力资源发挥最大的效益。

(3)人自身发展的需要。人是社会的人,是群体中的人。组织中的员工都有参与特定的组合群体的需求,如管理群体、技术群体、业务群体等。他们在群体中,在完成工作任务的同时,也有获得归属团体、与人交际、受人尊敬、志同道合、愉快相处等社会心理需要,合理的组合会满足其社会心理需要。

3. 人员组合的结构

人员组合包括技术结构和社会结构两个方面的组合。

(1)人员组合的技术结构。这是指人作为劳动要素,按照完成组织工作任务的要求,结合人员的专业与素质条件,实现各类人员在技术上的科学配置。例如,在一个班组中不同工种的工人之间的配备与组合。

(2)人员组合的社会结构。这是指人作为社会成员,根据各类人员的社会心理类型与特点,实现最佳社会心理组合,以形成有效激励的氛围,增强组织凝聚力。例如,在一个班组工作的员工之间,存在着较强的社会心理相容性或互补性,从而融洽相处。

(二)人员组合的原理与效应

1. 人员组合的原理

(1)人员组合最基本的原理是同素异构原理。这是指在群体成员的组合上,同样数量与素质的一群人,由于排列组合不同,所产生的效应会有所不同。在人员组合中,要考虑如何根据组织的目标或所需完成的工作任务,特别是要考虑其成员的技术与社会心理特点,进行科学的组合与配置,以形成尽可能大的综合效应。

(2)技术匹配原理。这是指在人员组合中,要根据群体工作任务的需要,按照在技术上各类劳动力相匹配的规律,科学地配置人员。这是合理设计群体技术结构必须遵循的原理。

(3)社会心理相容与互补原理。这是指为使组合中的成员获得心理上的满足,应使他们在社会心理上存在着相容性或互补性,从而使他们愉悦而和谐地相处。一是组织成员的相容性。相容性是指组织的成员之间具有相同或相似的思想、志向、性格等,关系融洽,愉快共事。这是最佳人员组合的基础。二是组织成员的互补性。组织成员的互补性是指组织成员之间具有不同的素质、能力、个性风格,使其形成一种互补效应,从而发挥人员组合的整体优势。组织的管理者应对其组织的成员进行科学组合,在注意人员组合同质化的同时,寻求适度异质组合,实现组织的相容性与互补性的结合,以建立最佳组合。如在管理人员的组合中,在统一思想、统一目标、统一行动的前提下,实现最佳年龄组合、最佳知识技能组合、最佳气质性格组合。

2. 人员组合的综合效应

当人作为个体,按一定的方式组合以后,会产生相应的组合效应。合理组合使综合效应放大;不合理组合将使综合效应缩小。具体表现为以下三种类型。

设:Z 为综合效应;X,Y 分别为个体。则有

①最佳效应组合:$Z > X + Y$

②低效效应组合:$Z = X + Y$

③最差效应组合:$Z < X + Y$

当人员组合非常差时,Z 可能为负值。管理者必须通过有效的管理与配置,努力实现最优组合,取得最佳综合效应。

（三）实现最佳组合的途径

要建立组织人员的最佳组合，最基本的就是处理好组织内部的相容性与互补性。管理者要善于根据组织目标、工作要求以及人员特点，从以下三个方面寻求人员最佳组合。

1. 实现最佳知识、技能组合

这是指组织成员之间在知识、技能上扬长避短，科学互补。最佳的组合应是成员之间具有不同专业知识优势和不同技能特长，取得互补效应，实现最佳配置。在组织的基层，主要体现为不同技术工种与专长的合理配置。

2. 实现最佳年龄组合

这是指组织中的各成员的年龄实现合理搭配。合理的年龄结构应是老、中、青结合的梯形结构。一般而言，老年人阅历丰富，思想深邃，遇事沉着冷静，但往往精力、体力显得不足，因而可以在群体中掌舵，或充当参谋、顾问；中年人年富力强，锐意进取，有开拓精神，捕获新知识快，创造力强，各方面日益成熟，处于人生的高峰期，因而可以在管理集体中发挥承前启后的桥梁作用、核心作用；青年人则思想敏锐，行动敏捷，精力充沛，竞争心强，不墨守成规，因而可以充当从事攻坚工作的突击队，但他们也有缺乏经验、处事草率等不足之处。因此，一个较合理的人员组合应是老、中、青各具一定比例的结构。

3. 实现最佳气质、性格组合

这是指群体成员之间在气质、性格上的相容与互补，人们通常把人的性格划分为内向型和外向型两种；也有人把人的性格划分为理智型、意志型和情绪型。但无论如何划分，人的性格由于个人经历、周围现实环境等的差异，总会有所不同，管理者应正视这种差异，合理组合，实现在社会和心理上的相容与互补，从而使群体成员之间融洽相处，满足归属感，形成凝聚力。

二、群体管理

人们组合到一起，会在组织内形成各种群体。而群体内关系的融洽协调，进而能否建设有效群体，直接关系到组织的有效性。

（一）群体

1. 群体的含义

群体是指为了达到共同的目标，能够直接交往沟通的、相互作用的、由若干人组成的集合体。群体是介于个人与组织之间的一种形态，群体是由个人构成的，再由群体构成组织。

2. 关于群体概念的理解

上述的概念至少包括以下几层含义：

（1）群体是由若干相互联系、相互依赖、相互作用的人组成的集合体。这强调了群体是人与人的集合体。

（2）群体是为了达到共同的目标而由若干人构成的。这区别于无共同目标的一群人。

（3）构成群体的人之间有着紧密的联系，他们是能够直接进行交往沟通的。这使群体与组织有所区别。

3. 有效群体的主要标志

从管理的角度上看，一个有效的群体主要有两个标志：①能较好地完成组织的任务，主要

3. 团队的特征

“团队”与“命令型”组织相比,其本质差别与显著特征如下。

(1)在组织形态上,团队属扁平型组织。实行团队模式的企业,管理层次较少,取消许多中间管理层次,以保证员工可以直接面对顾客与公司的总目标。

(2)在目标定位上,团队有明确的目标,每个成员有明确的角色定位与分工。团队成员的角色主要有三种:以工作为导向的角色,其主要任务是促进团队目标的实现;以关系为导向的角色,其主要任务是促进团队各种关系的协调与发展;以自我为导向的角色,其主要是注重自我价值的实现。

(3)在控制上,强调自主管理,自我控制。在团队中,领导者逐步由监督者变为协调者,团队成员充分发挥主动性、创造性,为满足顾客的需要与实现企业的总目标而自觉奋斗。

(4)在功能上,团队形成一种跨部门、交叉功能的融合体系。团队可以跨部门建立,来自不同部门的成员,淡化原有界限,实现功能交叉与融合,成员以多种技能实现互补,实行一种高度融合的协同作战。

(5)在相互关系上,团队构建合作、协调的团体。团队成员有共同的价值观与理念,建立良好的沟通渠道,相互之间高度信任,团结合作,整体协调,形成强大的凝聚力与战斗力。

(二)团队的类型

按照不同的标志,可以将团队划分为多种类型,但是最基本的划分方法是:按照团队的基本功能,将团队划分为三种基本的类型,即工作团队、项目团队、管理团队。所有的高绩效组织都是由这三种团队所建立起来的。

1. 工作团队

这是最基本、最普遍的团队形式。工作团队主要承担企业生产经营等基本工作任务,如设计、制造和储运、销售产品或提供服务给其内外客户。工作团队由组织明确定义其职能,属正式结构的一部分,并由全职稳定的成员所组成。这些团队包括制造生产小组、新产品研发小组、销售与服务小组等。在制造业中,一个工作团队应该包含一组接受过多重技术训练的操作员,他们可以从事某种特殊商品生产所需做的所有工作。

2. 项目团队

项目团队主要承担某个工作项目或解决特殊问题等专题性任务,如特别任务小组、流程改善小组、问题解决小组等,都属于项目团队。项目团队的成员大多是从一两个工作团队中吸收而来,与工作团队不同的是,这种项目团队往往是属于暂时性的。设立项目团队的目的主要是用来解决特定问题或执行特别的计划,待任务完成后随即解散。该团队成员,一般具有专门知识与技能,可以发挥专业与技能整合优势。

3. 管理团队

管理团队主要负责对下属一些部门或人员进行指导与协调。管理团队依靠与传统的“命令型”组织的集权式的纵向管理不同的方式管理下级或改善团队的绩效,促进团队的协调与整合,管理者从监督者变成协调者。管理团队,既包括组织最高层这样的专司管理职能的团队,又包括质量管理小组、稽核小组这样的由兼职人员组成的团队,还包括由组织的资深经理人以及来自不同的跨部门与部门工作团队的领导者组成的管理团队。

(三)向自我管理团队发展的趋势

1. 现代组织的发展趋势是由传统的工作群体向自我管理团队发展

团队是从工作群体发展而来的,其发展趋势是走向充分自主的自我管理团队。可以按着自主性的程度,将工作群体团队划分为六种类型,如图 4.7 所示。图的最左端是传统的工作群体,最右端是理想形态的自我设计团队,显然,后者自主性最强。

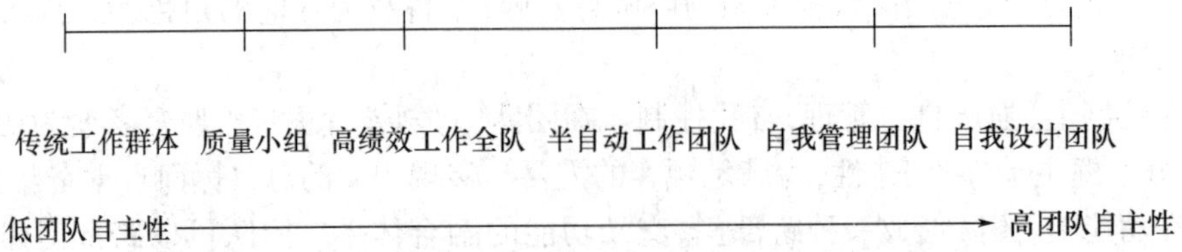

图 4.7　团队发展的自主性趋势

2. 六种团队类型的简要分析

(1)传统工作群体。该群体没有管理责任,由基层管理者对他们进行指挥与监督。

(2)质量小组。质量小组是从生产单位抽出来的员工组成的义务群体,对质量可以提建议,但没有决定和执行权。

(3)高绩效工作团队。团队具有较高的工作自主性,成员积极性很高,但权力不大。

(4)半自动工作团队。团队对主要的生产活动有权决策,但仍需要外部的质量控制和维护支持。

(5)自我管理团队。团队拥有控制与决策权,对生产经营的一部分负完全责任。

(6)自我设计团队。这是一种理想的团队形式。该团队不但拥有生产经营的权力,而且有权设计团队的职能,包括对团队成员的聘用权。

(四)团队建设的阶段

团队建设一般包括四个阶段。

1. 初始阶段

这个阶段其实是一种探索的阶段,其成员既很振奋,又有些迷茫。工作团建立伊始,管理阶层所任命的正式监督者,仍会对团队的各种活动进行指挥与控制。按照现代团队的理念与模式进行教育与训练,逐渐地,这位监督者的职责会先被分派给某些团队成员,然后再分散至所有的成员身上。团队的成员必须解决属于自己团队中的问题,而监督者与团队领导者只负责提供技术方面的教授与训练,团队成员无法再依赖他们来解决问题。

2. 过渡阶段

团队逐步形成一些有关合作的基本规定或标准,团队工作人员的归属感越来越强,并以合作来取代竞争,沟通的门大开,而彼此之间的信任也逐渐加深。团队走出了相互敌对的状态,成员也开始注重彼此关系的维持,组织的生产能力有了提高。随着团队成员担负的与团队每日运作管理有关的职责越来越多,团队领导者的角色也逐渐由监督者变为协调者。团队的成员开始接管一些较为重要的管理工作,发展团队意识,解决团队内部的冲突,在无监督者指示的情况下作决定,并且从事一些改革政策、流程与执行例行工作方法相关的活动。

3. 成长阶段

随着团队建设的深入,团队信心大增,成员们了解了自己的角色与他们必须完成的任务。团队开始发展,并且利用建构好的流程与方式来进行沟通、化解冲突、分配资源,处理与其他团队的关系。在这个阶段中,团队领导者(或称协调者)脱离了团队,不再直接控制团队的活动。而团队成员则担负起制定例行决策的责任,根据不断积累起来的经验,他们能够正确地处理这些管理问题。

4. 成熟阶段

进入这一阶段,团队已经步入成熟。第一线的监督者角色也消失殆尽,团队成员完全负责团队的整个工作。除生产经营等基本工作职能外,他们还担负起那些较大范围的行政、财务、人事等工作,并且尽量在不让外力介入的情况下,解决他们在技术与其他方面所遇到的问题。团队有很大的自主性,有较为完整的决策权,可以按着自己的意愿行事,高效地实现团队的目标。

(五)团队建设的要领

要建设有效团队,应注意抓好以下工作。

1. 科学地设定目标

科学地设定团队的目标,是团队建设的首要任务。团队的目标,既是团队设立的出发点与归宿,又是凝聚团队成员、合作协调、团结奋战的纽带。制定团队的目标要先进合理,特别注意在可行的基础上,一定要使团队目标具有挑战性,以激励团队成员合作奋战,并尽可能使成员的目标与团队的目标紧密融合,促进团队整体战斗力的提升。

2. 打造团队文化

共同的价值观与文化是团队建设的灵魂。首先,要确立正确的价值观,并通过各种文化建设的途径,使全体成员共同认可,进而塑造健康向上的团队精神,全面建设具有本团队特色的组织文化。

3. 促进跨部门整合与技能互补

工作团队与一般的工作群体的一个本质差别就是实行跨部门整合,其成员具有多种技能,并且在各成员之间实行技能的互补,以形成团队的整合优势。因此,要根据目标的要求,科学设计不同部门之间成员的组合,注重成员技能的培养,促进不同技能间的互补,打造整体优势。

团队成员接受新的职责与角色,需要新的技能。新的技能主要包括以下四类:

(1)技术性技能。即团队成员必须具备某方面的知识与技能,并注意各种知识和技能的交叉训练。

(2)行政技能。由于团队成员承担了日常管理工作,因此必须具备相应的行政技能,包括制定计划与目标、指挥协调、联络沟通、主持会议、组织训练、协商与交涉、财务审计、绩效评估等技能。

(3)人际技能。沟通是维系团队的核心技能,特别是跨部门团队沟通就更为重要。因此,团队必须注重其成员沟通能力的培养,使其成员具备较强的人际能力。

(4)决策与解决问题的技能。团队成员要担负起进行决策与解决各种矛盾的职责,必须拥有较强的决策能力。团队成员必须接受一些决策能力的训练和系统地解决问题的策略,使他们能够胜任其管理工作。

4. 维持小规模的团队

如果团队的规模过大，人数过多，就无法进行团队所需要的建设性沟通与互动，成员对管理与决策的参与程度低，而且对于共同面临的一些问题也不易达成共识。因此，要适当控制团队的规模，以保证有效的沟通与合作。

5. 重新设计信息系统

团队的建设与绩效同信息沟通关系极为密切。没有有效的沟通，就没有团队的合作与协调。信息科技将员工们彼此连接在一起，计算机和互联网系统可以让团队成员在团队内与团队间彼此沟通，也可以与客户、供应商和企业伙伴取得联络。因此，要按照团队建设的要求重新设计与完善信息系统，实现团队内外信息的有效沟通，促进团队的合作与协调。

6. 重新设计报酬系统

必须突破传统的奖酬理念与体系，采取一种以知识技能为中心的报酬系统。即把员工的技能与知识作为决定奖酬多少的主要依据，而不是以其所处的职位而定。同时，要把团队绩效与整个团队的奖酬挂钩，利益与风险共担，荣辱与共，使团队真正成为利益共同体。

小　结

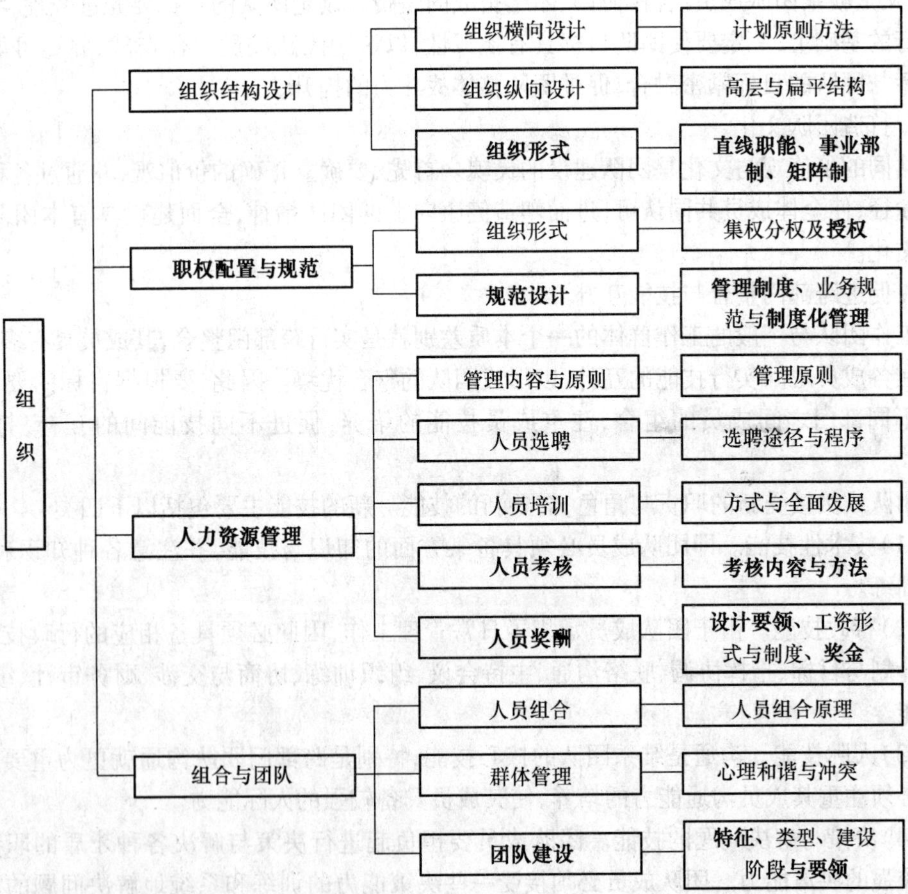

注：加黑部分为更重要内容。

思考题

1. 组织职能的内容有哪些?
2. 部门划分有哪些方法?
3. 怎样理解管理幅度与管理层次之间的关系?
4. 组织结构的基本形式有哪些,各有何特点?
5. 怎样理解职权配置的含义及其基本类型?
6. 影响集权与分权的因素有哪些?
7. 应怎样进行授权?
8. 怎样才能处理好职权关系?
9. 怎样制定规范,什么是规范化管理?
10. 人员选聘的方式和途径有哪些?
11. 人员选聘的步骤有哪些?
12. 人员培训的方式有哪些,怎样理解人的全面发展?
13. 怎样理解人员考核的目的、内容、程序与要求?
14. 考核有哪些方法?
15. 怎样设计奖酬体系?
16. 怎样理解工资形式与工资制度?
17. 怎样设计奖金体系,如何发放奖金?
18. 什么是人员组合的综合效应,怎样实现最佳组合?
19. 怎样处理正式群体与非正式群体的关系?
20. 怎样促进心理和谐,正确处理心理冲突?
21. 怎样理解“团队”与“命令型”组织的本质差别,团队有哪些类型?
22. 团队建设有哪几个阶段,怎样建设有效团队?

案　　例

【案例 4.2】

形同虚设的总经理助理

王新是北京某经贸管理干部学院的教师,是学院口才较好的难得的几位教师之一。他主讲管理学和市场营销基础课程,平时偶尔也替企业做些咨询,还写了几本书。常常有人夸他并建议说:“你的口才好、能力强,懂经营、知管理,何必窝在学校里纸上谈兵呢?不如下海练练!”王新觉得他们的话也蛮有道理。一次,他在《北京青年报》上看到有一家蓝星电子公司招聘总经理助理,便前去应聘。凭着出众的口才,该电子公司的总经理赵平看中了他,而且对他寄予了很大的期望。赵平对王新说:“我平时市场业务很忙,常常不在家,家中的事,就请你多担待了。”王新踌躇满志地回答:“您放心吧。”

王新干了2个月后,私下承认他的工作有一种强烈的沮丧感。蓝星电子公司是一家新成立的有限责任公司,员工不到20人。公司总经理兼董事长赵平是原香港某电子集团深圳分公司的总经理。后离职来到北京和两个老战友共同出资成立了蓝星公司。赵平在深圳分公司的原班重要成员,一个推销员、一个资深工程师及采购员小李和秘书小王也同时加盟了蓝星公司,他们已追随赵平多年,曾是赵平在深圳时亲手招聘和培养的。赵平是一个有市场工程师背景的人,酷爱技术,他深知自己缺乏专业的管理技能和经验,多次在公开场合表示:要让贤,一旦找到了合适的总经理人选,他将辞去总经理职务,做个董事长,专注于市场销售,做个逍遥者。赵平选聘总经理助理是希望他有朝一日能接班。

王新上班的第一天,赵平出差在外,是办公室主任马芳接待了他。她将王新介绍给大家后,同事们都表示很高兴与他一起工作。一位同事说:"您有学问,我们一定能在您那里学到很多有用的知识。"另一位说:"这里早该有一个总经理助理了,如果有您在这里坐镇,我们就不必为30~50元的报销等总经理回来签字了。"唯有秘书小王一言不发,似乎在忙着什么。

王新开始熟悉周围的环境。他与办公室主任马芳、秘书小王、出纳老张、会计小刘和采购员小李安排在一间办公室。他发现办公室主任马芳的主要工作是负责制定行政管理条例、人员招聘、车辆管理、办公文具的采购和分配、公司文件管理、固定资产管理及与外界的公关。秘书小王的工作是打字、接客户电话、整理市场文件和合同、为销售员准备销售辅助工具,有时还直接参与销售。采购员小李的工作是采购公司的固定资产和工程设备及元器件并安排运送。王新开始琢磨自己的工作是什么以及如何融入这个新的集体。

他首先与在外地的赵总通了电话,主动了解赵总对他的工作安排及期望。赵平说:"你先熟悉熟悉环境、了解一下情况,具体等我回来后再说。"王新按照赵总的指示,对每个人的工作和他们的个性进行了观察,并试图与他们建立良好关系。他感到这里管理很混乱,譬如:

1. 没有考勤。马芳解释说:赵总认为没有必要打考勤,公司现在的业务不稳定,忙起来忙死,经常出差和加班加点,闲起来可能几天没事,所以干脆取消考勤,也不给加班工资。对那些加班实在太多的员工,年终一并在奖金中体现,但王新发现公司并没有加班记录。

2. 存在明显的管理漏洞。公司不设仓库及仓库管理员,采购员兼仓库管理员。据说,这可以加速周转和节省人力。

3. 没有基本的报表和单据联络体系。

4. 会计完全是流水账,没有按产品项目进行成本核算。

5. 各部门没有明确的工作职责、目标和工作程序。

6. 公司员工明目张胆地打私人电话,在办公室随意聊天,上班吃零食,工作时间出门不作任何交代。

王新试图让大家认识到公司如此下去,是难以成气候的。经过努力,王新发现与以小王、小李为首的"深圳帮"沟通很困难,他们号称是跟随赵总打天下的功臣,却在公司表现最差。王新暗下决心,要对公司进行彻底的整治。从什么地方下手呢?他想应该先设计一套管理方案,然后再争取得到赵总的支持,予以推动。

王新到公司来快10天了,赵总还没有回来,据说不返回北京又直接到另外一个地方去了。有时见小王、小李忙忙叨叨,好像是赵总在电话里指挥着她们。当王新询问她们的工作和外出干什么时,她们爱理不理。有一次,小李甚至不客气地对王新说:"我干什么,你去问赵平呀!"后来,王新了解到公司成立快一年了,赵平在北京的时间加起来不到一个半月,他对公司的业务实行电话遥控。会计小刘来公司已经快5个月了,他说仅见过赵总两次,一次是在招聘面试时,另一次也是匆匆一面。据说赵总经常是带着发票本满天飞,公司的生意好得很。

不久,王新听到公司内谣传他要拿小王“开刀”,建议赵总开了她。王新觉得不能再等待了。于是他赶到外地找到了还在忙碌的赵总,要求授权整顿公司,并汇报了公司员工的种种表现,提出了管理改革的方案。他建议:

1. 将员工的工作出勤记录建档,包括迟到时间、早退时间、病事假和加班天数。可暂时不与工资、奖金挂钩,但他坚持认为,不做此基本记录是对按时出勤或加班员工的不公平,会挫伤他们的积极性。

2. 建立一个基本的组织框架,合理安排人员的分工,确定各自的目标、职责和拥有的权力,制定奖罚措施。

3. 建立正确的工作流程和严肃的工作秩序。

赵平看着焦急的王新,不知可否授权于他。心里想:将权力授给他,会不会捅出乱子?该给他些什么权力呢?毕竟,赵平对王新还很缺乏了解!于是他安慰王新说:“别着急,慢慢来,等我有时间了,我们一道来抓管理。我现在得顾市场,你想,如果市场丢了,效益不好,我也请不起你啊!”

王新一无所获地返回了北京。第二天,一切照旧。眼看快5月1日了,办公室热闹得很,大家商量着如何过五一劳动节。突然,小王冲着王新说:“王助理,您是不是该向公司建议五一劳动节出去春游或发些东西呀?”王新心想:五一劳动节赵平和几个工程师还在外边辛苦,回不来,如何好意思向赵总开这个口呢?他正在犹豫,这时,小王又开腔了,“您不为大家谋福利,以后叫我们怎么拥戴您啊?”王新下意识地用手摸了摸电话,又将手缩了回来:“不妥!”他心中不免感慨:“管理理论是一回事,推动管理理论进入实践又是另一回事!”

问题:

1. 请运用所学知识,对该公司的职权关系进行分析,指出产生问题的原因。

2. 您认为按蓝星公司和赵总目前的状况,公司是不是真的需要一个总经理助理?赵平应该如何用好王新?

3. 鉴于公司的现状,您认为赵平应担当起怎样的角色?他应如何进入角色?

4. 小王向王新提议,要他向公司建议五一劳动节出去春游或发东西,这显然是在将王新的军。如果您是王新,您会怎么做,为什么这样做?

【案例4.3】

赵副厂长该怎么办

某汽车零件制造厂的赵副厂长,分管生产。一个月前,他为了搞好生产,掌握第一手资料,就到第一车间甲班去蹲点调查。一个星期后,他发现工人劳动积极性不高,主要原因是奖金太低,所以每天产量多的工人生产二十几只零件,产量少的生产十几只零件。

赵副厂长和厂长等负责人商量后,决定搞个定额奖励试点,每天每人以生产20只零件为标准,超过20只零件后,每生产一只零件奖励0.5元。这样,全班23个人都超额完成了任务。最少的每天生产29只零件,最多的每天生产42只零件。这样一来,工人的奖金额大大超过了工资,使其他班、其他车间的工人十分不满。

于是，赵副厂长又不得不修改了奖励标准，每天超过30只零件后，每生产一只零件奖励0.5元，这样一来，全班平均生产每天只维持在33只左右，最多的人不超过35只。赵副厂长观察后发现，工人并没有全力生产，离下班还有一个半小时左右，只要30只任务已完成了，他们就开始休息了。他不知道如何进一步来调动工人的积极性了。

问题：

1. 赵副厂长在激励员工时有何不妥之处吗？
2. 如果你是赵副厂长该如何处理这个问题？
3. 请结合这个案例，运用所学理论，为该厂设计一个较为系统的激励计划。

【案例4.4】

陷于困境的经理

彼得·王先生作为一名有能力的工程师，开创了一个小型生产企业。他的朋友帮他得到了一些印刷电路板的订货。

这个公司位于一个平房厂房之中，员工大约有50个左右。公司是一人管理体制，王先生几乎处理他公司的所有业务，包括从计划、采购、市场、人事到生产监督的每一项工作。

由于已经完全投入企业，王先生自然想全盘掌握他的公司。

尽管没有组织结构图，王先生对公司每一部门的参与也可以通过如图4.8所示的组织结构图来表示。

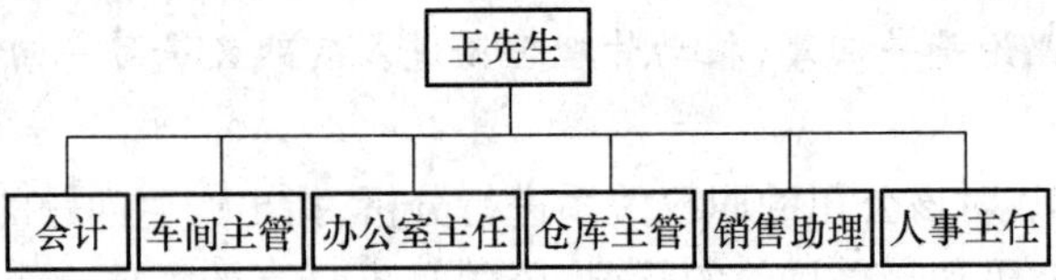

图4.8　组织结构图

王先生制定所有的决策。其他人开展日常工作并随时向他汇报。王先生处理以下问题：①企业计划；②建立和保持与现有和潜在顾客的联系；③安排财务筹资并处理日常的财务问题；④招募新员工；⑤解决生产中的问题；⑥监管库存、货物接收和发运；⑦在秘书的帮助下管理日常的办公事务。

他在工厂投入相当多的时间，指导工人该做什么和不该做什么。一旦他看到了自己不喜欢的事情，他就会叫附近的任何职工来改变它。

最近进行体检时，他的医生告诉他："王先生，如果你再消瘦下去的话，你的心脏病将可能很快发作。"

王先生正在考虑他的健康和公司的生存。

问题：

1. 请对该公司的组织结构形式作简单分析。
2. 王先生所面临的问题是什么，如何能得到解决？
3. 授权将怎样帮助王先生呢？请提出授权建议方案。

技能训练

项目一：建立组织结构与公司制度

【实训目标】

1. 培养组织结构的初步设计能力；

2. 培养制定制度规范的基本能力。

【实训内容与要求】

1. 设置公司组织机构。运用所学知识，根据所设定的模拟公司的目标与业务需要，研究设置所需的模拟公司组织机构，并画出组织结构框图：

(1)公司建立的是何种组织结构形式；

(2)公司设置哪些机构或部门；

(3)公司的基本业务流程。

2. 建立公司的制度规范，包括公司的企业专项管理制度、部门(岗位)责任制和生产技术标准、生产技术规程等。

3. 班级组织一次交流，每家公司推荐2名成员介绍其起草的管理制度.

【成果与检测】

1. 公司的组织系统图；

2. 公司的基本业务流程；

3. 公司的主要制度规范；

4. 由教师与学生为各公司和学生评估打分。

项目二：角色扮演——招聘

【实训目标】

1. 培养人员招聘工作的能力；

2. 训练应聘的能力与心理素质。

【实训内容与要求】

1. 角色扮演的情景设定：根据模拟公司的工作计划建立组织结构，各模拟公司组织招聘各部门负责人(班级统一制定编制或职数)；各模拟公司招聘由总经理主持，公司成员均为招聘组成员；每名学生可向不超过三家公司(不含本公司)应聘；各公司根据每个应聘者的表现决定聘任；招聘程序按课程讲授内容进行，同学们先在课下进行精心准备，在课上完成角色扮演。

2. 各公司要制定招聘计划，包括招聘目的、招聘岗位、任用条件、招聘程序，特别是聘用的决定办法。

3. 每个人要写出应聘提纲或应聘讲演稿，一定要体现出应聘竞争优势。

4. 以公司为单位，组织招聘活动(全班可分为两大组，轮流担任招聘方与应聘方)。

【成果与检测】

1. 各公司提供招聘计划书；

2. 每个人提供应聘提纲或讲演稿；

3. 评估各公司招聘的组织状况的好坏,并以前来应聘者的人数作为重要衡量指标;

4. 评价每个人的表现,特别是受到其他公司聘任的频次;

5. 由教师作出统计与综合评估。

项目三:校园体验——团队建设

【实训目标】

1. 培养群团管理的能力;

2. 培养团队建设的初步能力。

【实训内容与要求】

1. 分析学生所在的班级、小组或寝室的群体状况(和谐程度、优势与缺点、团体氛围等),并表述群体的目标。

2. 每个人制定一份团队建设方案。

3. 班级组织交流,每个公司推荐 2 名成员作介绍,并对团队建设问题进行研讨。

【成果与检测】

1. 每人提交一份团队建设方案;

2. 由教师与学生共同对每个人的表现进行评估打分。

模块五　领　　导

学习目标

知识目标：

★了解有关领导概念，掌握领导方式理论；
★掌握权力形成机制与运用要领；
★掌握指挥的形式与要领；
★掌握激励的理论与方法；
★掌握沟通的方法与艺术。

技能目标：

★培养提高自身权威与有效运用权力的能力；
★培养有效指挥的能力；
★培养激励员工的能力；
★培养人际交往与沟通的能力。

管理名言

其身正，不令而行。其身不正，虽令不从。

——孔子

一只绵羊带领的一群狮子，敌不过一只狮子带领的一群绵羊。

——拿破仑

先导案例

【案例 5.1】

看球赛引起的风波

东风机械厂发生了这样一件事。金工车间是该厂唯一进行倒班的车间。一个星期六晚上，车间主任去查岗。发现上二班的年轻人几乎都不在岗位。据了解，他们都去看电视现场转播的足球比赛了。车间主任气坏了，在星期一的车间大会上，他一口气点了十几个人的名。没想到他的话音刚落，人群中不约而同地站起几个被点名的青年，他们不服气地异口同声地说："主任，你调查了没有，我们并没有影响生产任务，而且……"主任没等几个青年把话说完，严厉地警告说："我不管你们有什么理由，如果下次再发现谁脱岗去看电视，扣发当月的奖金。"

谁知，就在宣布"禁令"的那个星期的周末晚上，车间主任去查岗时又发现，上二班的10名青年中竟有6名不在岗。主任气得直跺脚，质问当班的班长是怎么回事。班长无可奈何地从工作服口袋中掏出三张病假条和三张调休条，说："昨天都好好的，今天一上班都送来了"。说着，班长瞅了瞅大口大口吸烟的车间主任，然后朝围上来的工人挤了挤眼儿，凑到主任身边讨了根烟。他边吸边劝道："主任，说真的，其实我也是身在曹营心在汉，那球赛太精彩了。您只要灵活一下，看完了电视大家再补上时间，不是两全其美吗？上个星期的二班，据我了解，他们为了看电视，星期五就把活提前干完了，您也不……"车间主任没等班长把话说完，扔掉还燃着的半截香烟，一声不吭地向车间对面还亮着灯的厂长办公室走去。剩下在场的十几个人，你看看我，我看看你，都在议论着这回该有好戏看了。

思考与提示：

1. 车间主任会采取什么举动？
2. 你认为二班年轻人的做法合理吗？
3. 在一个组织中如何采取有效措施解决群体需要与组织目标的冲突？
4. 如果你是这位车间主任，应如何处理这件事？

单元一　领导理论与领导方式

一、领导的实质与手段

（一）领导的含义

1. 领导职能

管理者在顺序进行计划、组织职能之后，就要执行领导职能，即领导所属人员去实现组织的目标。这是管理者最经常性的职能。

2. 领导

领导是指管理者指挥、带领和激励下属努力实现组织目标的行为。这个定义包含四方面内容：

（1）领导的主体是组织的管理者，领导的客体是管理者的部下，有部下并对其施加影响才可称之为领导。

（2）领导的作用方式是带领与影响，包括指挥、激励、沟通等多种手段。

（3）领导的目的是有效实现组织的目标。

（4）领导是管理者一种有目的的行为，是管理者的一个重要职能。

3. 领导与管理两个概念的关系

在管理学中所说的管理是一个宽泛的概念，是指为实现目标而对整个组织施加影响的全部行为或过程。而领导只是管理中的一个职能。领导只是在管理过程中,继计划与组织职能之后,带领与影响部下组织实施的行为。

而在日常管理中,领导由于具有带领下属的性质,在狭义上是指决策、指挥、带领下属的直线管理职能,是组织的直线管理者,特别是高层管理者的管理行为;与之相对应,管理有时在狭义上是指不带领下属的职能管理者所从事的执行性、事务性、操作性行为,如后勤事务管理。

(二)领导的实质

(1)领导实质上是一种对他人的影响力,即管理者对下属及组织行为的影响力。这种影响力能改变或推动下属及组织的心理与行为,为实现组织目标服务。这种影响力可以称为领导力量或领导者影响力,管理者对下属及组织施加影响力的过程就是领导的过程。

(2)领导工作有效性的核心内容就是领导者影响力的大小及其有效程度。管理者要实施有效的领导,最关键的就是要增强其对下属及组织影响力的强度与有效性。如何提高领导影响力的机制与途径,将在第二节的权力形成机制中进行研究。

(三)领导手段

领导作为一种影响力,其施加作用的方式或手段主要有指挥、激励和沟通。

1. 指挥

指挥是指管理者凭借权威,直接命令或指导下属行事的行为。指挥的具体形式有:部署、命令、指示、要求、指导、帮助等。指挥具有强制性、直接性、时效性等特点。指挥是管理者最经常使用的领导手段。

2. 激励

激励是指管理者通过作用于下属心理来激发其动机、推动其行为的过程。激励的具体形式包括能够满足人的需要,特别是心理需要的种种手段。激励具有自觉自愿性、间接性和作用持久性等特点。激励是管理者调动下属积极性,增强群体凝聚力的基本途径。

3. 沟通

沟通是指管理者为有效推进工作而交换信息,交流情感,协调关系的过程。具体形式包括:信息的传输、交换与反馈,人际交往与关系融通,说服与促进态度(行为)的改变等。这是管理者保证管理系统有效运行,提高整体效应的经常性职能。

此外,管理者经常进行各种协调工作;领导也是一种服务,即为下级出主意、进行指导、创造条件等。这些工作形式与上述三种领导手段有一定程度的交叉,所以,这里主要研究指挥、激励和沟通这三种基本领导手段。

二、人性假设理论

(一)人性假设与领导方式

1. 人性假设

人性假设是指管理者在管理过程中对人的本质属性的基本看法。从管理学的角度研究,不同的管理学派对管理中体现出的人性有不同观点。人性的假设问题是一切管理思想和管理行为的认识基础。

2. 领导方式

领导方式是指管理者实施领导行为所采取的各具特色的基本方式与风格。不同管理者，由于管理观念、自身素质、所处环境的不同，领导方式有很大的差别。而不同的领导方式直接关系到领导的成效。

3. 人性假设决定领导方式

人性假设，作为管理思想、管理观念的认识基础，直接决定着管理者的领导方式。有什么样的人性假设，就会形成与之相适应的领导方式。

（二）管理中人性假设理论的演进

随着管理实践的发展，人们对管理中人性的认识也不断深化，先后经历了“经济人”假设、“社会人”假设、“自我实现人”假设、“复杂人”假设等阶段。

1.“经济人”假设

在管理早期，人们普遍持有“经济人”观念。“经济人”观念认为，人的一切行为都是为了最大限度满足自己的经济利益。人天生厌恶劳动，不愿负责任，一般人的个人目标与组织目标相矛盾。

与“经济人”假设这种人性观相适应，管理者采取一种注重物质刺激，并实行严格监督控制的领导方式。

2.“社会人”假设

以霍桑试验为转折，在管理中，从“经济人”假设转变为“社会人”假设。“社会人”观点认为，人是社会人，调动人工作积极性最重要的因素不是物质利益，而是工作中人的社会心理需要的满足程度。职工的“士气”是提高生产率最重要的因素。因此，要重视人际关系的协调，重视非正式组织作用，鼓励职工参与管理。

与“社会人”假设这种人性观相适应，管理上采取一种重视人际关系，满足社会心理需要，鼓舞员工士气的领导方式。

3.“自我实现人”假设

随着管理实践的进一步发展，行为科学的盛行，在管理界出现了“自我实现人”的人性观。“自我实现人”的观点认为，人特别注重自身社会价值，以自我实现为最高需要，而且人的自我实现需要是没有止境的。

与“自我实现人”假设这种人性观相适应，管理者采用一种注重对工作本身的满意，鼓励贡献，实行自我控制的领导方式。

4.“复杂人”假设

“经济人”“社会人”及“自我实现人”的观念，都从某一个角度反映了人的一些本质属性，具有其合理性。但是，任何人都不可能是单纯具有某一方面属性的，而且也会因人、随条件不同而不同。于是，提出了“复杂人”假设。这个观点认为，人是复杂的，其需要是多种多样的，并会受到环境等多重因素的影响。

与“复杂人”假设这种人性观相适应，管理者综合考虑经济、社会、自我实现等多种需要，按现代管理理念，对员工实行科学管理，采用系统的、权变的管理方式。

5. 领导方式的权变观

人是“复杂”的，有多种需要；但不同的人，其需要结构差异又是很大的，其行为会因时、因地、因条件的不同而不同。因此,对不同的群体与个人,对同一个人所处不同的环境与条件,管理的方式均应有所不同。有效的管理者,应在系统分析的基础上,因人、因事、因时、因地制宜,灵活采取更为适宜的领导方式。

三、领导方式理论

研究领导方式的传统理论主要包括:特性理论、行为理论、情景理论;当代对领导方式研究的新成果包括:领袖魅力型领导、变革型领导和后英雄时代领导。

(一)特性理论

1. 基本观点

特性理论是最古老的领导理论观点。管理学者长时间地进行了对领导者特性的研究。他们关注领导者个人,并试图确定能够造就伟大管理者的共同特性。这实质上是对管理者素质进行的早期研究。

2. 主要成果

尽管一些杰出的领导者特性差异很大,很难确定几条完全统一的公认特性,但特性理论研究到20世纪90年代,还是提出了一些反映有效领导者特性的个性特点:

(1)努力进取。成功的领导者必须具有对成功的强烈欲望,勇于进取,奋斗不息。

(2)领导动机。有强烈的权力欲望,在领导他人取得成功的过程中满足和自我激励。

(3)正直。领导者必须胸怀正义,言行一致,诚实可信。

(4)自信。面对挑战与困境,领导者都能充满自信,并能坚定其下属的信心。

(5)业务知识。高水平的领导必须有很高的业务素质。

(6)感知别人的需要与目标,并具备善于有针对性地调整自己领导方式的能力。

(二)行为理论

1. 基本观点

领导方式的行为理论主要研究领导者应该做什么和怎样做才能使工作更有效。其研究集中在两个方面:一是领导者关注的重点是什么,是工作的任务绩效,还是群体维系;二是领导者的决策方式,即下属的参与程度。由于这两大因素的不同,产生了形形色色的领导方式。

(1)按领导者关注重点的不同来划分,可以划分为任务型领导方式与关系型领导方式。任务型领导方式将关注的重点放在组织的工作绩效上;而关系型的领导方式则将关注的重点放在组织内的人际关系上。当然,这两种极端方式之间存在多种中间形式。

(2)按领导的决策方式不同,可以划分为专制型领导方式、民主型领导方式和放任型领导方式。专制型领导方式,显然,所有决策完全由领导者作出,下级只能照命令执行;民主型领导方式,领导者让下级积极参与决策,上下级之间进行充分的交流协商;放任型领导方式,领导者完全放手,均由下级作出决定。在这三种典型领导方式之间,也存在各种风格的领导方式。

2. 主要成果

这一理论的主要成果有:

(1)坦南鲍姆和施密特的领导方式连续统一体理论;

(2)李克特的第四型领导体制;

(3)卡特赖特和赞特提出的 PM 型领导模式;

(4)布莱克和穆顿创立的管理方格理论。这里重点介绍管理方格理论。

3. 管理方格理论

管理方格理论是由美国管理学家布莱克和穆顿在 1964 年提出的。他们认为,领导者在对生产(工作)关心与对人关心之间存在着多种复杂的领导方式,因此,用二维坐标图来加以表示。以横坐标代表领导者对生产的关心;以纵坐标代表领导者对人的关心。各划分 9 个格,反映关心的程度。这样形成 81 种组合,代表各种各样的领导方式,如图 5.1 所示。

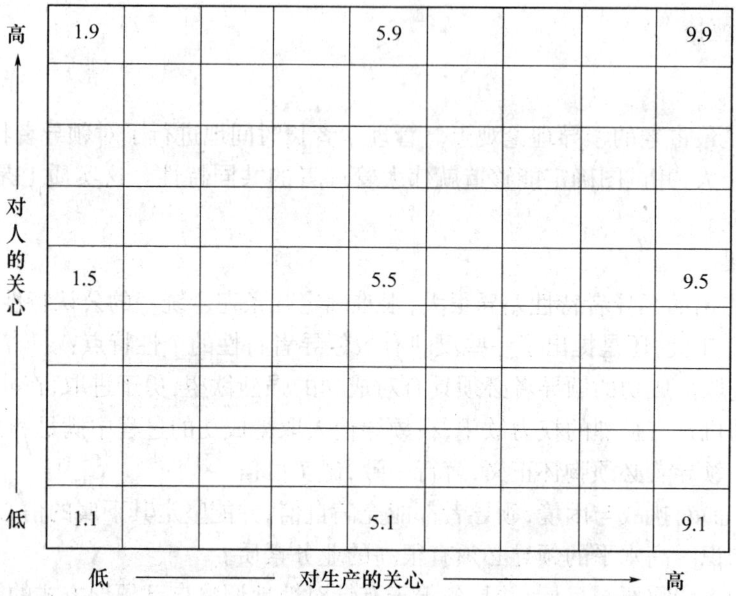

图 5.1 管理方格

管理方格中有五种典型的领导方式,试简要分析如下:

(1)1.1:放任式管理。领导者既不关心生产,也不关心人,是一种不称职的领导。

(2)9.1:任务式管理。领导者高度关心生产任务,而不关心员工。这种方式有利于短期内生产任务的完成,但容易引起员工的反感,于长期管理不利。

(3)1.9:俱乐部式的管理。领导者不关心生产任务,而只关心人,热衷于融洽的人际关系。这不利于生产任务的完成。

(4)9.9:团队式的管理。领导者既关心生产,又关心人,是一种最理想的状态。但是,在现实中是很难做到的。

(5)5.5:中间道路式管理。即领导者对生产的关心与对人的关心都处于一个中等的水平上。在现实中相当一部分领导者都属于这一类。

一个领导者较为理性的选择是:在不低于 5.5 的水平上,根据生产任务与环境等情况,在一定时期内,在关心生产与关心人之间作适当的倾斜,实行一种动态的平衡,并努力向 9.9 靠拢。

(三)情景理论

1. 基本观点

情景理论或称权变理论,是在特性理论与行为理论的基础上发展起来的,反映了当代管理理论发展的重要趋势。情景理论认为,不存在一种普遍适用、唯一正确的领导方式,只有结合具体情景,采用因时、因地、因事、因人制宜的领导方式,才是有效的领导方式。其基本观点可用下式反映:

有效领导 = F(领导者,被领导者,环境)

即有效地领导是领导者自身、被领导者与领导过程所处的环境的函数。

2. 主要成果

(1)这一理论最早是由坦南鲍姆与施密特于1958年提出的。他们认为,领导者的力量、被领导者的力量和环境的力量共同决定领导行为的有效性。

(2)菲德勒模式。他认为,对领导工作影响最大的因素是:领导者的职位与其实际拥有的权力、工作任务结构的明确程度、领导者与被领导者的关系。

(3)弗鲁姆 - 耶顿 - 詹格决策模式。他们主张要先对领导环境运用决策树技术进行评估,再选择不同风格的决策方式。

(4)罗伯特·豪斯提出的"途径 - 目标"理论。在这里作重点介绍。

3."途径 - 目标"理论

加拿大多伦多大学教授罗伯特·豪斯把期望理论与领导行为四分图结合起来,建立了"途径 - 目标"理论。这一理论致力于研究领导者如何影响追随者对其工作目标的理解和他们所遵循的实现目标的途径。这一理论的基本模式是:分析并依据情景要素选择适宜的领导行为方式,以满足追随者的需要并提高管理的绩效。

关键情景要素是:

(1)追随者的个人特征;

(2)环境压力和追随者达到目标的需求。这些情景要素决定着哪种领导行为方式更有效。

领导者可以采用的行为方式:

(1)指示型领导。指示型领导属任务绩效型导向。领导者给予下级相当具体明确的指令或指导。

(2)支持型领导。支持型领导属群体维系型导向。领导者关心下级,从各方面给予支持,注重人际关系的协调。

(3)参与型领导。领导者征求并采纳下级建议,吸收下级参与决策。

(4)激励型领导。领导者采用设置挑战性目标、奖励作出贡献行为等各种手段激励下级。

根据对追随者的特性和所处环境特点的分析,有针对性地选择恰当的领导方式,就能使下级获得满足,有效地实现组织的目标,如图5.2所示。

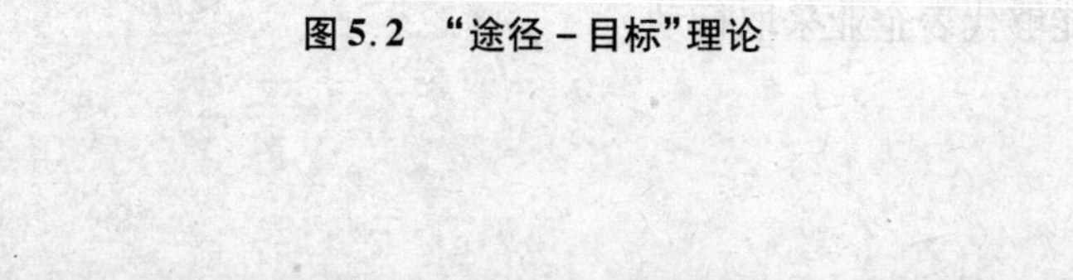

图5.2　"途径 - 目标"理论

（四）当代对领导方式研究的新成果

1. 领袖魅力型领导

这是传统特性理论的新发展，也是对领导者进行素质研究的新成果。魅力是一种基于特殊的尊敬、钦佩和信任，对其追随者心理与情感所产生的具有强烈震撼作用的吸引、感召与影响的力量。由于领导者具有魅力而成为组织中的偶像化英雄，成为组织中的核心，从而能激励组织成员，营造团体氛围，提高工作绩效，更有效地实现组织的目标。这是一种靠领导者个人魅力团结带领组织成员去实现目标的领导方式。这种领导方式在一些东方国家更多地取得了成功。

魅力型领导者的素质或其取得成功的途径主要有：

(1) 富有魅力的领导者必须有很高的、全面的自身素质，并异常自信，具有成为组织成员领袖的品格；

(2) 富有魅力的领导者必须有战略头脑，为组织提出富有诱惑力的美好憧憬，成为凝聚组织成员团结奋斗、追求美好未来的精神支柱；

(3) 富有魅力的领导者必须有高超的语言表达技巧，善于鼓动和唤醒组织成员的激情与冒险意识，以形成强大的追求憧憬实现的整体力量。

2. 变革型领导

这是一种敢于突破传统，坚持创新，善于鼓动的领导方式。变革型领导与传统的交易型领导相对应。交易型领导方式，把管理看成商业交易，领导者用奖励等手段同员工所提供的服务及其绩效相交换，并相应采取传统的方法，按部就班地进行管理。而变革型领导，则勇于创新，善于制造兴奋点，鼓舞人们致力于群体或组织的利益。

变革型领导方式主要体现在：

(1) 变革型领导应富有领袖魅力。

(2) 他们对追随者给以个性化关注。每个下属都是各不相同的，要把挑战性工作托付给值得托付的人，增加每个人的责任感，保持良好的沟通，为发展下属提供一对一的辅导。

(3) 变革型的领导应有效激发下属的智力，引发设想，创造洞察力，鼓励下属提出高质量的解决方案，并交由下属独立地完成。

(4) 为组织提供具有诱惑力的远景，并有效地传达给组织的成员，增强其追随者的信任感，实现整体的团结奋斗。

(5) 他们拥有一个积极的自我认识，勇于谋求成功，追求卓越，而不是仅仅避免失败。

3. 后英雄时代领导

后英雄时代领导是指通过不断拓展组织成员的能力，树立群体成员的英雄意识，使有效领导渗透于整个组织的一种领导方式。在传统的观念中，领导者是在危难时刻挺身而出的英雄。而在现代社会，科技飞速发展，市场急剧变化，竞争日趋激烈，任何社会组织，单靠个别杰出的英雄、明星是无法转危为安、长久发展的。因此，必须使有效的领导渗透于整个组织中，形成群体英雄的组织。

后英雄时代领导主要体现在：

(1) 领导者的工作变成了组织各处扩展的领导能力，让组织成员对自己行为负责，每个人都像企业家一样，能够代表企业采取行动。

(2)领导者要鼓励和创造持续的学习,要引导与发展每个人的能力,在竞争与挑战中,不断提高每个人的素质。

(3)要能描绘出伟大业绩的蓝图,要激励每个人,鼓舞士气,要创造一个人人都能发现需要做什么并做好的激励性环境。

(4)要培育团队精神,树立英雄意识,对其成员给予充分信任,从他们中树立英雄。

单元二　权力与指挥

权力是管理者行使领导职能最重要的条件,管理者凭借权力与权威进行有效的指挥。

一、权力的形成

(一)领导权力

1.领导权力的含义

领导权力广义上包括两个方面:一是管理者的组织性权力,即职权。这是由管理者在组织中所处的地位赋予的,并由法律、制度明文规定,属正式权力。这种权力直接由职务决定其大小以及拥有与丧失。二是管理者的个人性权力,主要指管理者的威信。这种权力主要不是靠职位因素,而是靠管理者自身素质及行为赢得的。因职位而拥有的职权,即为狭义上讲的权力,而个人性权力则包括在广义的权力概念中。

2.权力相关概念的实质与关系

(1)权力实质上就是指管理者对组织及其成员的影响力,即上面所讲的领导影响力。广义上的权力包括职权与威信,即组织影响力与个人影响力。

(2)职权实质上是管理者在组织规定的范围内对下级行为所拥有的支配力。它具有明确性、直接性、强制性等特点。例如,命令下级干什么或禁止干什么,要求下级必须服从。

(3)威信实质上是管理者在领导过程中所形成的对下级的感召力。它具有隐含性、间接性和非强制性等特点。例如,管理者以高尚品德或技术专长而赢得下级的敬仰。此时,下级会发自内心地自觉服从其领导。

(4)与其相关的概念还有权威。权威是指管理者所拥有的对他人的影响与威信。权威是一种以威信为核心的影响力,不一定有职位性质的职权。

同时,权力、职权、威信与权威,在实际应用中存在大量交叉。下面所研究的管理者的权力可以作为其统称。

(二)权力的形成机制

1.影响权力的因素

管理者权力的形成及其大小,主要受以下因素影响:

(1)组织。组织的性质、管理者在组织中所占据的职位、组织授权的程度等。

(2)管理者。管理者自身的素质、风格及其领导行为也对权力产生很大的影响。

(3)被管理者。被管理者的素质、个性,特别是对领导的认可与服从程度,对管理者的权力也有很大的影响。

(4)其他因素。其他因素包括管理工作的性质、环境等。

2. 组织授权分析

管理者的职权是组织为实现目标,作为保证目标实现的必要条件授予占据一定职位的管理者的。影响组织授权的主要因素有:

(1)管理体制。组织实行不同的管理体制,对管理者的授权会有很大的差别。如企业管理体制规定了包括所有者对经营者的授权,高层管理者对中基层管理者的授权在内的职权分配体系。

(2)职位。管理者由于所占据职位的高低与责任的大小,获得明显不同的合法资格、授权与名誉。这将导致被管理者不同程度的服从与尊重。

(3)组织授予的实际决定能力(包括其上级的个人授权),即组织授予一个管理者在资源处置、活动决定、对人奖惩等方面实际拥有的能力。这将更直接地影响到被管理者的服从与追随。

3. 被管理者追随与服从心理分析

管理者权力的实现过程是一个管理者作用于被管理者的过程。管理者任何形式的作用效果,即其影响力,最终都是通过被管理者受到作用后的心理反应决定的。正是这种反应的性质与程度决定了管理者影响力的大小。

被管理者受到作用时,出现追随与服从的反应主要基于以下心理:

(1)对正统观念的认同。在长期社会生活中形成的正统观念,认可组织与职位的权威性,对上级的服从。

(2)对利益的追逐。如果对上级的追随与服从有利于被管理者获得奖酬等利益,下级就会追随与服从上级。

(3)基于恐惧心理。由于被管理者担心不服从上级可能受到惩罚,出于趋利避害的心理,就会服从其上级。

(4)理性信从。即出于对管理者的业务专长与决策正确性的信任而服从与追随管理者。

(5)感情因素。当被管理者与管理者之间建立融洽亲密的感情时,被管理者就会发自内心地愿意追随与服从。

(6)自我实现。如果管理者能够有利于被管理者自我需要的实现,被管理者会为了追求自我实现需要的满足而追随与服从管理者,见图 5.3。

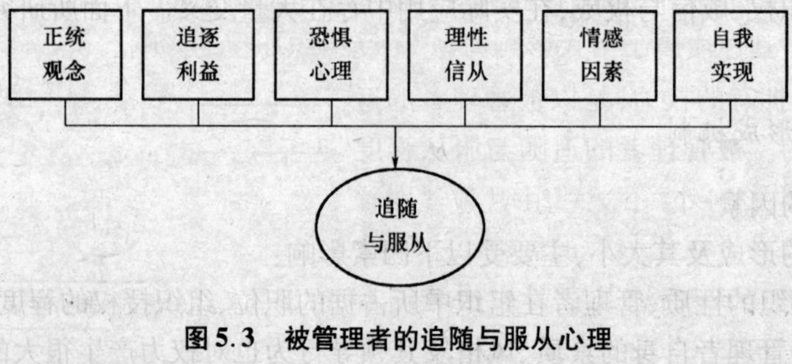

图 5.3　被管理者的追随与服从心理

4. 管理者权力构成分析

上一个问题是从被管理者的角度进行分析的，下面再从管理者的角度进行分析。一个管理者究竟有没有权力，有多大权力，主要从以下六种影响力（权力）进行分析：

（1）法定权。法定权是指管理者由于占据职位，有了组织授权而拥有的影响力。被管理者会认为理所当然地要接受管理者的领导。

（2）奖赏权。奖赏权是指管理者由于能够决定对下属的奖赏而具有的影响力。其下级为了获得奖赏而追随或服从领导。

（3）强制权。强制权是指管理者由于能够决定对下属的惩罚而拥有的影响力。下级出于恐惧的心理而服从领导。

（4）专长权。专长权是指管理者由于自身具有业务专长而拥有的影响力。下级会出于对管理者专业知识与能力的信任与佩服而服从领导。

（5）表率权。表率权是指管理者率先垂范，由其表率作用而形成的影响力。管理者的思想境界、品德修养能赢得被管理者的敬仰，下级会出于敬佩而追随与服从。

（6）亲和权。亲和权是指管理者借助与部下的融洽与亲密关系而形成的影响力。下级愿意追随与服从与自己有密切关系的领导。这六种影响力既是管理者权力的来源，又是管理者提高权威的途径，见图 5.4 所示。

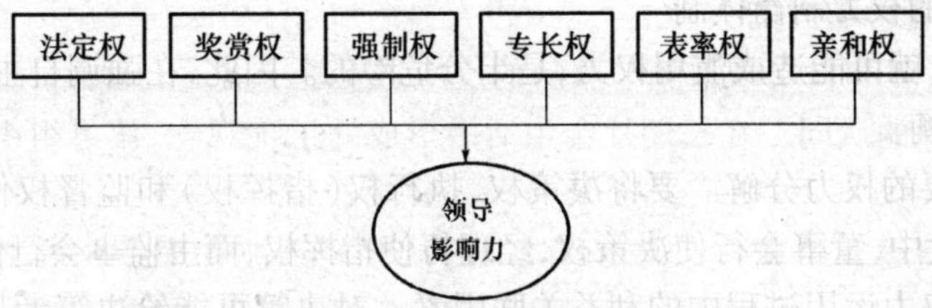

图 5.4　管理者权力构成

5. 管理者的权力形成机制模型

管理者的权力形成机制可以概括为一个模型，如图 5.5 所示。

（1）管理者占据组织中的一定职位，或承担一定的任务，由组织授予其一定的人、财、物等资源的支配权与工作的决定权。这是管理者权力的基础与主体，是最主要的权力。这种权力是由于组织的原因而形成的，其性质属于一种组织影响力。它随着担任职位、组织授权而成立，随着离开职位、组织撤销授权而丧失。

（2）管理者的素质、水平、能力以及领导行为的公正性、决策的正确性等，直接决定着管理者影响力的大小。其性质属于个人影响力，它不受组织职位的影响。

（3）管理者所拥有的权力，是以被管理者的追随与服从为前提的。被管理者的追随与服从程度除了受其自身因素影响外，还受到组织对管理者的授权与管理者自身素质等因素的影响。一个管理者获得了组织的正式授权，其自身有很高的素质，并获得其下属的认可、追随与服从，他就拥有了权力与权威，如图 5.5 所示。

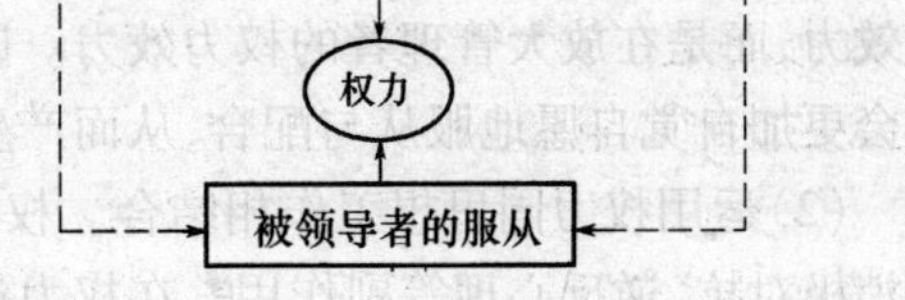

图 5.5　权力形成机制

二、权力的运用

权力是实现组织目标的必要条件,运用权力的目的就是保证有效地实现组织目标。正确、有效地运用权力,要注意以下几方面。

(一)正确处理权力的自主与制衡

这是指在运用权力的过程中,既要保证管理者在所授权力范围内,独立自主地行使实现目标所必需的足够的权力,同时,又要对权力有必要、科学的制约,以保证正确地行使权力。

1. 保证管理者独立地行使权力

(1)正确地分配权力。要根据实现组织目标的整体要求,根据各部门、各人员职能、任务,科学合理地分配权力。使各自拥有完成任务或目标所必需的足够的权力。

(2)上级不要越级指挥,不要干预下级职权范围内的工作。上级不能运用最终控制权来剥夺下级的职权。

(3)要通过科学、明确的制度规范体系来保证权力的配置。要定立明确的权责制度,将权限明晰化,真正落到实处。

2. 要建立必要的权力制衡体制

权力失去约束,就可能造成滥用权力,是十分危险的。因此,在强调自主用权的同时,还必须有必要的权力制衡。

(1)要进行必要的权力分解。要将决策权、执行权(指挥权)和监督权作适当的分离。例如,在现代企业制度中,董事会行使决策权,经理行使指挥权,而由监事会行使监督权。

(2)要处理好权力运用过程中的利益关联因素。对决策可能给决策者带来利益的权力要进行制约;监督权行使者要同决策、执行无利害关系;在行使权力中同一些人发生利益关联关系时,要回避。

(3)要通过法律、制度体系来保证权力制衡。在管理实践中,要通过合理的权力配置、清晰的权力界定、严密的制度体系,来实现独立用权与权力制衡的有机结合。

(二)科学地使用权力

1. 坚持从实际出发,按客观规律办事

科学地运用权力,首先表现为运用职权进行决策、指挥的正确性。要保证正确决策与指挥,就必须从实际出发,尊重客观规律,确保用权取得尽可能好的效果。

2. 运用权力要同民主管理相结合,要同思想工作相结合,要同管理者身教相结合

(1)运用权力要同民主管理相结合。管理者运用权力过程中,要充分尊重下级,发挥他们的主动性、创造性,鼓励员工参与决策,支持各种形式的民主管理。这样不是削弱管理者的权力效力,而是在放大管理者的权力效力。因为这样做会使下级获得认同感、参与感、满足感,他们会更加自觉自愿地服从与配合,从而产生更大的权力效果。

(2)运用权力同思想工作相结合。权力运用的过程基本上是强制的过程,一般会产生诸如消极对抗、逆反心理等副作用。在权力运用过程中,坚持做深入细致的思想政治工作,以获得下级的认可与支持,消除由权力强制性带来的副作用。

(3)运用权力同管理者身教相结合。管理者运用权力的过程,是带领组织成员共同奋斗的过程。在这一过程中,管理者自身的模范行为、带头作用、榜样力量都是非常重要的。管理者在行使权力的同时,率先垂范,会赢得下级的敬佩和信从。

3. 正确处理相关人员的职权关系

在一个组织中,职权运用不可能只是个别人的事,必然是由一个管理者群体去行使,这样就涉及到相关人员之间的职权关系问题。在实际管理工作中,职权关系或职权冲突是职权运用中的突出矛盾,如果处理不当,就会引起职权运用系统的混乱,将严重危及职权运用及其效果。

(1)坚持统一指挥原则。各系统实行统一领导,防止令出多门;上级不越权指挥,下级不越级汇报。

(2)严格进行职权界定,使职权范围明晰化。

(3)加强授权。管理者要将授权作为"分身术",尽可能向下级授权,既减少自身工作压力,又有助于激励下级。

(4)相互尊重职权。无论是上下级还是同级,都应是配合而不是越位,干好自己的事,切不可染指别人的权。

(三)加大奖惩力度

1. 重视奖惩效应

奖励与惩罚是以权威作为支撑基础的,没有权威,自然也没有能力进行奖惩;但另一方面,奖惩又对权威产生重要的反作用,即奖惩将有助于增强管理者的权威。权威是实施奖惩的条件,同时,奖惩又是强化权威的手段。重奖有贡献的人,就能激励更多的人追随管理者,努力作贡献,从而产生显著的权威强化效应;而惩罚违规者,"惩一儆百"会使更多的人不敢向组织纪律和管理者的权威挑战,同样产生显著的权威强化效应。有效地运用奖惩手段是管理者增强自身权威的重要途径。

2. 加大奖惩力度,放大奖惩效应

管理者在运用权力进行奖惩时,必须突破"平均主义""老好人"等传统观念,加大奖惩的力度。奖惩没有一定的力度,就不会在被管理者中造成一定的刺激作用,很难收到预期效果。奖惩中要注意:

(1)要以事实为根据,令奖惩对象和其他人员心服口服,否则,就会产生不良后果;

(2)要针对奖惩对象及其他人敏感的需要或心理选择奖惩形式,增强奖惩的震动作用,以放大奖惩效应。

3. 奖惩分开

有功则奖,有过则罚。这不但适应组织内的不同人,而且适应一个人的不同方面。一个组织中,如果有功不奖,有过不罚,这个组织就是一潭死水,管理者也自然无权威可言;同样,对一个人,对其优点、贡献方面该奖则奖,而对其错误该罚则罚,绝不可以功抵过。不能"好人不香,坏人不臭""好事不奖,坏事不罚"。管理者必须旗帜鲜明,奖惩分明。

三、指挥及其有效性

广义上的指挥,主要包括指示、部署、指导与协调等基本手段,并具体体现为事前准备工作的安排与督导、目标任务落实的部署与检查、实施过程中的指导与激励、对实施过程中出现矛盾进行协调等工作环节与行为。

（一）工作实施准备

1. 要"吃透两头"

有效实施的前提是"吃透两头"。即一方面，正确把握目标任务要求，理解目标与任务的本质内涵、工作标准与完成时限，以便准确地加以落实；另一方面，要全面了解与任务相关的环境、条件等因素，因地因时制宜，量力而行，以保证有针对性地落实。

2. 配置好资源

为确保工作任务的落实与目标的实现，必须合理地配置资源。特别是人员、资金与所需物资，在数量与质量上与实现工作任务的要求相匹配。这是目标与任务落实的基础。

（二）工作部署

1. 选准时机

工作目标与任务的落实，必须要抓住时机。借助某种机遇来推进目标与任务的落实，充分利用各种有利的时机、氛围、条件，为任务的落实创造尽可能好的环境因素，这是工作落实的重要环节。

2. 部署任务

要有效地实现目标，就必须科学地进行部署，狠抓工作的落实，即"抓而不紧，等于不抓"。

（1）要进行目标与任务的层层分解，把企业的目标分解落实到部门与人员。

（2）要使下级明确目标标准与完成时限，实行目标与任务的量化管理。

（3）制定详尽可行的对策计划与落实措施。

（4）资源、条件、权限要落到实处，以确保目标与任务的实现。

3. 实行严格的工作责任制

工作落实的关键是人员责任的落实。好的工作实施体系最重要的是建立科学有效的责任制。

（1）要明确责任者，包括直接责任者、第一责任者。

（2）要落实责任，特别要将量化的标准与完成时限落实到人。

（3）实行充分授权，使责任者有职有权，以保证任务的完成。

（4）要建立有效激励与严厉的责任追究措施与制度。

（三）指导与激励

在工作实施的过程中，管理者负有重要的指导与激励责任。管理者要结合工作实际，及时地进行指挥与指导，并适时地进行激励，最大限度地调动员工努力工作的积极性，以促进工作的有效开展。指挥的具体形式与要求将在下一个大问题中详述，激励将在下一节中作专门研究。

（四）工作协调

1. 工作协调含义

工作协调是指通过各种管理手段，解决组织运行中的各种矛盾，使经营管理活动平衡、有效地运行和稳定发展的管理行为。

2. 工作协调的类型

工作协调主要包括横向协调与纵向协调两种基本类型。

(1)工作的纵向协调是指在组织纵向结构的各管理层次之间的协调。工作的纵向协调由于存在领导隶属关系,可以依靠领导权威与权力进行干预,因此协调较为容易。

(2)横向协调是指在组织横向结构的同一管理层次之间的协调。由于都是平级关系,无法依靠权威加以干预,因此横向协调较为困难。

3. 工作纵向协调的原则

影响工作纵向协调问题的因素很多,应认真分析,有效调节。纵向协调应坚持以下原则。

(1)坚持维护统一指挥原则。下级服从上级,整个组织服从最高层管理者的统一指挥。

(2)相互尊重职权。下级要尊重上级的职权,上级也要尊重下级的职权。

(3)加强信息沟通。下级要多请示、多汇报;上级也要对下级多征求、多通报。

(4)建立清晰的等级链,并明确划定各自的职责权限。

4. 工作横向协调的基本方式

进行横向协调的主要方式主要有三种:一是制度方式,即通过建立科学有效的组织与管理制度,健全与完善组织体系来保证组织的协调;二是组织方式,即在组织结构出现缺陷时,通过建立协调组织来进行协调的方式;三是人际关系方式,即通过协调人际关系来协调组织的方式。

5. 制度方式

协调工作的制度方式主要有以下几种。

(1)对经常性业务与工作制定标准、程序与规范,实现管理工作标准化,从制度规范体系上保证协调。这是制度协调最基本的方法。

(2)对于需要各部门根据变化随机处理的问题,要通过例会制度进行协调。

(3)建立有联系的横向部门之间的信息沟通制度,遇有例外性问题,可进行跨部门直接沟通。

(4)涉及多个部门的例外性问题,可采用联合办公和现场调度的形式进行协调。

6. 组织方式

协调工作的组织方式主要有以下几种。

(1)对于需要多个部门长期协调的,可建立常设委员会或任务小组。借助委员会的协调,可保证该项重点工作的有效实施。

(2)对于需多个部门共同参与完成的临时性任务,可依需要设立临时性的委员会或任务小组。在委员会或任务小组的协调下,突击完成该项任务,任务完成了,委员会解散。

(3)对于职权相关的几个部门,可由一名上级领导来分管,以有利于这几个部门的协调。

(4)对于需要经常性进行各部门工作协调的,可设置专职的协调部门,专司协调工作。

7. 人际关系方式

协调工作的人际关系方式主要有:

(1)培养健康融合的组织文化,使各部门人员之间有共同的价值取向,建立合作、融洽的人际关系。这是最重要的人际关系协调方式。

(2)对于需要密切配合的部门,应使其合署办公,促进人员沟通与工作配合。

(3)建立基层管理运营组织,如专项工作小组、科研攻关小组等,使组织成员密切配合。

(五)影响指挥有效性的因素

管理者指挥的有效性主要受以下因素影响。

1. 权威

权威是指挥的基础,只有凭借权威,才能进行指挥,而且权威越大,指挥作用越明显。权威是指挥有效性的首要决定因素。当然,指挥作为一种典型的领导行为,又反过来影响管理者的权威,两者互为条件,相互影响。

2. 指挥内容的科学性

有效的指挥,首先应是符合客观规律和实际情况的指挥。只有指挥内容科学、正确,才可以产生好的指挥效果。

3. 指挥形式的适宜性

指挥的有效性,在相当程度上取决于指挥形式是否适当。如果采取的形式不恰当,内容正确的指挥也可能收不到好的效果。内容正确的指挥,还要靠科学、合理、恰当的形式来实施,才能收到好效果。

4. 指挥对象

指挥要适应指挥对象的特点,这样才能更好地为指挥对象所接受,从而使其按照要求自觉服从,达到指挥目的。如果指挥不顾及指挥对象的特点,不能适应其需要,必然遭到他们的抵制,则很难收到好的指挥效果。

5. 环境

指挥的实际效果还受诸如时机、场所、群体氛围、工作性质以及其他主客观条件的影响。只有综合处理好以上诸因素,才能实现有效指挥。

四、指挥艺术

(一)载体不同的指挥形式

管理者的指挥形式,按所采用的载体不同,可划分为口头指挥、书面指挥和会议指挥三种。

1. 口头指挥

口头指挥即管理者用口头语言的形式直接进行指挥。口头指挥是最经常的形式。它具有直接、简明、快速、方便等特点。运用口头指挥形式,要注意掌握以下要领。

(1)内容表达要清晰、准确。口头指挥的优点是及时、方便,缺点是瞬间即逝,容易误解。因此,对指挥内容进行表述时,一定要非常清楚、完整、准确,绝不可令人产生歧义或误解。这是口头指挥的最重要的要求。

(2)用语简洁有力,详略得当。由于口头指挥采取的是非可视性的瞬间即逝的形式,因此,用语必须斟酌,以做到简洁、有力。不但能令接受者清楚明白,而且要产生必要的语言情感力量。例如,热情、严肃;和蔼、紧急;留有余地或严格精确等。同时,还要注意详略得当。如果内容简单,应使用尽可能简洁的语言,否则,反倒容易产生混乱。而有时,则需要做详细说明。

(3)讲究语言艺术。因为口头指挥是靠口头语言完成的,所以语言的艺术直接关系到指挥的效果。讲究语言艺术,主要考虑两方面因素:一方面是如何依据任务、情景的要求,选择恰当的语言,如紧急情况下,必须采用直截了当的语言;而可能涉及敏感问题时,则需要选择委婉语言;另一方面,要适应指挥对象的心理特点选择语言,如为满足指挥对象希望得到尊敬的心理,可使用商量、征询或请求的语言;而当对方犹豫不决时,则需要采用严肃、明确、坚定的语言,以打消其动摇心理。

2. 书面指挥

书面指挥即采用书面文字形式进行指挥。书面指挥同口头指挥相比,具有准确性、规范性、确定性和可储存性等特点。正因为如此,许多重要的、正规的、要求在较大范围和较长时期内起作用的指挥一般都采取书面形式。

书面指挥的具体形式多种多样。以行政机关的文件形式最为规范,主要包括命令、指令,决定、决议,指示,布告、公告、通告,通知、通报,报告、请示,批复,函,等等。

提高书面指挥的有效性,应注意以下几点。

(1)加强针对性。书面指挥在易接受性和成本等方面一般不如口头指挥。因此,书面指挥要针对所要解决的管理问题,紧紧围绕指挥目标,做到确属必要,真正有的放矢,防止滥发文件;同时注意既要表达完整、准确,又要文字精炼,重点突出。

(2)增强规范性。书面文件最显著的特点是其规范性。要注意文件体例的规范化和文件内容的规范化,还包括文件用语的规范化。

(3)提高写作质量。书面文件白纸黑字,并供众多人反复推敲,这就对书面文件的写作质量提出了极高的要求。除字、词正确外,最重要的是用语严密、准确。绝不可以出现用词(或句)不当或容易引起歧义误解等问题。

3. 会议指挥

这是一种通过多人聚集,共同研究或布置工作的指挥形式。在实际领导工作中,会议是一种经常使用而又行之有效的形式。会议指挥具有快速下达、即时反馈等特点。会议既有布置工作性质的,又有研究决定问题性质的,而后者带有决策性质。

会议指挥主要把握好以下要领:

(1)控制会议的议题与规模、次数。会议必须有明确而确属需要解决的议题,且解决这些议题已具备较成熟的条件。同时,要控制会议的次数与规模。会议的次数过多不但增加成本,而且会引起下级的厌烦心理,影响会议的效果及工作的效率。要严格控制参加会议的人员及会议时间。这些将直接涉及会议的成本与效率。

(2)必须做好充分的会前准备。主要包括:会议议题、程序、参加人员、时间、场所等方面的准备,其中最重要的是对议题本身的准备。如是研究问题的会议,职能部门和主管领导必须收集到足够的相关信息,提出解决问题的几种备选方案,并有倾向性意见;如是部署工作的会议,必须有明确、具体、操作性强的要求与措施。此外,会前发"安民告示",使与会者对议题有准备也是很重要的。

(3)科学地掌握会议。会议主持者能否科学地掌握会议,对于提高会议的效率和效果具有非常关键的作用。主持会议过程中,要始终抓住会议议题,确保会议围绕中心进行,切不可"跑题";主持者要有效地引导与控制与会者,需要讨论问题时,启发、激励与会者思维活跃,积极发言,而需要集中时,又能引导和约束与会者及时统一认识,真心服从;主持者要掌握好会议进程,顺利进行与按时结束。

(4)狠抓会议内容的落实与反馈。会议指挥,既要防止"议而不决",更要防止"决而不行"。会议过后,对于管理者来说,并不是完事大吉,而必须责成专人或亲自检查会议落实情况,并及时收集会议落实情况的反馈信息,以保证会议目标落到实处,并做出必要的调整与完善。

(二)强制程度不同的指挥形式

管理者的指挥行为,一般都带有一定程度的强制性。但指挥又不是单纯的强制行为,总是需要辅以一定程度的说服、教育与思想工作,两方面相互配合,不可偏废。

按强制程度不同,指挥形式主要可分为以下几种。

1. 命令、决定

它具体包括命令、指示、决定、决议等。命令是要求下级无条件执行;指示是为下级指出工作方向与要求;决定是对一些事项所作出的决策或规定;决议则是会议取得一致意见的成果。这类形式具有很强的强制性、直接性和时效性等特点,是指挥形式中强制性最高的一类,是对紧急情况和重要事项进行指挥的不可替代的形式。

运用好这类指挥形式,要注意以下几点。

(1)必须遵循客观规律,坚持从实际出发。切忌长官意志,瞎指挥,以保证指挥的科学性。

(2)必须采取简明扼要的表达方式,并有很强的可操作性。

(3)注意实施方式的艺术性和有效性。虽然这是一种强制的指挥形式,但这绝不意味着不讲究方法的艺术性。要使这类形式取得较好的效果,就要研究工作任务的性质、所处的情景、接受指令者的心理需要,然后,有针对性地选择恰当的语言及易为下级接受的方式,并注意同一些非强制的方法,如信息沟通、思想工作等方式结合起来,以增强指挥的实际效果。

2. 建议与说服

它具体包括指导、咨询、建议与说服。指导是指明工作思路和工作要领;咨询是为解决特定问题提供专门知识;建议是以平等身份提出供参考的意见;说服是摆事实,讲道理,以理服人。建议与说服具有引导、说理性质,不带或只有微弱的强制性。运用这类方式时应注意以下几方面:

(1)要以平等的身份进行交流。这类形式不宜居高临下,而应以与下级平等的身份,用协商的方式,在相互尊重的前提下进行有效沟通,真正使下级获得那种强制方式得不到的心理满足感,从而激发其更加自觉地实现工作目标。

(2)管理者提出的见解、意见要有较高水平。无论是指导、咨询、建议还是说服,管理者必须有高人一筹的见解,能有效解决问题,并具有可操作性,才能令下级服气,才能起到影响下级态度与行为的作用。

(3)加强信息反馈与控制。采用这类方式其效果不会那么直接与快速。这样,就要运用各种有效手段,加强有关执行情况的信息反馈,并运用适宜的方式进行必要的调整与控制,确保指挥目标的如期实现。

3. 暗示、示范

这是一种完全不带强制性的指挥形式。暗示是指管理者通过各种语言、行为、政策及其他形式,对下级的行为进行某种隐含性的引导。示范则指管理者以自身的模范带头作用来影响、带动下级的行为。它具有隐含性、间接性和自觉自愿性等特点。

运用好这类指挥形式,应注意以下几点:

(1)要有鲜明的目的性。这虽然是一种隐含方式,但管理者运用时,一定要有非常明确的目标,有针对性地、自觉地设计与争取预期行为。切不可出现违背组织目标的无意识暗示或以不良行为在下级中造成坏的影响。

(2)选择恰当的行为方式。暗示和示范作用是通过管理者一定的行为方式来实现的。要实现暗示和示范的目的,必须选择恰当的行为方式。这种行为应是在组织规范允许的范围内,对实现组织功能有积极作用,并能引起下级注意和容易接受的。

(3)要有其他形式的有机配合。为了使这种作用效果更明显,有时还需要借助一些其他形式加以配合,例如,必要的指导、帮助、教育、思想工作,对倡导行为的舆论宣传工作等。

(三)指示与规范

从管理者进行指挥所适用的范围上划分,管理者的指挥行为又可分为指示与规范。

1. 指示

指示是指管理者针对某一管理问题所作出的一次性指令或要求。对于一些特殊的、例外性的管理问题,由管理者做出明确的指示是必要的。这种指示,针对性强,解决问题的途径明确,要求清楚,有利于下级执行,常会取得好的效果。但针对性强的一次性指示也有其明显的缺点,即对过去发生过的同类问题可能还需要重新作出指示,这样就会出现前后政令不一,管理者重复决策,负担加重,工作效率低下的问题。为此,就要求对例行工作多采用规范这种指挥形式。

2. 规范

规范是指管理者制定的用以解决某一类问题的原则、程序及办法。这样,只要这类问题再次出现,下级就会自觉地按照规范来加以处理,而不必一事一请示,领导者也不必反复就同一类问题进行决策或指示。显然,对于经常发生的例行工作和程序化问题,制定规范比下达指示更具优越性,它可以保证政策的连续性,减轻管理者的工作负担,提高管理的效率,并有利于下级依规范自主管理,从而调动他们的工作积极性与主动性。所以,高明的管理者,应尽可能多地使用规范,减少一次性指示,以提高指挥的有效性。

单元三　激　励

一、激励机制

(一)激励的作用、特点与要素

1. 激励

激励的原意是指人在外部条件刺激下出现的心理紧张状态。管理中的激励,是指管理者运用各种管理手段,刺激被管理者的需要,激发其动机,使其朝向所期望的目标前进的心理过程。

2. 激励在管理中的作用

激励的最主要作用是通过动机的激发,调动被管理者工作的积极性和创造性,自觉自愿地为实现组织目标而努力。即其核心作用是调动人的积极性。

3. 激励的特点

激励作为一种领导手段，与前面所讲的凭借权威进行指挥相比，最显著的特点是内在驱动性和自觉自愿性。由于激励是起源于人的需要，是被管理者追求个人需要满足的过程，因此，这种实现组织目标的过程，不带有强制性，而完全是靠被管理者内在动机驱使的、自觉自愿的过程。

4. 激励要素

构成激励的要素主要包括以下四个：

(1)动机。激励的核心要素就是动机，关键环节就是动机的激发。

(2)需要。需要是激励的起点与基础。人的需要是人们积极性的源泉和实质，而动机则是需要的表现形式。

(3)外部刺激。这是激励的条件。外部刺激主要指管理者为实现组织目标而对被管理者所采取的种种管理手段及相应形成的管理环境。

(4)行为。这是激励的目的，是指在激励状态下，人们为动机驱使所采取的实现目标的一系列动作。动机、需要、外部刺激与行为这些要素相互组合与作用，构成了对人的激励。

(二)激励过程模式

1. 激励的实质过程

从心理学角度看，激励过程就是在外界刺激变量(各种管理手段与环境因素)的作用下，使内在变量(需要、动机)产生持续不断的兴奋，从而引起主体(被管理者)积极的行为反应(为动机所驱使的、实现目标的努力)。

2. 激励的过程模式

激励的具体过程表现为：在各种管理手段与环境因素的刺激(诱因)下，被管理者产生了未被满足的需要(驱力)；从而造成心理与生理紧张，寻找能满足需要的目标，并产生要实现这种目标的动机；由动机驱使，被管理者采取努力实现上述目标的行为；目标实现，需要满足，紧张心理消除，激励过程完结。当一种需要得到满足后，人们会随之产生新的需要，作为未被满足的需要，又开始了新的激励过程。这一过程如图 5.6 所示。

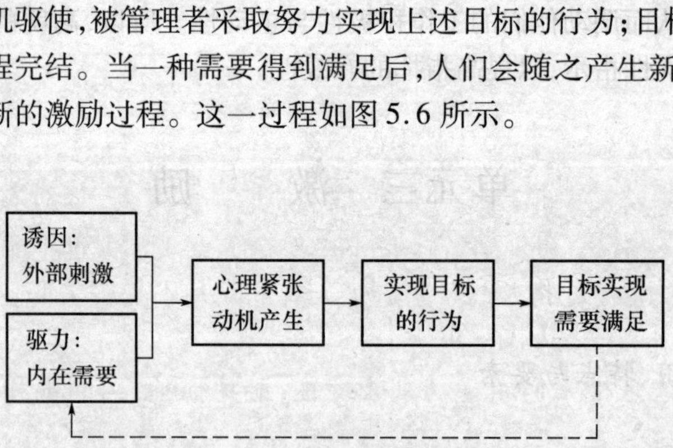

图 5.6　激励过程模式

二、激励理论

(一)激励理论的类型

激励理论主要研究人动机激发的因素、机制与途径等问题。心理学家和管理学家进行了大量研究,形成了一些著名理论。这些理论大致可划分为三类。

1. 内容型激励理论

该理论重点研究激发动机的诱因,主要包括:马斯洛的“需要层次论”、赫茨伯格的“双因素论”、麦克莱兰的“成就需要激励理论”等。

2. 过程型激励理论

该理论重点研究从动机的产生到采取行动的心理过程,主要包括:弗鲁姆的“期望理论”、波特和劳勒的“期望模式”、亚当斯的“公平理论”等。

3. 行为改造理论

该理论重点研究激励的目的(即改造、修正行为),主要包括:斯金纳的“操作条件反射论”、海利的“归因理论”等。

下面选有代表性的理论作简要介绍。

(二)需要层次论

需要层次论是由美国心理学家亚伯拉罕·马斯洛于1943年提出来的。这一理论揭示人的需求与动机的规律,受到管理学界的普遍重视。

1. 基本内容

马斯洛提出人的需要可分为五个层次,即生理需要、安全需要、社交需要、尊重需要和自我实现需要。这五种需要成梯形分布,如图5.7所示。

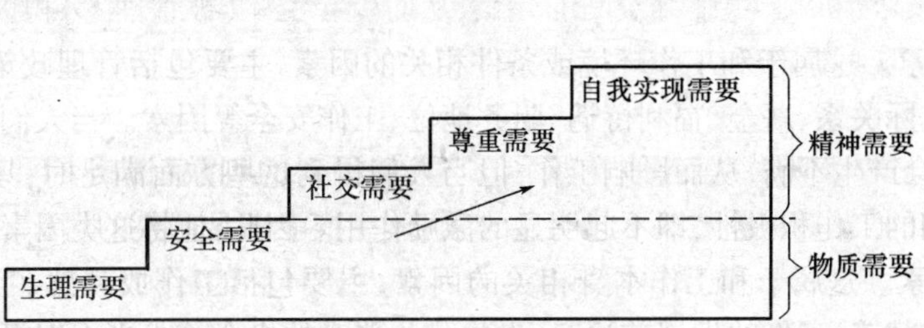

图5.7 人的需要层次

(1)生理需要。生理需要指维持人类自身生命的基本需要,如对衣、食、住、行的基本需要。他认为,在这些需要没有得到满足以维持生命之前,其他需要都不能起激励人的作用。

(2)安全需要。安全需要指人们希望避免人身危险和不受丧失职业、财物等威胁方面的需要。生理需要与安全需要属物质需要。

(3)社交需要。这是指人们希望与别人交往,避免孤独,与同事和睦相处、关系融洽的欲望。

(4)尊重的需要。当第三层次需要满足后,人们开始追求受到尊重,包括自尊与受人尊重两个方面。

(5)自我实现的需要。这是一种最高层次的需要。它是指使人能最大限度地发挥潜能,实现自我理想和抱负的欲望。这种需要突出表现为工作胜任感、成就感和对理想的不断追求。他认为这一层次的需要是无止境的,一种自我实现需要满足以后,会产生更高的自我实现需要。后三个层次的需要属精神需要。

后来,在这五层次基础上,他又补充了求知的需要和求美的需要,从而形成了七个层次。

马斯洛认为:①不同层次的需要可同时并存,但只有低一层次需要得到基本满足之后,较高层次需要才发挥对人行为的推动作用;②在同一时期内同时存在的几种需要中,总有一种需要占主导、支配地位,称之为优势需要,人的行为主要受优势需要所驱使;③任何一种满足了的低层次需要并不因为高层次需要的发展而消失,只是不再成为主要激励力量。

2. 对管理实践的启示

(1)正确认识被管理者需要的多层次性。片面看待下属需要是不正确的,应进行科学分析,并区别对待。

(2)要努力将本组织的管理手段、管理条件同被管理者的各层次需要联系起来,不失时机地、最大限度地满足被管理者的需要。

(3)在科学分析的基础上,找出受时代、环境及个人条件差异影响的优势需要,然后,有针对性地进行激励,以收到“一把钥匙开一把锁”的预期激励效果。

(三)双因素论

双因素论是美国心理学家赫茨伯格于20世纪50年代提出来的。他将影响人的积极性的因素归结为激励因素与保健因素两大类,故简称“双因素论”。

1. 基本内容

赫茨伯格通过大量的关于人们为什么愿意干工作的调查,提出两大类影响人的工作积极性的因素。

(1)保健因素。这属于和工作环境或条件相关的因素,主要包括管理政策与制度、监督系统、工作条件、人际关系、薪金、福利待遇、职务地位、工作安全等因素。当人们得不到这些方面的满足时,人们会产生不满,从而影响工作;但当人们得到这些方面满足时,只是消除了不满,却不会调动人们的工作积极性,即不起明显的激励作用。因此,他将这类因素称为保健因素。

(2)激励因素。这属于和工作本身相关的因素,主要包括工作成就感、工作挑战性、工作中得到的认可与赞美、工作的发展前途、个人成才与晋升的机会等。当人们得不到这些方面满足时,工作缺乏积极性,但不会产生明显的不满情绪;当人们得到这些方面的满足时,会对工作产生浓厚的兴趣,产生很大的工作积极性,起到明显的激励作用。因此,他将这类因素称为激励因素。

2. 对管理实践的启示

(1)善于区分管理实践中存在的两类因素,对于保健因素(如工作条件、住房、福利等)要给予基本的满足,以消除下级的不满。

(2)要抓住激励因素,进行有针对性的激励。根据赫茨伯格的理论,对职工最有效的激励就是让职工对所从事的工作本身满意。管理者应动用各种手段进行工作设计,例如,调整工作的分工、宣传工作的意义、增加工作的挑战性、实行工作内容丰富化等来增加员工对工作的兴趣,千方百计地使员工满意自己的工作,从而收到有效激励的效果。

(3)正确识别与挑选激励因素。能够对职工积极性产生重要影响作用的激励因素在管理实践中不是绝对的。它受到社会、阶层及个人的经济状况、社会身份、文化层次、价值观念、个性、心理等诸多因素的影响。因此,在不同国家、不同地区、不同时期、不同阶层、不同组织乃至每个人,最敏感的激励因素是各不相同的,有时差别还很大。因此,必须在分析上述因素的基础上，灵活地加以确定。例如，工资在发达国家的一些企业员工中不构成激励因素，而在我国许多企业员工中仍是一个重要的激励因素。

（四）期望理论

美国心理学家弗鲁姆于1964年系统地提出了期望理论。这一理论通过人们的努力行为与预期奖酬之间的因果关系来研究激励的过程。

1. 基本内容

这种理论认为，人们对某项工作积极性的高低，取决于他对这种工作能满足其需要的程度及实现可能性大小的评价。例如，一位员工认为某项工作目标的实现，将会给他带来巨大的利益（如巨额奖金、荣誉称号、获得提升等），而且只要通过努力，达到目标的可能性也很大时，他就会以极高的积极性努力完成这一工作。反之，若对达到目标不感兴趣，或者虽感兴趣，但根本没有希望达到目标，那他就不会有努力做好这项工作的积极性。

激励水平取决于期望值与效价的乘积，其公式是：

$$激发力量 = 效价 \times 期望值$$

激发力量，指受激励动机的强度，即激励作用的大小。它表示人们为达到目的而努力的程度。

效价，指目标对于满足个人需要的价值，即某一个人对某一结果偏爱的强度。

期望值，指采取某种行动实现目标可能性的大小，即实现目标的概率。

由上式可见，激励作用的大小，与效价、期望值成正比，即效价、期望值越高，激励作用越大；反之，则越小。而如其中一项为零，激发力量也自然为零。

2. 对管理实践的启示

(1)选择激励手段，一定要选择员工感兴趣、评价高，即认为效价大的项目或手段。这样，才能产生较大的激励作用。

(2)确定目标的标准不宜过高。凡是想起广泛激励作用的工作项目，都应是大多数人经过努力能实现的。这样，通过增大目标实现的概率，来增强激励作用。

(3)如果不从实际出发，不考虑员工的实际需要，只从管理者本人或上级主管的长官意志或兴趣出发，推行对员工来说效价不高、实现概率不大的项目，是不可能收到激励作用的。

（五）公平理论

公平理论是美国心理学家亚当斯于1965年提出来的。这一理论重点研究个人作出的贡献与所得报酬之间关系的比较对激励的影响。

1. 基本内容

公平理论认为，人的工作积极性不仅受其所得的绝对报酬的影响，更重要的是受其相对报酬的影响。这种相对报酬是指个人付出劳动与所得到报酬的比较值。付出劳动包括：体脑力消耗、技术水平能力高低、工龄长短、工作态度等。报酬包括：工资、奖金、晋升、名誉、地位等。付出与报酬的比较方式包括两种：①横比，即在同一时间内以自身同其他人相比较；②纵比，即拿自己不同时期的付出与报酬进行比较。前者可称为社会比较，后者可称为历史比较。

是否感到公平，所依据的就是付出与报酬之间比较出来的相对报酬。相对报酬如果合理，就会获得公平的感受，否则就是不公平感受。如图5.8所示。

$$\frac{\text{个人所得报酬}}{\text{个人付出劳动}}=\frac{\text{他人（或历史上个人）所得报酬}}{\text{他人（或历史上个人）付出劳动}}\rightarrow \text{公平的感受}$$

$$\frac{\text{个人所得报酬}}{\text{个人付出劳动}}<\frac{\text{他人（或历史上个人）所得报酬}}{\text{他人（或历史上个人）付出劳动}}\rightarrow \text{不公平的感受}$$

图 5.8　付出与报酬的比较

当获得公平感受时，员工就会心情舒畅，努力工作；当得到不公平感受时，员工就会出现心理上的紧张、不安，从而使员工采取行动以消除或减轻这种心理紧张状态。其所采取的具体行为如试图改变其所得报酬或付出；有意无意曲解自己或他人的报酬或付出；竭力改变他人的报酬等。

2. 对管理实践的启示

(1) 在管理中要高度重视相对报酬问题。职工对自己的报酬进行横比、纵比这是必然的现象。管理者如果不加以重视，很可能出现员工“增收”的同时亦“增怨”的现象。自古就有“不患寡而患不均”这种普遍的社会心理现象，管理者必须始终将相对报酬作为有效激励的方式来加以运用。

(2) 尽可能实现相对报酬的公平性。我国国企改革，打破大锅饭，实行“多劳多得，少劳少得”正是体现了这种公平理论的要求。

(3) 当出现不公平现象时，要做好工作，积极引导，防止负面作用发生，并通过改革与管理的科学化，消除不公平，或将不公平产生的不安心理引导到正确行事的轨道上来。

三、激励方式与手段

有效的激励，必须通过适当的激励方式与手段来实现。按照激励中诱因的内容和性质，可将激励的方式与手段大致划分为三类：物质利益激励、社会心理激励和工作激励。

（一）物质利益激励

物质利益激励是指以物质利益为诱因，通过调节被管理者物质利益来刺激其物质需要，以激发其动机的方式与手段。主要包括以下具体形式。

1. 奖酬激励

奖酬包括工资、奖金、各种形式的津贴及实物奖励等。虽然对于国外一些较高收入水平的人来说，工资、奖金已不成为主要的激励因素，但对于我国相当一部分收入水平较低的人来说，工资、奖金仍是重要的激励因素。

(1) 设计奖酬机制与体系要为实现工作目标服务。这是奖酬能否发挥激励作用及其作用大小最重要的问题。也就是说，奖酬的形式、奖酬与贡献挂钩的办法、奖酬发放的方式等，都要根据有助于促进工作目标实现来设计和实施。而其中的关键又是奖酬与贡献直接挂钩的科学化与定量化。管理者必须善于将奖酬的重点放在管理者关注的重点上，以引导下属为多得奖酬而多干工作，从而通过利益驱动实现组织目标。离开目标与贡献来发放奖酬，就不会产生激励作用，甚至会南辕北辙，起副作用。

(2)要确定适当的刺激量。用奖酬手段进行激励,必然涉及刺激量的确定。奖酬刺激量一是表现为奖酬绝对量,即工资、奖金的数量大小;二是表现为奖酬的相对量,即工资奖金同一时期不同人的差别以及同一个人不同时期的差别。奖酬激励作用主要取决于相对刺激量,即同一时期不同人之间的奖酬差别以及个人不同时期奖酬变化的幅度。这正体现了公平理论的要求。在实际工作中,既要有选择地实行重奖,以期引起轰动和奖励效应,又要防止不适当地扩大刺激量,招致员工产生不公平心理。

(3)奖酬要同思想政治工作有机结合。奖酬的作用是重要的,但也不能搞金钱万能,必须注意辅以必要的思想工作及其他激励形式,尽可能限制物质刺激的副作用。

2. 关心照顾

管理者对下级在生活上给予关心照顾,是激励的有效形式。它不但使下级获得物质上的利益和帮助,而且能获得受尊重和归属感上的满足,从而可以产生巨大的激励作用。一个平时不关心下属的管理者,遇有紧急任务时,下属不会积极地给予合作与支持。日本企业经理重视给员工过生日,就是采用这种关怀激励的方式。对下属的关心照顾,包括员工集体福利,帮助解决员工各种生活困难,关心和帮助解决员工各种思想、工作及其他方面的困难。

3. 处罚

在经济上对员工进行处罚,是一种管理上的负强化,属于一种特殊形式的激励。运用这种方式时要注意:必须有可靠的事实根据和政策依据,令其心服口服;处罚的方式与刺激量要适当,既要起到必要的教育与震慑作用,又不要激化矛盾;也要同深入细致的思想工作结合,注意疏导,化消极为积极,真正起到激励作用。

(二)社会心理激励

社会心理激励,是指管理者运用各种社会心理学方法,刺激被管理者的社会心理需要,以激发其动机的方式与手段。这类激励方式是以人的社会心理因素作为激励的诱因的。主要包括以下一些具体形式。

1. 目标激励

目标激励即以目标为诱因,通过设置适当的目标,激发动机,调动积极性的方式。员工在管理中的自觉行为,都是追求目标的过程,正是一个个目标,引导着员工去采取一个又一个行动。因此,追求目标的实现是满足人的需要的重要途径,目标成为管理激励中极为重要的诱因。可用以激励的目标主要有三类:工作目标、个人成长目标和个人生活目标。管理者可通过对这三类目标的恰当选择与合理设置有效调动员工的积极性。

(1)尽可能增大目标的效价。根据弗鲁姆的期望理论,激发力量大小取决于效价及概率。管理者在设置目标时,一是要选择下级感兴趣、高度重视的内容,使所选择的目标尽可能多地满足下级的需要;二要使目标的实现与奖酬或名誉、晋升挂钩,加大目标实现的效价;三要做好说明、宣传工作,使下级能真正认识到目标的社会心理价值及其实现所带来的各种利益。

(2)增加目标的可行性。只有通过努力能够实现的目标,才能真正起激励作用。目标水平要先进合理,要具备相应的实施条件,要具有可操作性,并做好必要的说明解释工作,使下级充分认识到实现的可能性。

2. 教育激励

这是指通过教育方式与手段,激发动机、调动下级积极性的形式。具体包括政治教育和思想工作。

(1)政治教育。如通过世界观教育、爱国主义教育、敬业爱岗教育等,提高员工的觉悟,激发他们的政治热情和工作积极性。

(2)思想工作。要通过个别沟通、谈心等多种方式,做深入细致的思想工作,以收到预期的激励效果。做好思想工作的关键在于深入探索人的思想规律,提高思想工作的科学化程度,克服说做不一致的空洞的政治说教现象,以求实效。

3. 表扬与批评

表扬与批评是管理者经常运用的激励手段。要讲究表扬与批评的艺术,因为它将直接关系到表扬与批评的效果。主要应注意以下几点:

(1)坚持以表扬为主,批评为辅。表扬为主,能够满足人们受尊重心理需要,易于为下级接受,效果较好;但必要的批评也必须有,放弃了批评,就是对违纪的放纵,就是对权力的放弃。

(2)必须以事实为依据。无论是表扬,还是批评,都必须尊重事实。如果失实,都会造成南辕北辙的不良后果。

(3)要讲究表扬与批评的方式、时机、地点,注重实际效果。例如,当众表扬与批评可能对别人的震慑作用大,教育效果明显;但当众批评也会引起受批评者的强烈反感。管理者要根据问题的性质、表扬与批评对象的身份与心理特点,科学地选择适宜的方式。此外还要注意进行的时机与场合等因素。

(4)批评要对事不对人。针对某人的过失批评,他会心服口服,而如果因一个过失,就批评这个人本身,指责其人格,甚至斥责在动机上是故意,则极易引起受批评者反感,从而引起对立与冲突,使批评失败。

(5)要限制批评的频次,尽量减少批评的次数,否则,会冲淡教育效果。同时,要一事一评,切不可批评一次,将过去发生的多个问题来个算总账,这样,不但重点不突出,而且还会引起受批评者的反感和抵触。

(6)批评与表扬的适当结合。当批评一个人的缺点时,应首先肯定其优点与成绩,这样,受批评者觉得受到公正对待,容易接受批评。有时,如有必要,在表扬一个人的时候,也可以提示一下其缺点,这样可使其心悦诚服地克服缺点。

4. 感情激励

感情激励即以感情作为激励的诱因,调动人的积极性。现代人对社会交往和感情的需要是强烈的,感情激励已成为现代管理中极为重要的调动人的积极性的手段。感情激励主要包括以下几方面内容。

(1)在上下级之间建立融洽和谐的关系。管理者对下级的一个重要影响力来源是亲和力。这就要求管理者要高度重视与下级的个人关系,使关系融洽,或有较深的友谊,以增强亲和影响力。

(2)促进下级之间关系的协调与融合。组织中各成员之间的关系,也会影响到组织目标的实现。需要对非正式组织关系进行积极引导,以尽可能满足各成员社会交往的需要。

(3)营造健康、愉悦的团体氛围,满足组织成员的归属感。管理者应注意以维系感情为中心,组织开展各种健康、丰富多彩的组织文化活动,营造愉悦的团体氛围,使每个成员以置身于这一团体感到满意和自豪,满足其归属感,创造一种高质量的社会生活,从而实现有效激励,令其自觉地、心情愉快地为实现组织目标努力工作。

资料卡

1980年1月,在美国旧金山一家医院里的一间隔离病房外面,一位身体硬朗、步履生风、声若洪钟的老人,正在与护士死磨硬缠地要探望一名因痫疾住院治疗的女士。但是,护士却严守规章制度毫不退让。

这位护士真是"有眼不识泰山",她怎么也不会想到,这位衣着朴素的老者,竟是通用电气公司总裁,一位曾被选为"世界最佳经营家"的世界企业巨子——斯通先生。护士也根本无从知晓,斯通探望的女士,并非斯通的家人,而是加利福尼亚州销售员哈桑的妻子。

哈桑后来知道了这件事,感激不已,每天工作达16小时,为的是以此报答斯通的关怀。加州的销售业绩一度在全美各地区评比中名列前茅。正是这种有效的感情激励管理,使得通用电气公司事业蒸蒸日上。

5. 尊重激励

随着人类文明的发展,人们越来越重视尊重的需要。管理者应利用各种机会信任、鼓励、支持下级,努力满足其尊重的需要,以激励其工作积极性。

(1)要尊重下级的人格。上下级只是管理层次和职权的差别,彼此之间是平等的。管理者应尊重自己的下级,特别是尊重其人格,使下级始终获得受到尊重的体验。

(2)要尽力满足下级的成就感。要尊重下级自我实现的需要,创造条件鼓励和支持下级实现自己的工作目标,追求事业的成功,以满足其成就感。

(3)支持下级自我管理,自我控制。管理者要授权于下级,充分信任他们,放手让下级实行自我管理,自我控制,以满足其自主心理。

6. 参与激励

参与激励即以让下级参与管理为诱因,调动下级的积极性和创造性。下级参与管理,有利于集中群众意见,以防决策的失误;有利于满足下级受尊重的心理需要,从而受到激励;有利于下级对决策的认同,从而激励他们积极自觉地去推进决策的实施。支持下级参与管理或称民主管理,主要注意以下几点:

(1)增强民主管理意识,建立参与的机制。管理者与被管理者双方都要树立民主管理既是员工政治权利、又是现代管理方式的意识,自觉地推进其实施。同时,要建立科学、可行的员工参与管理的制度、结构、程序和方法,从制度方法体系上保证民主管理的实施。

(2)真正授权于下级,使下级实实在在地参与决策和管理过程。绝不能把民主管理作为摆设,走过场,而必须充分发挥员工民主管理的作用。

(3)有效利用多种参与形式,鼓励全员参与。在我国国有企业中,民主管理的形式主要有职工代表大会、合理化建议制度、目标管理、基层民主管理活动等,要依实际需要加以运用。同时,采取措施鼓励全体员工在各个管理层次和各个管理环节上,全面参与管理活动,以最大限度地开发员工的潜能,调动其积极性和创造性。

7. 榜样激励

"榜样的力量是无穷的",管理者应注意用先进典型来激发下级的积极性。榜样激励主要包括以下两方面。

(1)先进典型的榜样激励。管理者要注意发现和总结先进事迹和先进人物,以他们的感人事迹来激励下级。应用中,要注意事迹的真实性、与下级人员工作的可比性、可学性等,真正令下级服气,感动并激励下级。

(2)管理者自身的模范作用。即管理者号召和要求下级做到的,自己首先要做到,应身先士卒,率先垂范,以影响、带动下级。实践中,一定要做实实在在的事,而不是做表面文章;要始终一贯,而不要一时心血来潮。

8. 竞赛(竞争)激励

人们普遍存在着争强好胜的心理,这是由于人谋求实现自我价值、重视自我实现需要所决定的。管理者结合工作任务,组织各种形式的竞赛,鼓励各种形式的竞争,就会极大地激发员工的热情、工作兴趣和克服困难的勇气与力量。在组织竞赛、鼓励竞争的过程中,注意以下几方面:

(1)要有明确的目标和要求,并加以正确的引导。这样,确保竞赛与竞争能沿着正确的轨道进行,防止偏离组织目标。

(2)竞争必须是公平的。竞争的基础、条件、起点、过程、成果衡量与对待,都必须是公平合理的。

(3)竞赛与竞争的结果要有明确的评价和相应的奖励,并尽可能增加竞争结果评价或奖励的效价,以加大激励作用。

(三)工作激励

按照赫茨伯格的双因素论,对人最有效的激励因素来自于工作本身,即满意于自己的工作是最大的激励。因此,管理者必须善于调整和调动各种工作因素,搞好工作设计,千方百计地使下级满意于自己的工作,以实现最有效的激励。实践中,一般有以下几种途径。

1. 工作适应性

即工作的性质和特点与从事工作的员工的条件与特长相吻合,能充分发挥其优势,引起其工作兴趣,从而使员工高度满意于工作。既定的一批不同性质的工作岗位,与既定的一批不同素质、特点的员工,如果组合好了,就会使大家都满意于工作,积极性高涨;如果组合不好,人的长处与兴趣都受到压抑,则大家都不满意于工作,工作情绪低落正因为如此,当有的人将无所做为的废才称为“垃圾”时,有的人则针锋相对地提出:“‘垃圾’是放错地方的人才”。可见,科学合理的人与事的配合是有效激励的重要手段。管理者要善于研究人和工作的性质与特点,用人之所长,用人之兴趣,科学调配与重组,实现人与事的最佳配合,尽可能地使下级满意于工作。

2. 工作的意义与工作的挑战性

员工怎样看待自己所从事的工作,直接关系到其对工作的兴趣与热情,进而决定其工作积极性的高低。人们愿意从事重要的工作,并愿意接受挑战性的工作,这反映了人们追求实现自我价值,渴望获得别人尊重的需要。因此,激励员工的重要手段就是向员工说明工作的意义,并增加工作的挑战性,从而使员工更加重视和热衷于自己的工作,达到激励的目的。

3. 工作的完整性

人们愿意在工作实践中承担完整的工作。从一项工作的开始到结束,都是由自己完成的,工作的成果就是自己努力与贡献的结晶,从而可获得一种强烈的成就感。管理者应根据工作的性质与需要以及人员情况,尽可能将工作划分成较为完整的单元分派给员工,使每个员工都能承担一份较为完整的工作，为他们创造获得完整工作成果的条件与机会。

4. 工作的自主性

人们出于自尊和自我实现的需要心理，期望独立自主地完成工作，而自觉不自觉地排斥外来干预，不愿意在别人的指使或强制下被迫工作。这就要求管理者能尊重下级的这种心理，通过目标管理等方式，明确目标与任务，提出规范与标准，然后，大胆授权，放手使用，让下级进行独立运作，自我控制。工作成功了，完全归功于下级的自主运作。这样，下级将受到巨大激励，会对由自己自主管理的工作高度感兴趣，并以极大的热情全身心投入，以谋求成功。

5. 工作扩大化

影响工作积极性的最突出原因是员工厌烦自己所从事的工作，而造成这种现象的基本原因之一就是工作的单调乏味或简单重复。为解决这一问题，管理者应开展工作设计研究，即如何通过工作调整，克服单调乏味和简单重复，千方百计地增加工作的丰富性、趣味性，以吸引员工。工作扩大化旨在消除单调乏味状况，增加员工工作的种类，令其同时担几项工作或周期更长的工作。具体形式有：①兼职作业，即同时承担几种工作或几个工种的任务；②工作延伸，即前向、后向地接管其他环节的工作；③工作轮换，即在不同工种或工作岗位上进行轮换。这样，既有利于增加员工对工作的兴趣，又有利于促进人的全面发展，是重要的工作激励手段。

6. 工作丰富化

工作丰富化指让员工参与一些具有较高技术或管理含量的工作，即提高其工作的层次，从而使职工获得一种成就感，使其渴望得到尊重的需要得到满足。具体形式包括：①将部分管理工作交给员工，使员工也成为管理者；②吸收员工参与决策和计划，提升其工作层次；③对员工进行业务培训，全面提高其技能；④让员工承担一些较高技术的工作，提高其工作的技术含量等。

工作扩大化是指从横向上增加工作的种类，而工作丰富化则是指从纵向上提高工作的层次，两者的作用都在于克服工作的单调乏味，拓展工作的内涵或外延，增加职工的工作兴趣。

7. 及时获得工作成果反馈

人们对于那种工作周期长，长时间看不到或根本看不到工作成果的工作很难有大的兴趣。而对于只要有投入，立即就能看到产出的工作则兴趣较浓。这也是人们成就感的一种反映。管理者在工作过程中，应注意及时测量并评定、公布员工的工作成果，尽可能早地使员工得到工作的反馈。员工们及时看到他们的工作成果，这就会有效地激发其工作积极性，促其努力扩大战果。例如，在生产竞赛中及时公布各组的生产进度，会对所有员工产生明显的激励作用。

单元四　沟　　通

一、沟通及其有效性

(一)沟通的含义与类型

1. 沟通的含义

沟通是指为达到一定的目的，将信息、思想和情感在个人或群体间进行传递与交流的过程。沟通具有目的性、信息传递性和双向交流性等特点。

2. 管理沟通的意义

沟通是重要的领导手段,在管理中具有极为重要的意义。其作用主要表现为:有效实施指挥与激励、保证整个管理系统的协调运行、协调各种人际关系、增强群体凝聚力等。

3. 沟通的类型

按照不同的标准,可以将管理沟通作以下分类:

(1)按信息流向划分,可以将沟通分为:上行沟通、下行沟通、平行沟通和斜向沟通(即在不同系统的不同管理层次之间进行的沟通)。

(2)按信息传递的途径划分,沟通可以分为:正式沟通与非正式沟通。前者指信息通过正式组织,按规定的正式程序与渠道传递;后者则是通过非正式组织,进行私下传递。

(3)按信息传递的媒介划分,沟通可分为:口头沟通、书面沟通和非语言沟通。后者是指借助体态语言等非自然语言进行的沟通。

(4)按信息传递的范围划分,沟通可分为:组织内部沟通和组织外部沟通。

(二)管理沟通的障碍

阻碍管理沟通的因素是十分复杂的,但可大致归纳为以下几方面。

1. 物理方面的沟通障碍

这是指物理环境方面的某些要素可能会减弱或隔断信息的发放或接收。例如,传递的空间距离、传递中的噪声与干扰、沟通媒体的运行故障等。

2. 管理方面的沟通障碍

这是指在管理沟通观念、领导方式、沟通体制与制度、与沟通相关的权限、职责设置等方面影响沟通的因素。例如,一位专制型的、高高在上的管理者很难与下级进行很好的沟通。

3. 心理方面的沟通障碍

沟通主体与沟通对象在个性、心理等方面的因素也会影响管理沟通的顺利进行。例如,一位对管理者心存偏见的下级就很难接收管理者的正常沟通信息。

4. 语言方面的沟通障碍

语言是管理沟通中最基本的手段。常由于语言表达不准确或接收者理解上的不同而导致信息失真。

(三)有效沟通的原则

1. 明确沟通的目标

管理沟通,作为一种有意识的自觉行为,必须在沟通之前,规定明确的目标。沟通的目标,决定沟通的具体内容与沟通渠道、方式方法。整个沟通过程都要按目标要求来设定。

2. 具备科学的思维

思维是沟通的基础。只有正确的思维,才会有有效的沟通,否则就不可能有成功的沟通。科学的思维,一是要正确处理信息,能认识事物的本质,抓住问题的关键;二是要形成清晰的沟通思路,构思出周密的沟通方案。

3. 管制信息流

沟通过程中,信息不足不行,而信息过多也不行。要对所沟通的信息进行科学处理,提高信息的质量,特别是真实性、准确性;同时,要对信息进行必要的过滤,去掉无关紧要的信息,以保证所传递的信息质量高,数量适当。

4. 选择恰当的沟通渠道与方式方法

要根据沟通目标、沟通内容和沟通对象等方面的需要，正确地选择沟通渠道、媒介及相应的沟通方式与方法，从而保证在传递过程中的效率和质量。

5. 讲究语言艺术

语言是管理沟通最基本的手段，能否正确、有效地使用语言，对沟通效果影响极大。管理者要讲究语言艺术，提高沟通语言的简练性、准确性、针对性和趣味性，以提高沟通的有效性。

6. 了解沟通对象，增强沟通针对性

沟通对象的需要、心理、知识、个性等因素对沟通效果影响也是很大的。如果不了解沟通对象的情况，沟通时就如“盲人骑瞎马，夜半临深潭”，必然导致沟通失败。管理者在沟通前，应利用多条渠道，尽可能多地了解沟通对象多方面的情况，真正做到“知己知彼”，然后有针对性地进行沟通，方会取得成功。

7. 及时地运用反馈

反馈可以排除噪声和信息失真，增强沟通的有效性。特别是在面对面的直接沟通中，更应及时注意反馈，随时把握沟通对象的反应、心态及沟通效果，及时地调整沟通策略与方法，以实现更为有效的沟通。

二、沟通技巧

按沟通的三个层次或实质过程，分别研究信息沟通、情感沟通和行为(态度)沟通的艺术技巧。

(一)信息沟通

对有关事实、情报、思想和意见的信息传递与交流是管理沟通中的基本内容与形式。要实现对这些信息的高效率沟通，必须注意以下几个方面。

1. 沟通主体方面

沟通主体对沟通效果的影响主要表现为两个方面：一是发出的信息是否清楚、有效，其要领如前所述；二是在沟通对象看来，沟通者及其发出的信息是否可信。这主要受以下一些因素影响：沟通主体的专业权威性、对该事物的熟悉程度、其提供信息的动机以及与沟通对象的相互关系等。管理者正确把握与运用好这些因素，就能进行有效的沟通。

2. 沟通对象方面

来自沟通对象方面的影响因素主要有：沟通对象对信息的需求、接收信息的能力以及价值观、知识、思维特点等。沟通者必须研究沟通对象的上述因素，以便有针对性地应对。

3. 沟通渠道方面

主体与对象之间的沟通渠道，如沟通的方式、途径、时间、地点、手段等，都将影响沟通的效果。要根据沟通的需要，灵活地加以选择及运用。

(二)情感沟通

在管理沟通实践中，管理者为有效实现工作目标，协调各种人际关系，增强组织的凝聚力，必须高度重视并努力做好情感沟通工作。

1. 研究并尽可能满足沟通对象的社会心理需要

要与沟通对象进行有效的情感沟通，最首要的是要了解对方的社会心理需要，并尽可能加以满足。人们之间产生感情,建立融洽的关系,除了一些利害关系外,最主要的是由人们能彼此满足社会心理需要的程度所决定的。组织成员的一般社会心理需求有:渴望与人交流的需要;渴望成为某团体一员的归属需要;渴望在工作和生活中受到尊敬的需要;渴望拥有愉悦的心情,以获得高质量社会生活的需要;渴望获得更深层次的理解,求得"知音"的需要;渴望友谊,在危难时有挚友相助的需要等。如果管理者在与下级情感沟通的过程中,注意观察和研究下级的这些方面的心理需要,然后有针对性地加以满足、"投其所好",就一定会赢得下级的真实情感,就会在彼此之间建立十分融洽的关系。

2. 真诚、热情、助人为乐

沟通技巧固然重要,但在根本上必须做到以诚相待,这是情感沟通的思想基础。管理者在沟通过程中,必须出于高尚的目的,出自真诚地交流信息与思想,实实在在地帮助下级排忧解难,真正达到互助、友谊、双赢的效果。

3. 运用心理规律,促进情感融通

从社会心理学角度看,人们之间的情感,在本质上是受喜欢与吸引的心理规律支配的。把握并自觉运用这些喜欢与吸引的心理规律,就能在沟通中有效实现感情的融通。利用这些规律具体表现如下。

(1)相似性原则。这是指在人们交往的过程中,存在或具备某些相同或相近属性或特征的人们之间容易相互喜欢与吸引。这些相似的特征包括:民族、地域、政治信仰、宗教、职业、教育水平、年龄、性格、态度、经历、兴趣爱好等。这就要求管理者在与下级沟通的过程中,注意寻找并强化与其具有共同性的一些因素,如老乡、同龄人、共同经历,共同的爱好等,这就会增加双方的喜欢与吸引程度,促进感情的加深。

(2)互补性原则。人们在交往的过程中,不但追求相似性,而且还在某种情况下追求互补性。这一原则是指人们有时愿意与某些与自己存在不相同属性与特征的人相处,以寻找某种互补效应。例如,一个具有强烈支配欲的人,自然就会选择、接近服从型的人,而避开同样属支配型的人。管理者应运用这一原则,创造在个性等方面的一些互补机会,从而增进相互的感情。

(3)相近性原则。这是指由于地域或空间的接近,而使人们之间容易形成密切的关系。例如,长期居住在一起的老邻居,会产生很深的情感。再如,长时间在一个办公室工作,通常也会产生很深的友谊。

(4)相互性原则,也称报答性原则。它是指在沟通、交际过程中,一方对另一方面的看法与态度直接地决定着另一方对这一方的看法与态度。当受到别人肯定或尊敬时,就会自然而然地产生一种报答心理:也会肯定或尊敬对方,产生好感,并逐步加深感情。而且,这种报答心理的强度,还受到对方喜欢程度是增加还是减少的变化趋势的影响。根据这一原则,管理者在沟通中要善于发现对方的长处和优点,形成并表示出来对对方的好看法和愿意接近的态度。例如,恰到好处的赞美,发自内心的感谢,诚恳的愿意交往的态度等,会得到相应的回报,加深相互之间感情。

(三)行为(态度)沟通

管理沟通最主要的目的是为了影响组织成员的态度,改变其行为,以保证组织目标的实现。而改变行为的关键是态度的转变。

1. 要掌握态度变化机制

态度是指对客观现象的一种认知、感情表达和行为倾向的相对稳定系统。它反映了人们对客观事物的认识,对其所表达的情感以及所表现出来的行为倾向。

态度改变是一个说服性刺激——反映的过程。态度改变的机制为:

(1)有改变他人态度意愿的人,是信息的传播者,他在某些问题上持有特殊的见解,并努力使别人接受这种见解。

(2)传播者提出了打算说服人的交流信息,用以使对方接受其见解,并改变对方的态度。

(3)被说服改变态度的人即为受传者,受传者的态度由认知成分、情感成分和行为倾向三部分组成。

(4)受传者收到交流信息后,对信息进行整理、分析和处理(包括价值判断)。

(5)受传者在态度问题上会作出两种选择:或者是抵制说服,坚持原有态度;或者是接受交流信息,改变原有态度,态度改变机制如图5.9所示。

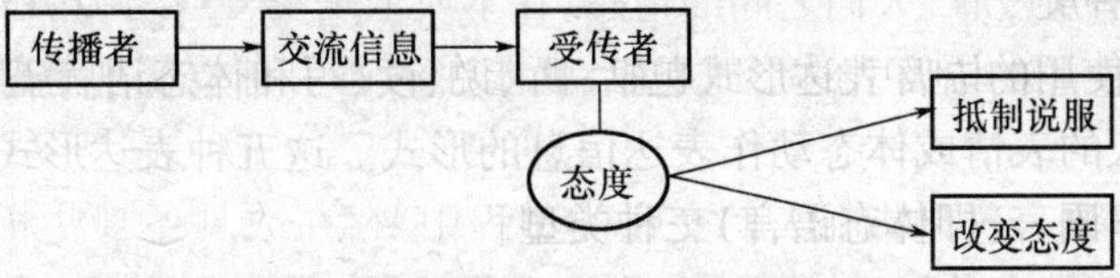

图5.9　态度改变机制

2. 把握与运用影响态度改变的因素

根据上面介绍的态度改变机制,决定与影响一个人态度改变的因素主要有五个方面:

(1)对传播者的估价。能否说服成功,首先取决于受传者对传播者的估价。主要包括:传播者的见解是否具有权威性;传播者劝说的动机是否值得怀疑;双方的关系是否密切等。

(2)交流信息差异。这是指发自传播者的交流信息与受传者原有态度观点之间的差异。差异较大,可能造成要求其改变态度的较大压力,从而有利于受传者态度的改变;但差异过大,可能会使受传者怀疑交流信息的真实性,进而抵抗交流信息,拒绝改变态度。

(3)受传者特征。态度的改变还受到受传者自身一些特性的影响。主要包括:态度本身的因素,如态度形成的基础、形成期的长短,态度的一致程度、强度,态度与自身的利害关系等,都影响到态度改变的难度;受传者自身的人格因素,如自尊、智能、性格、心理成熟与健康程度等,也会影响到态度改变的难度;受传者对交流信息的抵制程度等。

(4)社会压力。社会压力主要包括受传者所属的群体的规范以及组织的各种行政、经济手段对态度改变问题的压力。

(5)情境。这是指在劝说过程中,会受到受传者心理、相关人之间的关系与态度、所处的时间与空间环境等因素的影响。正确地分析、把握这些因素并加以有效运用,就会有效地进行态度与行为的沟通。

3. 善于运用说服技巧与策略

要劝说成功,关键的是以理服人,以事实服人。但是,正确地运用说服的技巧与策略也具有重要意义,有时甚至起着决定性的作用。

(1)在把握态度改变机制的基础上,还要掌握一些社会心理规律。这是正确掌握与运用劝说技巧与策略的基础。

(2)运用巧妙的导入策略。为了防止受传者从开始就抵制交流信息,应采用一些容易为对方所接受的话题或举动。如可以从容易使对方放松的话题谈起;有时为了提出不同意见,却可以先谈赞成对方的某些意见或主张,当营造了较好的沟通氛围时,再进行实质性的沟通。

(3)正确地运用诱导技巧与策略。这主要是正确地把握与运用前面介绍的影响态度改变的五方面的因素。此外,还要注意劝说的思维逻辑过程、劝说的语言艺术等。

三、沟通的语言艺术

要有效沟通,就必须研究语言规律,结合实际需要,讲究语言艺术,运用语言技巧。

(一)语言表达的种类及特点

1. 语言表达的种类

在管理沟通中使用的语言表达形式包括:听、说、读、写和体态语言五种。体态语言,也称非语言,主要指以人的表情或体态动作表达信息的形式。这五种表达形式,又可以归纳为口头语言、书面语言和非语言(即体态语言)三种类型。

2. 语言表达类型特点分析

口头语言、书面语言和非语言(即体态语言),这三种类型各有其特点。

口头和书面语言的主要区别是如下。

(1)准备和延续的时间不同。书面语言,无论是写还是读,都可以有较长的准备和延续时间,而口头语言则只能是即时发出,稍纵即逝。

(2)可修改性不同。书面语言可反复修改,而口头语言则"覆水难收",不易修改。

(3)规范精练程度不同。书面语言可高度规范、精确和简练,而口头语言则随意性大,也难做到精确简练。

(4)反馈的及时性不同。面对面沟通的口头语言可以即时反馈,而书面语言反馈则较慢。管理者在沟通过程中,应掌握多种语言的不同特点,依沟通的需要,灵活地加以选择和运用。

体态语言,与自然语言(口头语言与书面语言)相比,具有动作性、可视性、跨文化通用性、非完善性等特点。

(二)倾听的技巧

一个善于沟通的人,首先必须善于倾听,倾听是有效沟通的关键性环节。美国公关大师卡内基曾给予倾听极高的评价:倾听是"我们对任何人一种最高的恭维"。管理者要特别注意运用好倾听的技巧。

1. 倾听是多重沟通的过程

倾听的过程首先是以听觉为媒介接收对方声音,获得显性信息的过程,从而了解其所要表达的基本信息;同时,又是通过视觉等器官接收其体态语言的过程,以进一步了解其表情、心境、情绪、态度等方面的隐蔽信息;倾听还是倾听者对对方谈话作出反应,让对方了解其谈话信息反馈的沟通过程。所以,在沟通中必须高度重视倾听。

2. 以真诚的态度倾听,并运用体态语言去"恭听"

在与对方沟通时，要以真诚的态度认真地倾听对方的讲话；保持目光接触，绝不能目光游荡或旁视；表情认真，听到精彩之处甚至入神，表明受到吸引。

3. 要适时进行必要的提问或回应，引导对方讲下去

倾听者不但洗耳恭听，而且还要作出回应，就会使谈话者感到他说话的价值和吸引力已被承认，渴望得到尊重的需要和寻求“知音”的心理得到满足。谈话者不但从交谈中获得满足与愉悦，而且还会给讲话者以相应的感情回报。

（三）会话的技巧

会话是沟通中应用最多、最基本的语言形式。会话的技巧是管理者必备的素质和基本功。

1. 要言之有理，并有足够信息量

所说内容可以是新知识、新信息、新办法，至少是新见解。这样，可以以内容吸引人。进行信息沟通，一定要收集足够的信息，做科学的处理，抓住中心，准确表述。

2. 选择对方感兴趣或擅长的话题谈

在感情沟通中，沟通主体不能只按自己感兴趣和擅长的话题谈，那样会令对方尴尬或完全失去兴趣，不会收到好的效果。而选择对方感兴趣或擅长的话题谈，就会使其感到激励与鼓舞，在兴趣极浓的畅谈中，其自我表现的欲望得到满足；使其感到见解为别人所接受，长处与优势得到表现，受人尊重的心理得到满足。这样的谈话将非常投机，沟通双方的感情也自然进一步融洽。

3. 尊重与赞美

在交往与会话的过程中，要注意发现与寻找对方的长处与优点，并出于真诚，实事求是地赞美对方的长处。会话中在所使用的语言、语气以及体态语言的运用上，应处处表示对会话对方的尊重，这些将使其尊重心理获得满足，会明显地有助于感情的融通。

4. 回避忌讳的话题

在沟通中，要保守别人的秘密，不揭露别人的隐私，特别是不可涉及国家、民族、宗教等方面的禁忌。在重要会话前，要了解交谈对方的需求与基本情况，特别是对方的文化背景。

5. 传递信息的语言要准确、简明、生动

既要保证信息准确、迅速地传输，又要增强语言的感染力，以求获得尽可能好的沟通效果。

6. 善于运用体态语言

由于体态语言具有其自身的优势，可以发挥其特殊的作用，因此，在交谈的过程中，要注意辅以各种体态语言，如表情、手势等。

7. 运用幽默

幽默对于调解谈话气氛，迅速消除隔阂，拉近双方心理距离，排除尴尬局面，都具有明显作用。管理者在沟通中，要巧用幽默，以期获得更好的沟通效果。

8. 要注意说话的数量、速度与声调控制

在交谈的过程中，还应注意说话的数量不宜过多，因为按照边际效用递减的原理，说多了就会降低说话的价值，甚至引起对方的反感；讲话的速度不宜过快，并巧用停顿，既要显现热情，又要适度；讲话的声调不宜过高，尽可能用较低的、和缓的声调说话，并运用抑扬顿挫的声调说话，使谈话有节奏感。

读、写和体态语言，应根据各自特点和长处，针对沟通目的、内容的需要，灵活运用，以更好地服务于沟通。

小　结

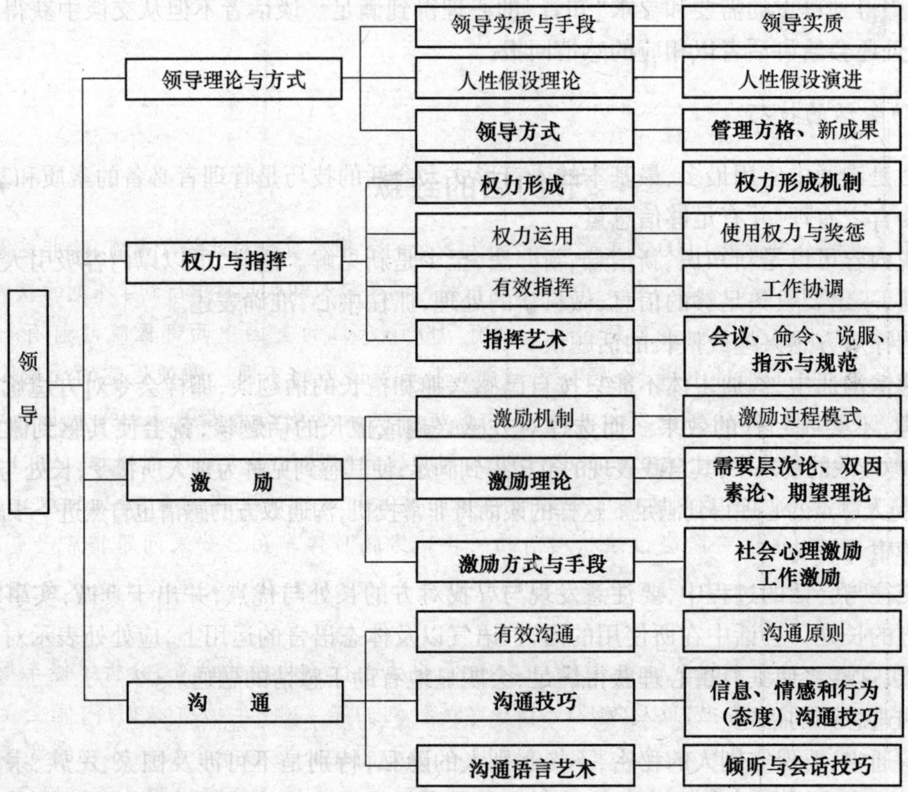

注：加黑部分为更重要内容。

思考题

1. 怎样理解领导的实质与手段？
2. 不同时期人性假设的主要观点及其领导方式是什么？
3. 怎样理解领导方式理论？
4. 怎样理解领导权力形成机制？
5. 怎样正确地运用权力？
6. 怎样实现有效指挥？
7. 怎样理解激励模式？
8. 主要激励理论的要点有哪些？
9. 有哪些有效的激励方式与手段？
10. 沟通的障碍与有效沟通的原则是什么？
11. 怎样进行有效的信息沟通？

12. 怎样进行有效的情感沟通？

13. 怎样进行有效的行为(态度)沟通？

14. 怎样运用沟通的语言艺术？

案 例

【案例5.2】

节约后的致歉

如果有人能给公司带来1 000万美元的节约,大多数的管理人员会对此给予赞赏,除非这意味着这要砍掉一个他们所喜爱的项目。但是,一个刚走出校门的年轻人却从此举中得到了深刻的教训。

从表面上看,情况似乎一清二楚。这家拥有700个床位的美国中西部医院门前有一个停车场,在高峰期间常常拥挤不堪,给病人及其家属带来了诸多的不便。即便医院的管理人员并没有那么强的道德感,仅从财务方面考虑,鉴于最近有越来越多的患者另寻他处就医,从而给医院带来了很大的损失,这一点也迫使医院的院长助理查尔斯得想法解决问题。

查尔斯吩咐刚从大学拿到工商管理硕士学位的莫里对这种情况作调查,并提出改进意见。如果问题尚不严重,医院可能会设法将楼前的一块地方腾作停车用。如果问题非常严重,就要考虑建一个新的多层停车场,为此需投资1 000万美元。查尔斯在对莫里作了这次交代以后,便到外地休假三个星期。

希望自己能一显身手的这位年轻人,在接受任务后进行了两周的调查,分析了停车场发出的印有停车时间标记的票据,最后发现一个不曾预料到的事实:停车场所以拥挤,完全是因为医院的职工不顾院规将车停放在这里,而不是停在靠近高速公路的一个较不方便的宽敞的停车场。医院并不需要作1 000万美元的投资,它需要的只是强化已颁布的职工停车规定。

因为院长助理仍在休假中,这位年轻人便把他的发现直接在一次大型的会议上报告给了院高层经理人员。听到这条令人振奋的消息后,这些高层经理人员对莫里说了一番鼓励和感激的话,然后要求他的部门作进一步的研究。

在院长助理返回前,一切都进展顺利。可是,这天查尔斯回来了,听说他提议的1 000万美元的投资项目被取消了——这使他看起来像个低能者——而且更令他难受的是,在院白领职工中很少得到遵守的停车条例,现在得到了三令五申。不幸的莫里,在他的上司责备下,不得不向院长助理道歉,并且又承担了寻找落实院停车条例最有效方式的任务!

在思量了各种方案后,莫里最后向一个副总裁和几位部门负责人提议,下午5点钟在门前停车场会合,准备当面逮住那些违规停车的职工,并要求他们缴纳停车时间内的所有停车费。如此进行了连续两天后,院门前的这块停车场在高峰期间也有一半是空的。

至于那位年轻的毕业生莫里,他不久就离开医院,在一家私人公司找到了新的工作。他离开时对曾经同窗过的一些朋友们说,自己得到了一次深刻的教训,现在明白了过度的坦诚与精明为人之间有何等的区别。

问题：

1. 你如何评价这位MBA毕业生将所学管理理论应用于实践的能力？他的做法有何不妥

之处吗？认为妥或者不妥，你是从哪个角度分析的？

2. 你如果是莫里，你会怎么做以避免类似情形的发生？

3. 依你之见，在组织中处理好人际关系是否有必要使用政治（或权术）手段；坦诚相处与精明为人，两者在工作中哪个更重要；你怎么看待工作中的伦理问题？

【案例5.3】

表扬引起的争论

某公司最近召开了一年一度的夏季商品交易会。会前办公室为会议召开作了充分的准备：接待各地代表，布置宣传广告；各商品部摆样品，开货单，介绍商品，有的员工加班到深夜。各职能科室和行政管理人员主动自觉地到各科帮忙。三天的会议，接待了上千人次，成交额达几百万元，大大超出了会前预计数。

在总结大会上，公司领导充分肯定了这次会议取得的成功，当提到职工们为大会做出的努力时说："大家表现得都很不错，人人都动了起来，为大会作出了贡献。在接待过程中，团委书记和组织部长提着茶壶，在楼里跑上跑下，这种精神值得赞扬。"

对于领导的表扬，职工们议论纷纷："交易会的成功，销售额的增加，首先归功于第一线业务人员的辛勤劳动，为什么不表扬最累的业务人员？"

也有的赞成领导的这种表扬："业务人员的贡献确实大，但这是他们分内的工作，并且领导也是肯定了的。而政工干部去送水，事虽小，但这是工作职责以外的。如果正常工作都点名表扬，怎么能表扬得过来呢？"

还有人提出反对意见："如果分内工作做得好不表扬，领导只表扬做分外工作的，那么谁还重视分内工作呢？如果谁都轻视分内工作，那么整个工作不就落后了吗？就分内工作与分外工作比较而言，领导者最需要、最基本的则是鼓励职工首先做好分内的事。"

问题：

1. 你赞成哪种意见，根据是什么？

2. 表扬是激励的一种手段，可以提高士气、发挥人的积极性。为什么公司领导的这次表扬却引发这么多矛盾？

3. 如果你是经理，将怎样处理这件事？

【案例5.4】

帮助我改善沟通

格雷丝·李从新加坡国立大学毕业后，去为她父亲罗宾·李先生工作，他拥有一家大型百货商店。公司经过几年的发展，已经从一个小商店变成了一个规模颇大并且利润颇丰的百货商店，整个家庭都参与了公司的各种活动。

罗宾·李亲自负责公司的日常管理。他频繁地与管理人员召开长时间的会议。他每周至少在商店走动一次，观察各层次的员工并与他们保持联系。

他最担心的是沟通和激励，虽然他觉得在开会时，所有的管理者及职工都认真地倾听自己，他们后来的行为却使他疑惑他们到底是否理解了他的意思。他的许多政策和指导都得不到实施。看了所收集的一些反馈及交流信息,他发现一些管理人员承认自己并不知道公司的目标,但是他们相信如果某些信息沟通得当,他们会做得更好。大多数办事人员和行政人员都缺乏想象力和驱动力。他还担心公司员工的流动性,其中有一些员工还在竞争对手那里任了职。

当女儿走进他的办公室,以特别助理身份开始工作时,他说:“格雷丝,我的两个问题是沟通和激励。我知道你在大学的专业是管理,并且我也听过你谈及沟通的重要性。我在考虑你是否学到了一些知识,帮助我改善沟通。你对改善我们公司的生意,有何建议?”

问题:

1. 格雷丝会怎样回答她父亲的问题?
2. 你将如何对罗宾·李先生所面临的问题进行分析?
3. 对于改善这种形势,你有什么建议?

技能训练

项目一:情景剧

【实训目标】

1. 培养了解人的心理需求,分析解决复杂管理问题的能力;
2. 培养运用激励理论,调动人的积极性的能力。

【实训内容与要求】

1. 本次实训的主要内容是进行情景剧表演与分析。情景剧是指根据教学需要,设计一定的管理情景,由学生扮演角色进行演出,并进行分析的一种实践教学方式。

2. 根据本章内容和实训目标,由学生在课下收集、选择、编写和讨论预习剧本,并进行必要的排练。

3. 由“演员”按照选择的方案与剧本进行表演。表演分为两部分进行:一是表演需决策事件的基本事实或过程;二是由学生按照自己设计的方案进行分析与决策(由学生分别扮演情景剧中的有关人员,提出自己的主张与决策建议,并充分论证,以说服别人;不同的扮演者可以有不同的决策方案)。

4. 由同学们对各成员的表演,特别是管理行为的合理性进行分析与评价。

5. 在表演和讨论的过程中,教师可以随剧情发展进行提问,以引导剧情与讨论的逐步深入,并进行小结。

【成果与检测】

1. 每个学生至少收集一个案例或资料;
2. 每个模拟公司经过优选写一个剧本,并进行表演;
3. 教师及学生观众对各公司的情景剧及“演员”的决策意见与表演打分评估。

项目二:校园模拟指挥

【实训目标】

1. 培养现场指挥的能力;

2. 培养应变能力。

【实训内容与要求】

1. 设定一定的管理情景，由学生即时进行决策或指挥。

2. 管理情景为：晚上 11 点多钟，男生宿舍三楼的卫生间上水管突然爆裂，此时楼门和校门已经关闭，人们都沉睡在梦中，只有邻近的几个宿舍的学生被惊醒。水不断地从卫生间顺着东西走廊涌出，情况非常紧急。假如你身处其中，如何运用你的指挥能力化险为夷？

3. 先进行分组讨论，然后备小组分别表述本组应急方案，看看谁的方案最好。

【成果与检测】

由教师与学生对各组的方案进行评价。

项目三：实地交际与沟通

【实训目标】

1. 培养与陌生人交际的能力；

2：培养说服别人的能力。

【实训内容与要求】

1. 主动同一位相关专业的陌生人士交往，交流某个专业问题；

2. 或者同一位认识的人，通过沟通解决一个难题；

3. 运用交际与沟通理论，讲究交际与沟通的艺术；

4. 事先要有精心的策划，事后要进行简要的小结。

【成果与检测】

1. 每名同学都要完成表“沟通实录卡”；

2. 班级组织一次交流，每个公司推荐两人介绍交际与沟通过程及体会；

3. 由教师与学生进行评估与打分。

沟通实录卡

沟通主体		沟通对象		单位及职务	
沟通目标		时　间		地　点	
沟通前计划					
沟通过程实录					
沟通后体会					
教师评估					

模块六　控　制

学习目标

知识目标：

★了解控制职能的含义，理解控制机制与要领；

★理解管理控制的几种基本类型；

★掌握控制的基本程序；

★理解预算控制与非预算控制的主要技术与方法，特别是现代方法；

★理解管理信息系统的构成与功能。

技能目标：

★掌握并会运用控制的要领与主要方法；

★掌握收集与有效处理信息的方法。

管理名言

"责人之心责己，恕己之心恕人"

——《增广贤文》

先导案例

【案例 6.1】

哈勃望远镜

经过长达 15 年的精心准备，耗资 15 亿美元的哈勃太空望远镜最后终于在 1990 年 4 月发射升空。但是，美国国家航天局却发现望远镜的主镜片存在缺陷。由于直径达 94.5 英寸的主镜片的中心过于平坦，导致成像模糊。因此望远镜对遥远的星体无法像预期那样清晰地聚焦，结果造成一半以上的实验和许多观察项目无法进行。

更让人觉得可悲的是，如果事先进行更好的控制，这些是完全可以避免的。镜片的生产商珀金斯一埃默公司，使用了一个有缺陷的光学模板生产如此精密的镜片。具体原因是，在镜片生产过程中，进行检验的一种无反射校正装置没设置好。校正装置上的1.3mm的误差导致镜片研磨、抛光成了误差形状。但是没有人发现这个错误。具有讽刺意味的是，与其他许多美国国家航天局的项目所不同的是，这一次并没有时间上的压力，而有足够充分的时间来发现望远镜上的错误。实际上，镜片的粗磨在1978年就开始了，直到1981年才抛光完毕，此后，由于“挑战者号”航天飞机的失事，完工后望远镜又在地上待了两年。

美国国家航天局(NASA)中负责哈勃项目的官员，对望远镜制造中的细节根本不关心。事后航天管理局中一个6人组成的调查委员会的负责人说，“至少有三次明显的证据说明问题的存在，但这三次机会都失去了。”

思考与提示：

1. 哈勃望远镜出现问题的根源是什么？
2. 一件事情，无论计划作得多么完善，如果没有令人满意的控制系统，其结果会是怎样的？
3. 请谈谈你对计划、实施、控制与效果这几者间关系的认识。

单元一　控制机制与控制要领

一、控制机制与控制类型

(一)控制及其作用

1. 控制的含义

控制是管理的一种重要职能。管理中的控制职能是指管理者为保证实际工作与计划一致，有效实现目标而采取的一切行动。

在广义上，控制与计划相对应，控制是指除计划以外的所有保证计划实现的管理行为，包括组织、领导、监督、测量和调节等一系列环节；在狭义上，控制是指继计划、组织、领导职能之后，按照计划标准衡量计划完成情况和纠正偏差，以确保计划目标实现的一系列活动。

控制是管理四大职能之一，与计划、组织和领导职能密切配合，共同构成组织的管理循环。

2. 控制的作用

(1)控制能保证计划目标的实现，这是控制的最根本作用；

(2)控制可以使复杂的组织活动能够协调一致、有序地运作，以增强组织活动的有效性；

(3)控制可以补充与完善初期制定的计划与目标，以有效减轻环境的不确定性对组织活动的影响；

(4)控制可以进行实时纠正，避免和减少管理失误造成的损失。

(二)控制系统与控制机制

1. 控制系统

控制系统是指由决定和被决定动态系统稳定状态的元素有机结合而成的集合。控制系统具有如下特征：①系统有一个预定的稳定状态，或必须保持的平衡状态；②它是一个在不断变化的动态系统；③从外部环境到系统内部进行着信息交流；④系统具有一种能保证实现系统稳定或平衡状态的可进行纠正行动的装置。企业管理就是一个具有上述特征的控制系统。

2. 控制机制

控制机制是控制系统用以自行调节的同态调节机制。所谓同态调节机制，是指将数据（系统的特征）保持在规定的限度内的一种调节机制。例如，在人的机体内使不同环境下的体温都保持在某一稳定水平的就是同态调节机制。

控制系统划分为两个子系统。

（1）控制对象，即受控系统。它是指在控制过程中，被控制指令所影响的对象、过程、作业面或序列时间的总和。

（2）控制主体，或施控系统。它是指能够根据控制对象出现的状态偏差，对控制对象施加影响，以保证其预定的稳定与平衡状态的主体。控制主体由三部分组成：偏差测量机构、决策机构、执行机构。

控制过程：通过信息流将控制主体与控制对象联系起来，即控制主体将外部作用转换为可直接作用控制对象的形式，以校正控制对象的脱离标准的状态偏差，从而实现维持系统稳定状态的控制过程，这一过程的核心是一种同态调节机制，如图6.1所示。

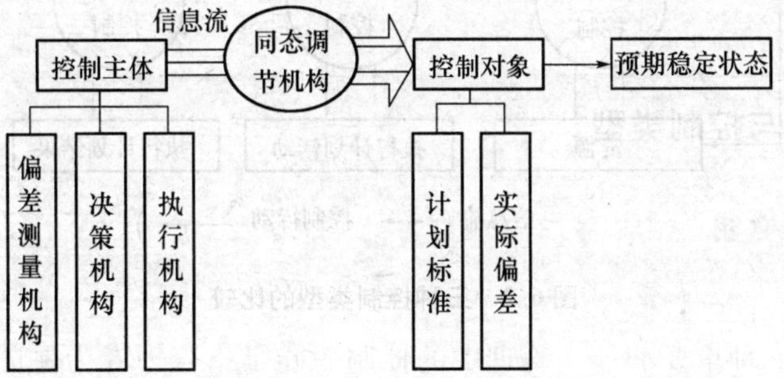

图6.1　控制机制

（三）管理控制的三种基本类型

在管理控制中，通常根据实施控制活动的时间进程把控制分成三种类型——预先控制、同步控制和反馈控制。

1. 预先控制

为了保证一项工作任务的圆满完成，在尚未行动之前，必须挑选合适的人员并作好物质准备，这就属于预先控制。预先控制是指为增加将来的实际结果达到计划结果的可能性，而是事先所进行的管理活动。这种控制的中心问题是防止组织所使用的资源在质和量上产生偏差。预先控制主要是搞好资源配置，包括人员挑选与配置、物质技术设备、商品、材料等保证业务需要及资金的控制等。

2. 同步控制

同步控制是指管理人员在计划执行过程中，指导、监督下属完成计划要求的行动。在下属执行计划的过程中，管理者的主要职能转为控制，指导下属开展工作，监测执行情况并及时采取必要的纠正行动。同步控制的中心问题是防止与纠正执行计划行动与计划标准的偏差。这种控制通过对下属人员及其活动进行指导、监督、调解等方式来实现。

3. 反馈控制

反馈控制是把对行为最终结果的考核分析作为控制将来行为的依据的一种控制方式。经济活动是连续的、循环的过程。对前一个过程进行监测、考核，正是保证下一个过程按预定轨道运行的重要条件。反馈控制的中心问题，是分析评价计划执行的最终结果与计划目标的偏差，即通过财务分析、质量分析及职工绩效考核来测定与分析产生的偏差，目的在于改进下一过程中资源的配置及运作过程。

4. 三种控制类型的比较

(1)预先控制，是建立在能测量资源的属性与特征的信息的基础上的，其纠正行动的核心是调整与配置即将投入的资源，以求影响未来的行动。

(2)同步控制，其信息来源于执行计划的过程，其纠正的对象也正是执行计划的过程。

(3)反馈控制，是建立在表明计划执行最终结果的信息的基础上的，其所要纠正的不是测定出的各种结果，而是执行计划的下一个过程的资源配置与活动过程，见图 6.2 所示。

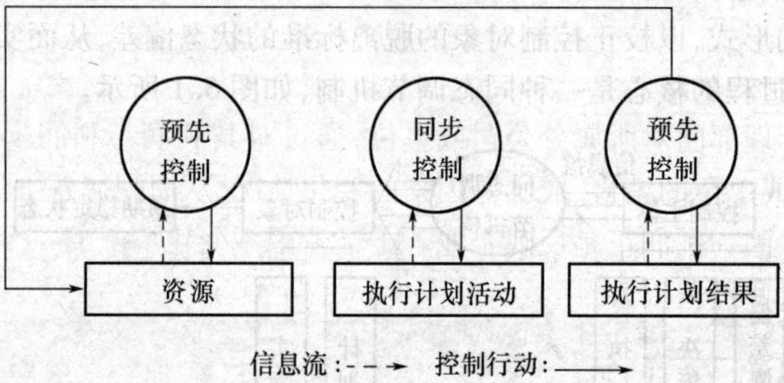

图 6.2　三种控制类型的比较

二、控制要领

管理者实施有效控制，必须研究控制的规律，掌握控制的要领。

(一)实行例外控制

1. 基本含义

管理者要把控制力量集中在例外情况上。即只有发生实际工作脱离计划的重大偏差时，才应由领导者处理，而一些不重要的问题可由下级应用已经制定的有关管理规范去解决。这样，领导者才能实施更有力的控制。

2. 具体要求

它的具体含义包括以下几点：

(1)假定某些偏差的发生是预料之中的，只要活动是在允许的范围之内，那就可以将其看作是处于控制之中的。有些工作标准是允许一定限度的变化量存在的。这些规定幅度内的偏差能通过预定政策加以调整，它不会危及到整个系统的行为。

(2)只有重大偏差，由于没有处理它的既定规范，才应该由领导者处理。

(3)领导者要为下级明确提供能够用来处理次要偏差的既定原则、政策、程序、规范和措施,以保证他们有效、独立地解决那些例行问题。

(4)管理部门应对调整标准做好准备。必须根据情况的变化对过时的目标或规范加以修正。

(二)在战略要点上控制

1. 基本含义

一个高层管理者面临着一个庞大系统,对这一系统所有方面、所有问题全部进行集中的个人控制是不可能的。这就需要解决控制什么和在什么地方控制的问题。解决这个问题的方法就是在战略要点上控制,即根据战略要点出现的偏差去控制一般的工作因素。

2. 战略要点

战略要点是指与诸工作因素相互联系,并能综合、集中反映与统领制约这些工作因素的关键性环节。把控制放在战略要点合适的位置上,就能透过该点,准确识别相关受控子系统的实际状态。战略要点上的一个偏差至少能说明有一个工作因素是失去控制的。这样通过对战略要点的控制,就可以保持对整个行动的实际控制,而不必逐个查找全部工作因素,从而收到事半功倍的效果。

3. 利润是必须控制的战略要点

例如,企业最高管理部门对所属分公司或单位,通过对其利润与利润率波动情况的分析,就可以考察各分公司或单位的销售、成本等因素的变化情况,从而把握各下属单位经营活动的脉搏,实施有效控制。因为利润正是反映企业若干经营因素变化情况的一个战略要点,通过利润,则能更好地控制这些经营因素。

(三)控制关键因素

要使控制有效率,就必须抓住关键因素加以控制。关键因素主要有三种类型。

1. 出现偏差的可能性大的因素

在一些控制因素中,往往有某些特定因素,有非常高的偏差可能性,并对工作影响较大。那么就要把这些因素作为关键因素,来加以重点控制。如在生产中对事故发生概率大的环节,就必须重点控制。

2. 直接决定工作成效的重点因素

当某些因素对于取得工作成功是至关重要的时候,就应对其给予高度重视。如企业的新产品开发与市场开拓,就成为企业构建竞争优势,促进企业长期发展的关键环节,必须集中力量抓好。

3. 能使控制最有效又最经济的因素

这一点与前两点相联系。一些因素对全局举足轻重,而又便于控制,花费较少,那么就把它们作为控制的关键因素。这样会大大提高控制的效率。当然这里讲的最有效与最经济是统一的,要两者兼顾。

(四)有计划地控制

1. 基本含义

有效的控制不是在行动当时随机产生的,必须是预先安排、按计划行事的。发现自己经常在“补漏洞”的管理者，不断作出以前曾经重复作出过的同类校正，就说明缺乏预先安排，因此，控制行动必须有计划地进行。

2. 要提高控制的预先性

由于控制中的信息反馈存在着时滞问题，管理者要特别重视预先控制；即使在同步控制和反馈控制中，也要充分注意预见性问题，要尽可能早地获得信息，发现偏差，并尽快纠正。有效的控制，应是有预见性地按照既定标准、程序来进行控制。

单元二　控制的过程

管理者实施控制的过程主要包括制定标准、衡量绩效、纠正行动等三大阶段。

一、制定标准

(一)控制过程与控制条件

1. 控制过程

控制是一个有规律的程序化过程。控制职能的性质和目的决定，它涉及如下三个基本问题：①计划和预期结果是什么；②用什么方法将实际结果和计划目标进行比较；③被授权的人适于采取什么样的纠正行动。顺序回答这三个基本问题，就确定了实施管理控制职能的三个基本阶段：①制定控制标准，执行控制职能。控制的第一步是订立明确、科学的标准，以便确定控制的目标和依据；②对照标准衡量工作绩效。标准制定后，管理者就要对照标准，对受控系统的实际情况进行监测；③采取纠正行动。根据偏差分析结果，进行决策，制定纠正偏差措施，并付诸实施，以保证实际与目标一致。

2. 控制的必备条件

要实施有效控制，就必须具备一些条件。主要有三个必备条件：①控制标准，没有标准就没有控制；②受控系统的相关信息，得不到准确与足够的信息也无法实现有效控制；③必要的权力，即必须拥有能够纠正偏差的权力。

(二)控制标准及其形式

1. 控制标准

用来进行有效控制的标准，是指反映或衡量系统预期稳定状态的水平或尺度。决定这种标准最主要的依据是计划。所谓系统的预期稳定状态，就是指由计划所设定的，按照计划轨道运行，并最终实现计划目标的期望或理想的系统状态。而标准则是界定或标示这种预期状态属性或特征的指标。一般来讲，计划目标用作控制标准是较为理想的。

2. 控制标准范围的确定

受控制系统一般都是较为复杂的，不能指望所有方面都制定标准，严格控制。所以，需要对那些直接关系组织目标实现的基本活动领域或关键性活动订立控制标准。一般按组织的基本活动种类来说，需定立业务标准、政策标准、职能标准、设备结构标准、人事标准及工作标准等。如美国通用汽车公司为下列八个领域建立了标准：①获利性（如利润）；②市场地位；③生产率;④产品领导地位;⑤人员发展;⑥员工态度;⑦公共责任;⑧短期目标与长期目标之间的平衡。

2. 标准的表示形式

不同的业务领域、不同种类的活动各有不同形式的控制标准。但是就其基本类型而言,表示标准的方法或形式,主要有以下几种:①用实物量表示标准,如每月的生产数量;②用价值量表示标准,这是最常用的标准,包括资金标准、收益标准、成本标准等;③使用时间表示标准,如各种工时定额、完成任务的限期等;④用定性指标表示标准,如企业的经营方向。控制的对象有的是可以借助一定的量化指标来表示,而有的则只能使用定性标准。

(三)制定标准的方法

确定了建立标准的范围后,就应根据具体情况的需要,选择适当的方法制定标准。主要有三种方法。

1. 统计法

统计法就是根据企业内外资料,进行统计分析处理,确定衡量预期成效的统计或常规数据。这样定立出的标准,是以对历史上统计数据的经验分析为基础的。标准所选择的具体统计数字可能是平均数,也可能是高于或低于中点的一个定点。这种方法制定的标准,较好地反映了过去的平均或一般的水平或状态,为预期未来行为提供了有益的依据。但当系统波动大时,这种方法就不准确了,因为它忽视了新的情况,特别是未来可能出现的变化。

2. 估计法

估计法就是根据管理人员过去的经验和判断来估价控制标准。这种方法制定的标准,实质上反映一种价值判断,管理者对目标的期望及其个人价值系统将起决定作用;同时管理者需要对已经变化了的新情况,特别是对未来的预期,运用主观判断能力进行评估。当然这种方法比前者缺乏一些关于历史状况或趋势的精确分析,但它更重视新的情况,有利于发挥管理人员的主观技能,特别是在缺乏历史统计资料的情况下,则更显示其长处。

3. 工程法

它是根据对具体工作情况作出客观的定量分析来制定标准的一种方法。它不是利用现成的历史数据,也不是靠管理者的经验判断,而是对实际发生的活动进行测量,从而定立出符合实际的可靠标准。这种方法定立标准,一般是更科学,更可靠的,因为它是以实际测量为基础的。但这种方法也有一定的局限性,即有些实际工作测量的难度是很大的,而且现在的实际又难以反映未来的变化。

二、衡量绩效

(一)绩效衡量的内容与要求

1. 绩效衡量的内容

定立了明确、科学的标准,实际上,就已在相当程度上解决了工作衡量问题。因为测量工作成绩的可行性及科学性,在很大程度上取决于所订立标准的可衡量性及科学性。标准制定后,管理者就要对照标准,对受控系统的实际情况进行监测。衡量的主要内容包括受控系统的资源配置、运行情况、工作成果等。监测的核心是实际与计划是否一致,即是否存在大偏差。

2. 绩效衡量的要求

绩效衡量最基本的要求就是及时准确。

(1)测量的时间性。衡量工作目的在于发现偏差,以便尽快纠正。按照标准来衡量实际成效的最好办法是能事先预见可能出现的偏差,这是较难办到的。但是至少应该做到抓紧监测工作,尽早发现偏差的苗头,以便及时采取有力措施。测量工作的质量,在相当程度上反映在预见性或及时性上,而落后、过时的测量就失去了它的意义。

(2)测量的准确性。衡量必须客观公正,真实准确。这就要求测量者必须出以公心,客观公正,采用的方法、手段与方式要先进、科学、可行。

(二)采用科学的监测、考核方法

1. 考核中的困难

有了明确的标准,还要有科学、可靠的考核方法,才能进行准确的测量。对于一些可产生特定的、可计量的具体结果的活动,测量考核是比较容易的。如对生产产品、销售商品,都有相应的实物量或价值量指标来进行衡量,考核是不难进行的。困难的是对一些不直接形成可计量结果的活动的考核,如对一些管理干部的考核难度就很大。

2. 考核方法的要求

好的考核方法应具备如下特征。

(1)定量化,即尽可能利用一些可直接计量的指标来进行衡量。就是对于那些难以直接定量的活动,也应借助一些可计量的相关因素,来间接衡量,增强其可计量程度。

(2)必须全面、准确、公正。所谓全面,是指衡量所涉及的内容必须能完整反映受控制系统实际状态;所谓准确,是指考核方法能正确地衡量出系统的实际状况;所谓公正,是指不受考核者主观好恶及有关私利的影响,正确地对待被考核者。这样的方法,才能正确地反映出实际中发生的偏差,并为确保目标实现提供有用信息。

(三)偏差分析

1. 偏差分析

偏差分析就是对偏离计划的行动,即应用标准同实际成效直接比较时两者之间的偏差进行分析。这是衡量成效的关键环节。只有准确深入地进行偏差分析,才能为有效控制提供可靠的基础。

2. 偏差分析的过程

首先,确认偏差的性质、幅度、特征,并尽可能定性、定量地加以准确界定。其次,要深入分析造成偏差的原因、条件,并寻找出诸因素中的主要原因,以便有针对性地采取纠正措施,从源头上纠正偏差。

衡量工作绩效,是采取纠正行动的基础。准确地测量出实际与计划的偏差,就可以采取正确的纠正措施,进行有效的控制。

三、纠正行动

管理控制,最终是通过纠正偏差的行动来实现的。纠正行动是整个管理控制中最关键的一个环节。纠正行动是指根据偏差分析结果,进行决策,制定纠正偏差措施,并付诸实施,以使实际系统重新进入计划轨道保证目标实现的行为。

(一)纠正方式

要使实际与标准相一致,纠正行动必须在下述三种方式中进行选择:

1. 调整行动,使行动与计划相符

如果原定计划合理,制定计划的客观环境并没有变化,主要是执行人员主观努力不够,则应采用这种方式,通过改变行动来实现计划目标。

2. 调整计划,使计划与行动相符

如果在执行中发现原定计划不合理或客观环境已发生变化,则应采用这种方式,通过调整计划来实现统一。

3. 既调整计划又调整行动,使二者重新取得一致

当组织处在一种较为复杂的环境下,上述两类因素交织,则应采用这种方式,对计划与行动均进行调整,以实现计划与行动的一致。

(二)纠正的时效与幅度

1. 迅速纠正

为了提高纠正行动的效率和降低纠正行动的成本,就必须尽可能早、尽可能快地纠正偏差。纠正不及时,将造成很多不必要的损失。纠正行动的迟缓,将导致偏差的迅速扩大,必然造成严重的后果。因此,纠正措施必须果断,纠正行动必须迅速。

图6.3表明偏差迅速被纠正(即限于标准偏差率或允许偏差范围之内)与偏差未被及时纠正两种情况的比较关系。从图形中可看出,如果纠正行动是及时的,那么受控系统在整个行动时间内的偏差幅度均没有超出至的范围,说明系统基本上是稳定的,是处于有效控制之下的。而若不及时采取纠正行动,那么随着时间 T 的推移,ID(实际行动轨道)偏离 P(规定的行动路线)的幅度将越来越大,即偏差迅速扩大。因此,纠正行动必须及时进行。

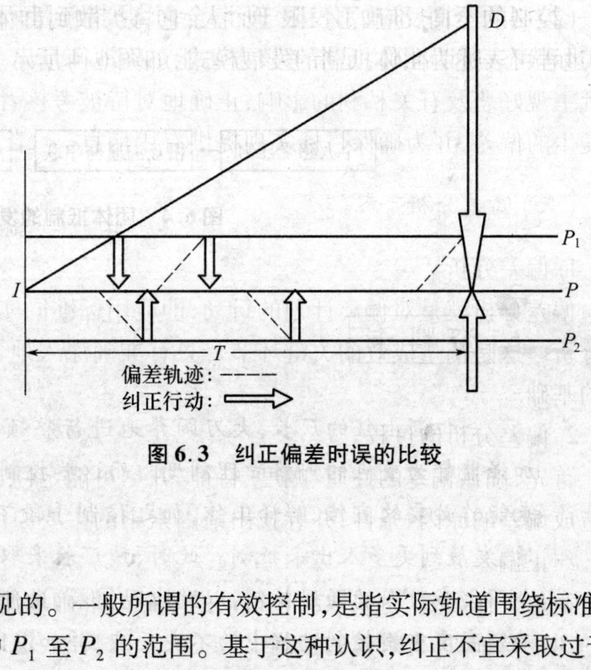

图6.3 纠正偏差时误的比较

2. 适度控制

受控系统处于绝对控制之下是不多见的。一般所谓的有效控制,是指实际轨道围绕标准,在允许幅度内上下均匀波动,如图6.3中 P_1 至 P_2 的范围。基于这种认识,纠正不宜采取过于强烈的行动。如果纠正偏差的力量大于产生偏差的力量,将会造成新的偏差,形成大起大落的大波动,反而不利于稳定状态的维持。同时,纠正行动也应是必要的,过多的、不适当的纠正行动也将会破坏系统的稳定状态的维持。因此,纠正行动要适可而止,恰到好处。

四、控制过程中的行为反应

无论是施控系统，还是受控系统，其核心都是人。在实施管理控制的过程中，人有施加控制的力量；同时控制也会遇到来自人的因素的阻力——抵制。控制与抵制几乎可以说是伴生的。管理者必须认真分析与研究管理控制过程中人的因素，正确估价控制中的行为反应，并因势利导，以实施有效控制。

（一）对控制的不良反应

1. 受控者的反应

在加强控制的情况下，有时受控制系统仍不能按预定轨道运行，除了各种客观情况变化以外，人的心理行为因素上的抵制是重要原因。接受控制的人们，对控制的态度或公开反应，可包括从公开的敌视、反抗，到漠不关心和容忍，直到对控制的必要性的完全理解、赞赏和全力拥护。受控人采取的不同态度或反应，将在很大程度上决定着控制能否获得成功。

2. 被管理者对控制的抵制

被管理者往往把控制看成是一种外来压力，并把抵制作为对由于控制而产生的压力的反应。由于受到控制，被管理者往往产生漠然处之、反感，甚至敌视和愤恨的态度。这些态度反映在行为上，表现为缺乏进取精神，消极怠工，直至扰乱和公开反抗。这些抵制行为必然干扰受控系统各项职能活动的开展和其目标的实现，并引起人际关系的混乱，使控制机制失效。

3. 群体对控制的抵制

控制的不良反应，不仅限于个人，它将扩散到群体，形成群体抵制来同控制压力抗衡。这一过程可表述为团体抵制的发展模式，如图 6.4 所示。

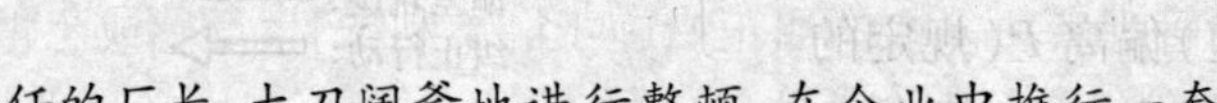

图 6.4　团体抵制的发展模式

资料卡

一位新上任的厂长，大刀阔斧地进行整顿，在企业中推行一套以整顿纪律、加强监督为重点的严格管理制度。而这些控制措施遭到个别人的抵制。但由于未能作必要的宣传、解释工作，加之控制手段不完善，结果不满情绪在员工中蔓延，发展到更多人出来抵制。此时，该厂长采取更加强硬的管理手段，于是，招致全厂大多数人的强烈抵制，以致出现僵局，致使整顿失败。因此，管理者必须高度重视控制过程中的不良反应，并加以因势利导。

4. 强制控制的不良后果

对于这些由于人的抵制行为而产生的偏差，一味采取强制性的控制手段，增加控制压力是无济于事的，甚至适得其反。处理不当，则会产生控制—抵制—再控制—再抵制的不良循环。即管理者的控制，引起了被管理者的不满，采取消极对抗态度；这种消极反应，成为一些管理人员加强控制的理由，于是采取更加严格的控制措施；这就引起被管理者的更大反感。显然，这种状况形成了一种恶性循环。当然这个循环是不会无限进行下去的。其结果或者出现某种僵持，停滞一段；或者管理者让步，放松控制；或者被管理者让步，服从控制；或者爆发激烈的矛盾；或者变更控制方式，减弱或消除抵制，在控制中发展持久合作，以保证实施有效的控制。

（二）产生抵制的原因

人为了维护其个性，对于任何形式的控制总有一种天生的抵制性。在管理控制中，绝对地避免抵制，几乎是不可能的，聪明的管理者所寻求的是如何将抵制减少到最低限度。产生抵制的原因是多方面的，如政治上的、经济上的、社会上的和心理上的等。管理控制过程中的每一环节上都有引发抵制的因素。

1. 标准太高

即被管理者认为所制定的控制标准不合理或过高过严。具体来说，有以下三种情况：

（1）可能是出于利益上的考虑，认为组织的目标过高，会导致个人花费更大的力气或减少收入。如人们总是抱怨劳动定额太高，希望它越低越好；而对于费用定额，则是抱怨它太低，而希望高一点。

（2）可能是由于不理解。管理者没有向被管理者讲清实际情况，包括有关条件、标准的具体含义要求以及如何完成任务等问题，从而发生误解，使被管理者认为这一标准不合理或太严。

（3）标准是由管理当局制定的，被管理者感到这是作为一种外在的硬性指标强加给他的，认为标准本身就是一种束缚其思想行动的东西。因此，从心理上本能地产生一种抵制力。

2. 测定不准确

即被管理者认为测定工作成效的方法不当，结果不准，评价不公正。具体来说，①可能是认为方法不当，不能全面、准确地测定实际工作成效；②认为测定者的态度不够端正，过多地看问题，而对成绩评价不足；③测定中只注意成果，而完全忽视了被管理者的主观努力。如在测定工作成效中忽视条件优劣和所遇困难大小，被管理者就感到自己的努力被淹没了，没有受到公正的对待，从而产生反感，抵制控制。

3. 厌恶纠正措施

即被管理者感到管理者所采取的纠正措施于己不利，产生反感或恐惧。

（1）纠正偏差，这意味着对原有某些劳动的否定（如对不合格产品进行返工），被管理者将付出更多的劳动，这将引起他们的抵制。

（2）在被管理者看来，纠正行动或多或少要指向个人，是对直接责任者个人的成效或水平的否定，并将其暴露于众，这将引起他们从心理上的反感。

（3）纠正行动很可能是使被管理者去干他们不愿意干的事。这种纠正，使他们感到受到了外力强制，必然产生抵制心理。

4. 管理者施控的态度

管理者实施控制时所持的态度，对于受控者来说是一个最敏感的问题。它将直接引起受控者作出相应强烈的行为反应。例如，管理者不能以平等的姿态待人，而是居高临下地实施强制控制，必然遭遇被管理者的反感与抵制。

(三)控制过程中的行为管理

为调整好控制过程中的行为问题,管理者需要做好以下工作。

1. 管理者要树立正确的态度

每一个管理者都必须清楚地认识到自己是组织中的一员,在管理中执行控制职能,是由工作分工决定的,是实现组织全体成员的共同目标的一种手段。管理者同被管理者在实施控制和接受控制的过程中需要真诚的支持与合作。管理者必须充分尊重被管理者的人格和满足其需求,力求用自己的实际行动赢得被管理者的理解和支持。这样才能从根本上消除控制与受控制双方的对立,从而形成控制过程中的良好行为反应,即被管理者对控制的理解、拥护和支持。

2. 下放控制权,提倡实行自我控制

管理者要发动群众,广泛参与目标与标准的制定,并把日常控制权授予基层和员工,倡导被管理者实行自我控制。这就会增强被管理者的参与感,消除他们的被动感、压力感。

3. 采用科学的控制手段,并做好宣传解释、教育工作

无论是标准的设定、成效的测量,还是纠正措施的制定,都要尽可能采用科学的方法和手段,做到全面、准确、客观,给被管理者以公正的评价。并做好宣传教育工作,使控制目的、控制标准、控制手段都广为员工所理解,获得广泛的支持。

4. 倚重工作保证体系进行控制

建立清晰的组织结构、明确的职责、权限和沟通渠道以及相应的一整套规章制度,这就会使控制处于一种稳定的、程序化的、为全体人员所知晓、理解的状态中。控制是通过"法治"而不是"人治"来实现的,这就会缓冲或削弱不利行为反应。

5. 归根结底是要做好人的工作

一方面,要加强对被管理者的引导、考核、奖惩工作,正确地引导他们的行为,客观、全面、准确地测定他们的劳动贡献,并通过奖惩,对他们给予公正的对待;另一方面,要做好思想教育和培训工作,提高他们的政治觉悟和业务技术素质。把人本身的工作做好,就会从根本上消除不良行为反应,保证控制的有效性。

单元三　控制方法与技术

控制是需要借助相应的方法与技术来实现的,主要包括预算控制与非预算控制。

一、预算控制

(一)预算的含义与性质

预算是各类管理者最基本的一种控制工具。无论是工商企业还是政府、文化组织,都需要借助预算对管理系统的运行进行控制。

1. 预算的含义

预算是根据计划目标和实施方案具体筹划与确定资源的分配、使用以及相应行动预期结果的数字化形式,其突出特点是数字化。预算可以把组织的目标准确、详尽地表示出来,并能

清楚地反映出所采取的各种行动的资源(人力、财力、物力及时间)消耗情况,从而使计划的实施与控制建立在更可靠的基础之上。

2. 预算既是计划的工具,又是控制的工具

当它表示将计划目标与计划方案数字化的时候,它就成为计划的一种形式;而当预算作为标定合理使用资源的界限、衡量实际与计划偏差的工具时,它就成为控制的一种形式。

(二)预算的种类与步骤

1. 预算的种类

预算的形式多种多样。企业的预算一般有以下几种:

(1)收入与支出预算。这是一种最基本的形式,是用金额表示的,如销售预算与相应的费用预算。一般说来,一个企业的收入与支出将反映其经济活动的基本状态。其支出反映了对企业资源的分配与使用情况;其收入反映了企业行为的预期结果。科学的收支预算,能从基本方面控制企业的总体行动。

(2)时间、空间、材料及产品预算。这是从要素的自然存在形态上所进行的预算,一般是用这些要素的实际数量单位来表示的。这种预算对控制资源的分配与使用特别有用,如原材料消耗预算、产品成本预算等。

(3)资金预算,或称资产负债预算。它是就企业的资产、负债、所有者权益及其相互关系进行预测,如企业的资产负债表等。

(4)现金预算。它是根据实际现金收支的经验数据,去预测与安排现金的收入与支出数额。这也是控制企业经济活动的一个重要工具。

(5)投资预算。它是对一定时期固定资产投资运行情况所进行的预算,如基本建设预算等。除上述诸种形式外,企业还须编制反映有关基本物资技术设备、人事规划、市场开发及广告等方面的预期支出的各种专项拨款预算。

2. 预算的步骤

预算的编制是一个有科学程序的系统性工作,一般经过自上而下和自下而上的循环过程,主要有以下步骤。

(1)由组织的高层管理人员提出组织在一定时期内的发展战略、计划与目标。这是制定预算的基本依据。

(2)主管预算编制的部门根据组织发展战略、计划与目标,向组织各部门的主管人员提出有关编制预算的建议和要求,并提供必要的资料。

(3)各部门的主管人员依据组织计划与目标的要求,结合本部门的实际情况,编制本部门的预算,并与其他部门相互协调。在此基础上,将本部门预算上报主管部门。

(4)主管编制预算的部门将各部门上报的预算进行汇总,在认真协调的基础上,编制出组织的各类预算和总预算草案。

(5)组织的各类预算和总预算草案上报组织的高层管理层进行审核批准,然后颁布实施。

(三)现代预算的方法

1. 弹性预算

为使预算适应将来可能出现变化的环境,在编制预算中必须注意预算的弹性问题。实行

弹性预算的方法主要有两种，一种是变动预算，另一种滚动预算。

(1)变动预算。这是依成本习性不同而将其分解的一种预算方法。即一部分费用与产量大小无关，是固定要发生的，称为固定成本；另一部分费用则随产量的变化而变化，称为变动成本。由于预算期条件时常变化，生产量可能要相应变动，这就需要相应调整变动成本(固定成本并不受影响)。根据不同的预期产量，编制变动成本不同的预算，这就是一种变动预算的方法。这种控制方法主要用于制造、销售等与产量直接有关的成本系统。

(2)滚动预算。这是指先确定一定时期的预算，然后每隔一定时间，就要定期修改以使其符合新的情况，从而形成时间向后推移一段的新预算。变动预算与滚动预算都保持了较大的灵活性，能较好地适应各种变化。

2. 程序性预算

程序性预算方法(即制订计划—编制程序—制定预算)是美国前国防部长麦克纳马拉在制定国防部 1963 年预算时开始在政府机构中采用的。传统的预算方法是以各项开支为目标制定的。它一般是根据以往开支情况，将资源分配在各个开支项目上，而忽略了开支只是完成计划目标的手段。这样的预算，必然导致资源分配的不合理以及不能有效地保证组织或部门目标的特定需要。而程序性预算，完全是以计划为基础的，按照计划目标的实际需要来分配资源，使资源最有效地保证目标的实现。

3. 零基预算

在传统的预算方法中，人们确定某项职能的成本费用，往往是以过去的实际支出为基础的。然后，再根据新情况的变化，作适当增加、减少或维持不动。但很可能是这笔费用支出的调整不适应实际情况的变化，甚至可能是原有的费用支出本来就是不合理的。因此，那种以原来费用支出为准线上下调整的办法是有很多弊端的。零基预算就是在制定某项职能预算时从零起点开始其预算过程，即每次都是重新由零开始编制预算。这样可以打破原有的框子，避免了不合理资源分配的延续，使预算更符合实际，更能适应情况的变化。

零基预算主要使用于支援、参谋等领域，如营销、研究开发、人事、财务等部门。它们的支出一般无硬性根据，主要是根据目标要求来灵活制定。零基预算的主要做法是：

(1)把每一项支援性活动描述为一个决策的组件，每个组件都包含目标、行动及所需资源；

(2)对每一个组件或活动用成本－效益分析的方法进行评价和安排顺序；

(3)在上一步的基础上，对拥有的资源按照每种职能对于实现组织目标所作的贡献大小来进行分配。

二、非预算控制技术

预算主要体现为一种预先控制的手段。在系统的运行中，还需要采用其他管理手段来加强控制。管理者用来进行控制的非预算方法大致分为行政控制、经济分析及其他特殊控制技术等几类。

(一)行政控制

行政控制是泛指借用行政手段监测、控制受控系统的方法。主要包括以下几种。

1. 实地观察

实地观察即管理者亲自到工作现场，对受控系统的运营进行直接的巡视、察看，了解运行情况，直接衡量工作绩效，如发现偏差，则予以及时纠正。管理者亲临现场的这种控制方式，有其特定的功能，如可以直接掌握第一手资料、能亲自辨别情报真伪、能及时把握变化情况，并有利于缩短管理者与被管理者的心理距离。因此，实地观察是其他控制手段所不能代替的。

2. 资料统计

这是指管理者借助各种数据资料，掌握受控系统运行情况，进行控制的方法。如果能够有连续反映受控系统运行情况的原始记录，就便于实施有效的控制。同时，坚持对有关统计资料的分析与积累，就能为控制系统运行、监测偏差并及时采取纠正行动提供有力的依据。所以，加强管理的基础工作，健全原始记录，积累统计数据，是实施控制的有效手段。

3. 报告

这是指管理者收集与阅读关于受控系统运行信息的各种报告、了解情况，以控制系统运行的方法。这些报告较为详尽地提供有关信息并进行偏差分析，为纠正偏差的行动提供依据和指南。这些报告往往是带有专题性的，可以集中阐述某一子系统的情况，对于管理者深入了解系统状态、及时采取有力纠正措施是非常有用的。

4. 会计核查与审计

这种方法是一种借助会计或审计手段考察财务记录的可靠性和真实性，并进而了解与控制企业的生产经营活动的方法。这种控制手段既可以由企业内部有关人员进行，又可以聘请企业外部的专家来进行。一般来说，通过资金运动能较为准确地透视出企业的整个经营活动。

5. 企业诊断

企业诊断就是由有关专家，对企业经营的诸方面或某一特定方面进行调查分析，找出存在的问题，提出解决问题的建议等一系列活动。企业诊断，有利于深入分析研究一些问题，摸清产生问题的根源，从而为采取有力纠正措施提供可靠依据。

6. 制度规范与培训

即由管理部门对一些例行工作的运作程序、工作标准及一些人员的行为规范、责任制等制定制度规范，靠制度体系进行控制。同时，对人员进行培训，使他们掌握组织规范并全面提高其素质，也是有效控制的一种根本性举措。

资料卡

麦当劳公司通过详细的程序、规则和条例规定，使分布在世界各地的所有麦当劳分店的经营者和员工们都遵循一种标准化、规范化的作业。麦当劳公司对制作汉堡包、炸土豆条、招待顾客和清理餐桌等工作都事先进行详实的动作研究，确定各项工作开展的最好方式，然后再编成书面的规定，用以指导各分店管理人员和一般员工的行为。公司在芝加哥开办了专门的培训中心——汉堡包大学，要求所有的特许经营者在开业之前都接受为期一个月的强化培训。回去之后，他们还被要求对所有的工作人员进行培训，确保公司的规章条例得到准确的理解和贯彻执行。

为了确保所有特许经营分店都能按统一的要求开展活动,麦当劳公司总部的管理人员还经常走访、巡视世界各地的经营店,进行直接的监督和控制。例如,有一次总部管理人员在巡视中发现某家分店自作主张,在店厅里摆放电视机和其他物品以吸引顾客,这种做法因与麦当劳的风格不一致,立即得到了纠正。除了直接控制外,麦当劳公司还定期对各分店的经营业绩进行考评。为此,各分店要及时提供有关营业额和经营成本、利润等方面的信息,这样总部管理人员就能把握各分店经营的动态和出现的问题,以便商讨和采取改进的对策。

(二)经济分析

利用管理经济学和管理会计所提供的一些专门方法,对实际系统进行经济分析,是管理控制的重要手段。比率分析和盈亏平衡分析是常用的两类方法。

1. 比率分析

比率表示两个变量之间的对比关系。它对反映受控系统的实际状态、作出正确评价,是很有用处的。反映系统某方面数量特征的绝对数,有时不能提供所需的信息。如利润额较大,并不能直接向管理人员反映出企业经营效益究竟如何;而资金利润率则较好地反映了该企业相对本行业的经济效益的大小。因此,比率分析是一种必需的控制技术。一般可以把这些比率分为财务比率和经营比率两大类。

(1)财务比率分析,主要用来分析财务结构,控制财务状况,并透过这种资金形式,来集中对整个系统进行控制。例如,投资利润率分析,可以掌握投资的经济效益;销售利润率分析,可以一般地考察企业的盈利能力。

(2)经营比率分析。经营比率分析有助于直接控制企业的经营活动。例如,用平均库存价值去除销售净额,即得库存周转率,它反映了商品周转的速度及库存的合理性;再有市场占有率,它反映了本企业占领与开拓市场的情况;而用销售费用去比净销售额,可以用来测定销售工作的效率。

2. 盈亏平衡分析

这是进行经济分析的一种重要工具。

(1)盈亏平衡模型可以用来进行成本控制。这一模型将固定成本与变动成本分列,容易发现实际费用与预算的背离情况,可将注意力集中于可能采取纠正行动的那些领域。盈亏平衡分析模型已在决策一章中作了介绍。它既是决策工具,又是控制工具。运用盈亏平衡点公式可以进行生产量或销售量控制。当生产量或销售量为盈亏平衡点时,企业既不亏损也不盈利。低于这个数量就要亏损,高于这个数量就能获得盈利。这一数量界限成为控制产量、销量以及相应盈亏状况的重要手段。

(2)经营杠杆率是进行盈亏平衡分析的另一有用工具。它是指产品销售量变化1%而引起利润变化的百分数,其公式为

$$\text{经营杠杆率}=\frac{\text{利润变动百分数}}{\text{销售量变动百分数}}$$

经营杠杆率大的企业，表明其利润对销售量变化的反应敏感性强，即销售量的一个较小的变化，将导致利润较大幅度的变化。通过这样的分析，就可以测定利润随销售量变化而变化的情况，以便加强对销售量与利润的控制。而一个企业经营杠杆率的大小，又取决于其生产要素的结构，即固定成本与可变成本间的比例。固定成本比重大，则盈亏平衡点位置高，其经营杠杆率大。

单元四　控制的现代化方法

一、市场控制与社群控制

上述介绍的控制方式，总体说来，属于以权威为核心，以程序化、规范化为特征的传统的控制。而随着时代的发展、管理的日趋复杂，这些传统的控制方式在应用上受到一定程度的限制。重视市场机制与文化机制的现代新型控制方式则应运而生。市场控制与社群控制就是两种重要的现代控制方式。

（一）市场控制

1. 市场控制的含义

市场控制是指在企业内部管理的过程中，借用市场机制与市场价值体系进行评估与控制的方式。在企业内部的管理中，将市场机制引进来，直接使用市场竞争的一些指标对企业内部部门或个人进行评价；模拟市场交易机制，使企业内各部门之间提供产品或服务的过程转换为以市场价格为媒介的市场交易行为。

在企业内部，建立从公司最高层到事业单位（部门）层次，再到管理者与员工个人层次的分级控制体系。

2. 公司层的市场控制

现代大公司大多进行多角化经营，设置独立面向不同市场面的事业部，公司高层不可能进行传统意义上的控制，通常采用盈利率、市场占有率等市场指标进行控制与评价。这既有利于激励事业部的独立经营，又保证了公司高层的有效控制。

3. 事业单位层次上的市场控制

为了有效控制事业单位内部各部门与职能的高效运行，可以模拟市场交易机制的运行，对内部各部门之间提供的产品或服务，参照市场价格制定内部转移价格或称内部结算价格。这样，各用料单位可以在内部单位与企业外部的市场上进行多种选择，迫使各单位降低成本，提高质量，真正将竞争机制引进企业内部，从而保证控制目标的实现。理想的转移价格应能真实地反映市场上该种产品或服务的价格。

4. 部门对个人层次上的市场控制

即通过人才市场的价格与同绩效挂钩的奖酬体系衡量员工价值来加以控制的方式。

(1)通过薪金衡量员工价值。不同水平的管理者和不同技能的员工，其在招聘过程中的薪金水平会有明显的不同。这就会通过薪金来控制聘用人才的质量，进而激励原有企业员工提高自身素质。

(2)建立与绩效挂钩的奖酬体系。通过这一体系,将员工的工作数量与质量同奖酬紧密挂钩,就会有效地控制员工的工作状况与效果。

(3)股东与董事会对经营管理者的控制。经营管理者对企业绩效具有至关重要的作用,因此,股东与董事会对经营管理者的激励与控制也就显得极为重要。其对经营管理者的市场控制主要表现为:一是通过职业经理人市场,挑选与淘汰经营管理者;二是建立与绩效紧密挂钩的奖酬体系来加以控制。一般有两种典型的激励方法:短期激励,即经营管理者的奖金与短期利润目标直接挂钩;长期激励,即经营者奖酬的相当部分取决于他所管理的公司的长期绩效,通常为股票期权。

5. 市场控制的层次结构模型

可以将上面所述的市场控制的层次结构概括为一个理论模型,如图6.5所示。

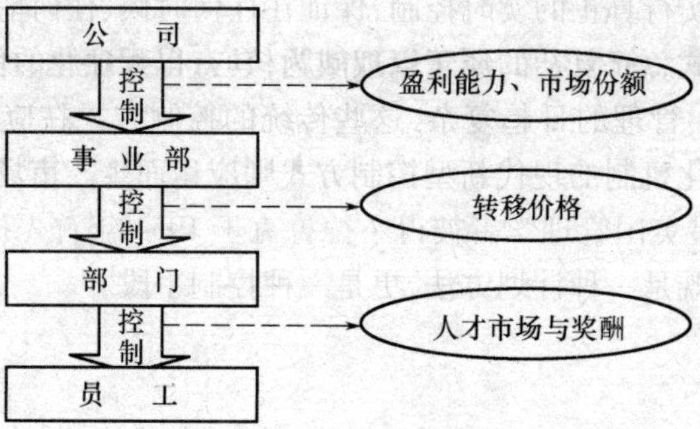

图6.5　市场控制的层次结构模型

(二)社群控制

1. 社群控制的含义

社群控制是指以一定文化为基础,一定的社会群体依靠共同价值和群体规范引导与约束其成员的一种社会控制方式。

2. 组织文化是社群控制的基础

组织文化是组织全体成员共同创造并共同信奉的信念与价值观。组织文化对组织及其成员具有巨大的导向与规范作用,而且这种导向与规范作用是内在的,远比传统控制的外在作用的力度要大得多,持续的时间要长得多。这就使得建立在组织文化基础上的社群控制具有其他控制所不具备的优势。

不同组织的文化有强有弱,进而对组织的控制产生不同的影响。如果有强的健康文化,则表现为组织的全体成员都充分理解并信从组织的共同价值、组织的目标、工作重心和惯例,从而自觉地为实现组织的目标而奋斗;如果有强的落后文化,则会同样有力地阻碍组织的发展。弱文化的特征则表现为:组织成员各有不同的价值观,公司的目标不清,行为缺乏依据,很难形成巨大的合力。管理者应努力建设健康的强文化,以实现有效的社群控制。

3. 授权赋能是社群控制的必要条件

实行社群控制,就必须充分信任员工,对员工进行授权赋能,给予员工必要的决策权,相信他们会从组织的利益出发处理问题。在价值指导的框架中,激励员工培养和运用判断能力,自主地、负责地、灵活地开展工作。

诺德斯特姆是一家服装零售企业。公司给每个员工的不是厚厚的写满公司政策的手册，而是一本 5×8 英寸长的卡片，上面写道："无论在什么情况下，都需要良好的判断力，除此之外没有其他规则。"授权组织的焦点是满足客户的需要而不是取悦于老板。错误被看成是处理变化的、不确定事件时不可避免的副产品，是学习机会，是可以容忍的。

4. 建立自我指导型团队

在社群控制的体系下，不再倚重传统的控制手段，如监督、检查、干预等，取而代之的则是自我指导型的团队。即在组织内，重建激励机制，强化责任感和团队精神，实行建立在相互尊重、高度自觉基础上的自我控制。

5. 实行实时控制

由于社群控制是一种充分授权与高度自觉的控制，每个成员都能独立自主地、随时处理各类问题，因此，完全可以实行真正的实时控制，保证在任何时候、任何情况下都处于有效控制之中。社群控制对于解决紧急而复杂的经营管理问题，具有得天独厚的优势。

二、目标管理

目标管理(MBO)，是美国管理学者彼得·德鲁克于 1954 年首先提出来的，现已被世界各国广泛应用。目标管理既是一种计划方法，更是一种控制手段。

(一)目标管理的概念

1. 目标管理的含义

所谓目标管理，是以制定和实现目标为中心的，被管理者自主控制达标过程，管理者实行最终成果控制的一种现代管理思想与管理方法。

2. 目标管理首先是一种现代管理哲学

目标管理彻底打破了管理就是对管理过程进行严格监督控制的观念，提倡管理者要通过科学的目标体系来进行激励和控制，放手让被管理者自我控制，自觉、自愿、自主地去实现组织目标。目标管理的思想广泛应用于一切管理之中，而且特别适用于高层管理。作为管理方法，它是一种计划职能与控制职能融合的综合性方法，在许多具有可衡量的明确目标的基层管理中也广泛采用。

(二)目标管理的基本特点

目标管理，是一种"抓住两头，放开中间"的管理方法。即抓住开头的目标制定与结束时的成果评价，而放开中间的达标过程的管理与控制。具有以下三个特点。

1. 以科学的目标体系为中心

目标管理是一种靠目标进行管理的方法。实行目标管理的中心环节，就是要根据企业的战略目标，通过发动全体员工共同参与，在企业内部建立起一个纵横交错、相互联系的目标体系与工作系统。以目标体系为中心，借助目标的激励与刚性约束，使企业各部门和全体员工形成高度统一的战斗团队，实现全方位的系统化管理。

2. 实行自我控制

目标管理，首先是一种民主管理，它让全体员工参与管理。不但在制定目标时充分尊重其愿望，增强责任感和工作兴趣，特别是实现目标的过程更要由员工实行自我控制。目标管理作为一种“主动型”管理，鼓励人们自觉地努力追求目标的实现，以自我要求代替被动从属，以自我控制代替被人把持，激励人们把潜力充分发挥出来，通过自我控制实现组织和个人的目标。

3. 注重成果评价

目标管理放开过程的直接控制而强调成果，以目标实现状况评价员工的绩效，是一种成果管理。同时，把评定的成果与每个人晋级、提升、加薪等结合起来，以成果作为确定奖酬的依据。

（三）目标管理的基本步骤

目标管理主要是由目标制定、目标实施和成果评价三个阶段组成的一个循环周期。

1. 目标制定

（1）建立目标体系。按照科学的程序制定组织的总目标，并将组织的总目标分解为各个单位的具体目标。各目标间相互协调，建立完整的目标体系。

（2）建立严格的目标责任制。把以总目标为核心的目标体系中的各分目标分别落实到下属各部门、各单位直至员工个人。在此过程中，应编好目标展开图和目标管理卡，作为目标展开内容的书面记录。

（3）制订对策计划。认真分析实施目标的主客观条件，找出目标展开的问题点，制订系统可行的目标实施的对策计划。

2. 目标实施

（1）权限下放和自我控制。在目标实施过程中，上级应对下级进行充分授权，使下级拥有完成目标的必要权力。同时，充分信任下级，对于目标实施的具体途径和方法，则应完全由下级自由选择。

（2）下级在目标实施过程中，一方面要依靠自己的判断充分行使下放给自己的权力，努力达到目标；另一方面要对照自己的目标检查行动，实现自我控制。

（3）对实施过程的检查与控制。检查一般实行下级自查报告和上级巡视指导相结合的办法。另外，在对实施过程检查的基础上，应将目标实施的各项进展情况、存在的问题等用一定的图表和文字反映出来，对目标值和实际值进行比较分析，实行目标实施的动态控制。

3. 成果评价

在目标责任期结束时，企业要实行上下结合的方式进行成果评价。成果评价一般实行自我评价和上级评价相结合，共同协商确认成果。目标成果评价有三个基本指标：“达到程度”“复杂困难程度”“努力程度”，另有调整指标——“修正值”。

实现目标的成果评价具体步骤如下：

（1）评定“达到程度”。一般采用实际成绩值与目标值进行比较，根据达到程度分为A，B，C三级。

（2）评定“复杂困难程度”。复杂困难程度通过协商确认，也分为A，B，C三级。

（3）评定“努力程度”。根据对达标过程中的种种条件分析，将“努力程度”分为A，B，C三级。

（4）通过等级赋值实现上述三要素的量化，作出单项目标的初步评定值。

（5）针对达标过程中出现的非本人责任或经个人努力可以排除的不利条件，修正数值，得出各单项目标评定值。

(6)将各单项目标评定值分别乘以其在全部目标中的权数,得出单项目标的权重值。

(7)将单项目标的权重值相加即可获得综合评价,再按 A,B,C 三等评定目标成果的等级。各部门的成果也可用同样的方法进行评价。

三、网络技术

(一)网络技术的含义与类型

1. 网络技术的含义及类型

网络技术是指用网络图等方式,把一项任务的有关活动有机地组成一个整体,通过分析和计算,寻求最佳规划与控制的一种方法或技术。它是在规划和控制中广泛应用的一种重要工具。网络技术把一个系统从开始到结束,看成是一个由若干阶段和活动组成的过程,从时间上、成本费用上进行规划和控制,对系统进行高效率的组织与管理。

网络技术一般包括计划评审法和关键线路法两类。

(1)计划评审法(简称 PERT)。以活动所需的工时作为时间因素,用活动之间相互联系的网络图反映整体工程的全貌。借助网络图,清楚地反映出系统中各工序之间相互制约、相互协调的运行关系,它能准确地指出对全局有影响的关键工序和关键线路,从而进行重点的管理与控制。这样可以对工程或任务的所有各工序作出比较切实可行的全面规划并实施有效的控制。

(2)关键线路法(简称 CPM)。关键线路法主要应用于在大型项目中,所需的费用和完成的工期之间如何权衡轻重的问题。如在大型项目中,某一工程是全局的关键,如果对这一项工程投入较多的人力和物力,只要能缩短它的工期,就能节省整个工程的成本,那就应全力保证它。但如果由于缩短工期而增加的成本超过整个工程缩短而带来的节约额则是不可取的。

2. CPM 与 PERT 的差别

(1)CPM 不像 PERT 那样涉及到许多不确定的工作时间,而是集中精力,处理时间与费用之间的权衡问题。

(2)PERT 主要用于研究发展项目,而 CPM 则多用于已积累一些工作经验和统计数字的建设项目。但随着应用网络技术实践的发展,逐步模糊了这两者之间的界限,故统称网络技术,或 PERT/CPM。

(二)网络技术的步骤

(1)明确任务、目标,分析计划的内容,列出从开始到完成的全过程中所包含事件和工作单元,并排列成作业程序。

(2)绘制计划草图,联结成初步的作业网络。每个事件或单元用小圆圈表示,并按先后次序用箭头联系起来,画成网络图。

(3)作业时间的估定与计算。作业时间的估定与计算可用三时估计法。即将乐观值(a)、最可能值(m)与悲观值(b)用下式计算,所得的平均值作为估计依据。

$$t = \frac{a + 4m + b}{6}$$

(4)找出关键线路。网络图中的许多线路中,时间最长的一条即为关键线路。由于这道线上没有机动工时,每一工期的缩短或延迟都会影响整个作业的工期。

(5)成本或时间替换计算,进行网络优化。要比较正常时间和赶工时间,研究缩短时间的途径,分析缩短工期与所需成本之间的关系。通过调整、平衡、改进,以求获得最佳周期、最低的成本和对资源最有效的利用。

(6)资源调配。研究各作业段所需要的器材、人员、设备、资金等各种资源的调配,应力求做到正好在各作业段需要某种物资时,按照需要的数量,准时送到需要的地点,以保证整个工程最优化。

四、全面质量管理

(一)全面质量管理的发展阶段与特点

1. 全面质量管理的含义

全面质量管理(简称 TQC)是 20 世纪 60 年代初美国的菲根鲍姆首先提出来的。这是一种对产品或服务乃至工作质量实行全面管理与控制的科学管理方法。对产品或服务质量进行控制,并进而对为之服务的工作质量及全体人员进行控制,是管理控制中极为重要的内容。所谓全面质量管理,就是运用系统的观点和方法,把企业各部门、各环节的质量管理活动都纳入统一的质量管理系统,形成一个完整的质量管理体系。

2. 质量管理的发展阶段

质量管理大体经历三个发展阶段。

第一个阶段:20 世纪初到 40 年代,属于质量的事后检查阶段。这一阶段就是当产品生产出来以后,对产品进行质量检查。它只起对出厂产品质量把关作用,而起不到预防作用。

第二个阶段:20 世纪 40 年代到 20 世纪 50 年代,进入数理统计阶段。通过大量的数据分析,找到影响产品质量的许多内在规律,从而对生产等过程加强管理,促进了质量的提高。这个阶段只注意了直接构成或影响产品质量的物质方面,但仍忽视其他组织管理工作。

第三个阶段:从 20 世纪 60 年代开始,形成了全面、全过程质量管理,把经营管理、专业技术和数理统计方法紧紧结合起来。全面质量管理以预防为主,把质量管理贯穿于设计、制造、辅助生产、用户服务的全过程中。

3. 全面质量管理的特点

全面质量管理是一种预先控制和全面控制制度。它的主要特点就在于"全"字,它包含三层含义。

(1)管理的对象是全面的,这是就横向而言。管理的对象,不仅仅是产品本身的质量,还包括影响产品质量的各方面工作质量。

(2)管理的范围是全面的,这是就纵向而言。它要对设计者的构思、市场调查、设计、试制、生产、检验、销售、售后服务等各环节都进行管理。

(3)参加管理的人员是全面的。它通过适当的组织形式,把企业各方面人员都吸收到产品质量的保证体系中来,是一种全员参加的质量管理。

(二)PDCA 管理循环

1. 基本工作程序

PDCA 管理循环是全面质量管理最基本的工作程序,即计划—执行—检查—处理(plan, do, check, action)。这是美国统计学家戴明发明的,因此也称之为戴明循环。这四个阶段大体可分为八个步骤,见图 6.6 所示。

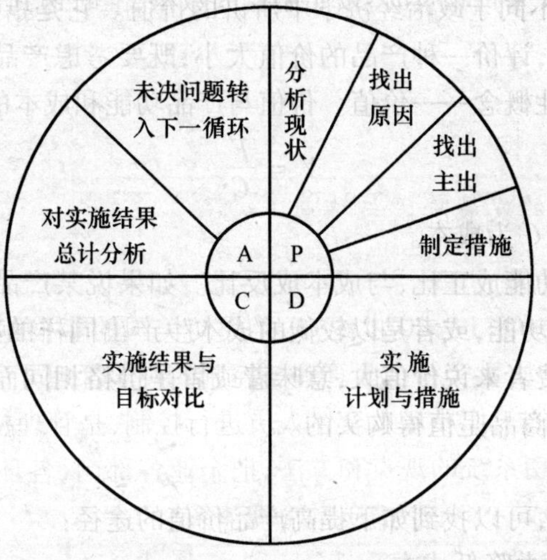

图 6.6 PDCA 循环

第一阶段:①找出存在的问题;②找出存在问题的原因;③找出各种原因中最关键的原因;④制定计划和措施。

第二阶段:⑤执行计划和措施。

第三阶段:⑥检查效果。

第四阶段;⑦巩固措施,把效果好的标准化,对失败的提出防止再发生的意见;⑧遗留的问题转入下一循环解决。

2. PDCA 循环管理的特点

(1)PDCA 循环工作程序的四个阶段,顺序进行,组成一个大圈。

(2)每个部门、小组都有自己的 PDCA 循环,并都成为企业大循环中的小循环。大循环套小循环,互相促进,整体提高。

(3)阶梯式上升,循环前进。企业的质量管理循环是连续进行的,但每个 PDCA 循环都不是在原地的简单重复,而是每次都有新的提高。

五、价值工程

价值工程是对产品或服务的功能与成本实施优化控制的一种工具。价值工程起源于 20 世纪 40 年代的美国,当时为了解决战争时期军工生产材料短缺的困难,从研究材料代用入手,创造了功能分析的方法(VA)。此后,该法在推广应用中不断地发展和完善,成为一种有组织的创造活动,并形成一套先进、科学、有效的管理方法,一般通称为价值工程(VE)。

(一)价值工程的基本原理

1. 价值工程的含义

价值工程是指以提高产品、服务,甚至是包括行政工作的价值为目标,以最低的总成本完成必要的功能所实施的有组织的综合活动。

2. 价值与产品功能和成本的关系

这里所说的"价值",不同于政治经济学中所讲的价值。它是指人们对产品或服务的一种综合评价。在价值分析中,评价一种产品的价值大小,既要考虑产品劳动消耗,又要考虑产品使用效能,从而得出综合性概念——价值。价值与产品功能和成本的关系可以用下式表示:

$$V = \frac{F}{C}$$

式中,V 为价值;F 为功能;C 为成本。

从上式看出,价值与功能成正比,与成本成反比。如果说某产品价值大,意味着或者是以原有的成本生产出较大的功能,或者是以较低的成本生产出同样的功能。推广到顾客购买商品上来,某件商品对于消费者来说价值大,意味着或者是价格相同而商品质量较好,或者是质量一般,但价格便宜,这些商品是值得购买的。

3. 提高价值的途径

根据价值形成的规律,可以找到如下提高产品价值的途径:

(1)保持功能不变,努力降低成本;

(2)以原有的成本,提高产品功能;

(3)大幅度地提高产品的功能,并适当提高产品成本也是必要的,只要功能的提高程度超过成本的提高程度,就能使产品的价值有所提高。

(二)价值工程的核心与程序

1. 功能分析

价值工程方法的核心是功能分析,即系统地分析对象的功能,以便找出提高价值的途径。产品的功能是指产品的用途或使用的价值,可以有以下划分方法:

(1)产品或零件的功能一般可分为基本功能和辅助功能。前者是必不可少的;后者是实现基本功能而附加的功能。

(2)分为使用功能和美学功能。前者是指实际用途,使用价值;后者指外观或艺术功能。

(3)划分成必要功能和非必要功能。前者是用户使用所要求的功能;后者则是用户用不着的功能,即多余功能、剩余质量。

2. 价值工程的基本程序

价值工程的主要步骤与方法如下:

(1)选择对象。首先在企业全部产品、服务或工作项目中选定应用价值工程的对象,然后再进一步确定组成产品、服务或工作项目的哪些要素作为重点对象。选择对象应是那些对成本和功能影响大,并且有较大潜力的产品、项目或要素。

(2)收集情报。围绕研究的对象,根据功能成本分析的要求收集一切必要的情报资料。

(3)进行功能分析。要对分析对象的功能进行调查、分解、归类、整理。弄清必要与非必要的功能、基本与辅助功能及各种功能间的相互关系，并定量地加以掌握。同时实行成本对比分析，寻找实现必要功能的最低费用的途径。

(4)方案设计。根据功能与成本的平衡分析及相应的提高价值的途径，设计各种改进方案，并逐步具体化。

(5)选择最优方案。对提出的各种方案，从技术上和经济上进行对比、评价，选定最优方案。

(6)确定目标成本。为了保持有效的控制，还须对选定的方案进行目标成本计算。

(7)方案验证和实施。必须经过试验验证，才可作为正式方案付诸实施。

(8)价值工程活动成果评价。要做好对实施工作的追踪控制，并认真进行总结和对成果进行评价。

单元五 管理信息系统

在执行控制职能的过程中，信息收集与处理非常重要，不掌握信息收集与处理的方法与技术，管理者就无法有效执行控制职能。

一、管理信息与管理信息系统

(一)管理信息的概念与分类

1. 信息的含义

通俗地讲，信息就是能带来新内容、新知识的消息。信息论的创始人申农认为："信息就是信息，既不是物质，也不是能量。"从信息论的角度，他提出信息能够排除系统状态的不确定性。信息必须具备如下两个要素：

(1)信息总是涉及某个(或某些)有各种可能状态的系统或事物，例如，一种新产品投入市场，涉及畅销、销售一般、滞销等多种可能状态。

(2)同时还涉及系统从不确定的多种可能状态中确定某种(或某些)状态，例如，通过市场调研获取信息，这个信息必须涉及从上述的畅销、销售一般、滞销等多种可能状态中确定一种(或几种)状态。被排除的可能状态越多，即被确定的状态越少，则信息量越大。

2. 管理信息的含义

所谓管理信息，是指反映管理活动特征及其发展变化情况的信息，如管理的知识、管理的规范、管理的状况与效果及有关数据等。

3. 管理信息的特征

(1)社会性。这是相对于各种自然信息而言的。管理信息所反映的是人们在生产经营中社会经济活动的信息，总是涉及人与人之间的联系。

(2)有效性。管理信息具有明显的目的性，是为经营管理的有效性服务的。

(3)连续性与流动性。由于生产经营是一个动态的过程，因此，反映这一过程的信息也必然是连续不断的，是不断更新与变化的。

(4)信息与其载体的不可分性。所有的管理信息，其记载、传输、储存、提取、使用，无不需要借助文字、声波、光波等各种载体加以实现，信息必须依赖其载体。

4. 管理信息的分类

管理信息来源复杂，用途广泛，可以按多种标志进行分类。

(1)按照信息的来源，管理信息可以分为组织内部信息与组织外部信息。

(2)按照现行的用途与作用，管理信息可以划分为决策信息、指挥与控制信息、作业信息。这三类信息分别与决策、指挥与控制、作业这三大职能活动相关并为之服务。

(3)按照信息的载体或形态不同，也可以划分为多种形式的信息，如知识、消息；原理、规范、流动信息；数据、描述与评价；声音信息、书面信息、电子信息等。

(二)管理信息系统

1. 管理信息系统的含义

管理信息系统，简称 MIS，是指为有效实现组织目标，由相关人员、各种计算机等装置以及有关程序所组成的提供信息服务的结构性综合体。它是一个人－机系统，能收集、处理与传输信息，为管理者制定决策、计划，实施指挥、控制，组织作业提供信息服务。

管理信息系统是一个有机的人－机合成系统，从外部环境与内部环境收集信息；系统进行信息处理；然后，向管理者提供有价值的信息，以供决策；决策行动影响内外部环境。管理信息系统如图 6.7 所示。

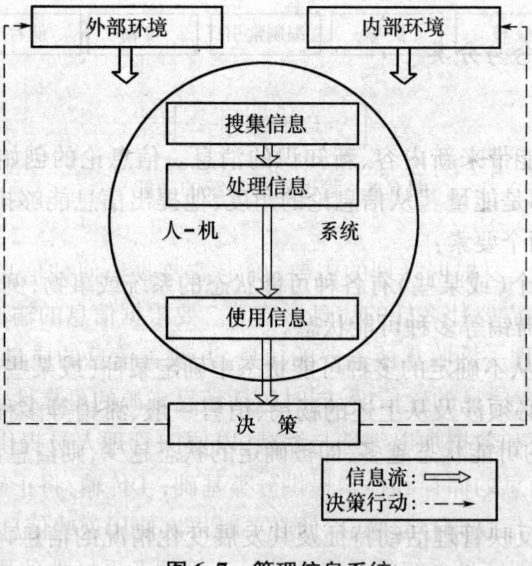

图 6.7　管理信息系统

2. 建立管理信息系统的必要性

一方面，现代社会经济和科学技术迅速发展，进入“信息爆炸时代”，管理者所接受的信息的数量急剧增加；另一方面，管理者越来越少与“具体事务”打交道，而更多的是与事务的“信息”打交道。因此，客观上要求必须把各部门、各环节的分散信息集中起来，建立一个管理组织信息的整体系统，科学地处理信息，以便高质量地、更有效地向管理者提供决策与指挥信息。所以，处于现代社会的各类组织都必须建立起高效率的管理信息系统。

资料卡

长庚医院是中国台湾的一家医院,他们应用计算机安排病床和病人的住院天数,病人的住院天数是比照同类病症的一般需要的治疗时间来确定的。如果病人发生了并发症,计算机会自动根据病情适当调整住院天数;如果病人没有在预定的时间出院,计算机则要求有关医护人员写明理由,这样,使得医院的病床周转率大大提高。原来每个病人的平均住院日期是20天,实施计算机管理后,缩短了10天,给医院和病人都带来了好处。

3. 管理信息系统的功能

管理信息系统有以下主要功能(如图6.8所示)。

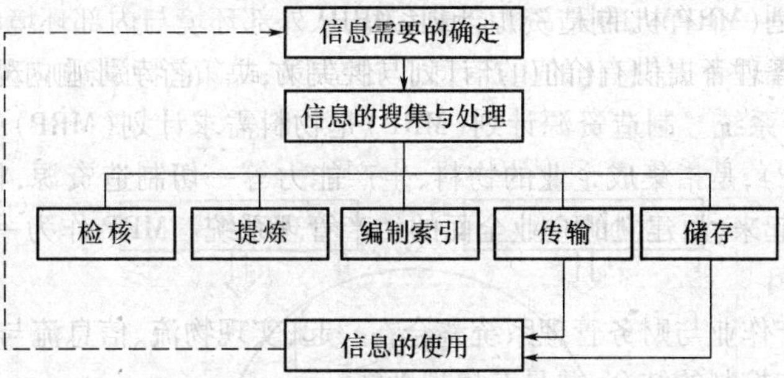

图6.8 管理信息系统的功能

(1)信息需要的确定。要根据管理的需要,确定需要收集何种信息,多少数量;信息的使用者是何人,在何时使用;需要什么样的信息形式等。要根据信息的输出确定信息的输入。

(2)信息的收集与处理。即收集所需要的信息,并改善信息的质量。具体包括五个要素:①检核,就是确定某一特定信息的置信度,同时包括信息来源的可靠性、数据的准确性、有效性等;②提炼,将输入的信息和数据加以编选与缩减,以便向管理人员提供与他们特定任务有关的信息;③编制索引,为信息的储存和检索提供分类基础;④传输,将正确的信息适时地提供给有关管理人员;⑤储存,将信息储存起来,以便必要时再次使用这些信息。

(3)信息的使用。管理信息系统的最终功能是让管理者更好地使用这些信息。信息使用的效果,主要取决于所提供信息的质量、提供信息的方法或形式、提供信息的时效。信息使用的基本要求是:向有关管理者适时地提供正确的信息。

4. 管理信息系统的完善

完善管理信息系统,要重点抓好以下工作:

(1)建设高质量的人-机系统。要提高管理信息系统有关人员的素质,并提高计算机等装置的档次,确保能满足系统功能的需要。

(2)控制适宜的信息量。要使信息的生产适应信息的需要,从各环节得到的信息正是管理所需要的信息。既要防止信息不足,又要防止信息生产过多;确定信息量既要考虑信息系统本身的处理能力,又要考虑管理者对信息的接受能力,使这几者相协调。

(3)建立最短的信息流程。要减少信息传递的环节和层次,建立合理的、最短的信息流程,并注意加快信息流通的速度。

(4)提高系统的信息处理能力,努力提高信息的质量。

(5)改善信息输出形式,并注意信息使用的反馈。

(三)典型的企业管理信息系统

1. COPICS 系统

COPICS 系统,是主要面向综合制造业的生产信息与控制系统。COPICS 是 IBM 公司于 1973 年开发出来的管理信息系统,在世界上被广泛采用。该系统对企业生产经营管理的全过程进行参与和控制。通过制订生产调度计划、物料需求计划、作业计划,从市场预测、接受顾客订货开始,直到产品的生产与销售,所有信息均进入这一系统。COPICS 系统涉及整个企业的大部分部门的业务,具体由相互联系的 12 个功能子系统组成。

2. 物料需求计划(MRP)与制造资源计划(MRP)

这是现代生产条件下,信息化的生产计划与控制方式。它特别适应现代市场条件下多品种、中小批量的生产系统。制造资源计划(MRP)是物料需求计划(MRP)的发展与高级形式。制造资源计划(MRP),是指集成企业的物料、生产能力等一切制造资源,将企业的经营、财务与生产子系统结合起来,而建立的企业全面的生产管理系统。MRP 作为一个全面生产管理系统,具有明显的优势:

(1)可以将生产作业与财务管理系统整合在一起,实现物流、信息流与资金流的统一;

(2)实现计划与控制的结合,并具有模拟功能;

(3)能自动生成物料与所有制造资源的需求计划,并能动态地应变;

(4)企业内部各部门可以使用统一的信息,实现数据共享。

3. 企业资源计划(ERP)

20 世纪 80 年代,随着国际化经营的发展,MRP 融合其他现代管理思想与技术,不断拓展其适应范围,形成了更高层次的企业经营管理信息系统——企业资源计划(ERP)。企业资源计划(ERP),是指为适应更广泛市场的需要,集成整个企业的经营计划、生产计划、车间作业计划及销售、供应、库存、财务管理等功能,形成从原材料到最终用户的供应链的企业经营管理系统。

(四)网络信息管理

互联网对传统的企业经营管理的理念与实务产生了巨大影响,带来了革命性变化。这种影响最主要的是通过改变企业与外部环境的信息交换方式,依托快速高效的信息交换来实现的。

1. 网络信息管理的特点

(1)运作空间的全球化。通过互联网,管理者可以在世界范围内进行资源优选与经营运作。

(2)信息收集、处理与交换的实时化,大大提高了信息服务的质量与效率。

(3)信息安全问题尤为突出。由于信息管理的作用日益重要,信息安全的问题可能危及企业的生产经营乃至生存。

2. 网络信息管理的内容

充分地利用网上资源,有效地进行网络信息管理,主要包括以下工作:

(1)利用互联网收集信息。网络是组织极为丰富的信息资源来源,可以实时收集到广泛的、非常有价值的信息。

(2)利用互联网进行高效率的物资供应与生产组织。

(3)组织网上市场营销,树立产品品牌和企业形象,这正在成为一个新趋势。

(4)通过局域网,实行办公自动化,大幅度地提高工作效率。

二、信息收集与处理方法

(一)收集信息的媒体与渠道

管理者主要可以通过以下媒体与渠道获取信息。

1. 通过大众媒体获取信息

对于组织的外部信息,可以从电视、广播、报纸、杂志、互联网等大众媒体中获取。

2. 通过市场交易获取信息

对于顾客与用户、供应商、竞争者等有关信息主要通过市场交易行为获取信息。

3. 通过组织的工作媒体获取信息

(1)上级传达的文件,下级递交的总结报告等。

(2)部门生产经营的数据、原始记录等。

4. 与人沟通过程中获取信息

(1)正式沟通:上级的口头命令,下级的请示等。

(2)非正式沟通:通过非正式组织沟通。

(二)信息收集方法与要求

1. 信息收集的基本方法

组织收集信息的主要方法有:①数据资料收集法;②访谈(座谈)法;③现场调查法;④报告法。

2. 信息收集的基本要求

(1)收集信息的准确性。无论采取何种方法,收集信息最基本的要求是所收集的信息必须真实准确,错误的信息比没有信息更危险。管理者在收集信息的过程中,必须坚持客观公正的原则,采用科学可行的方法,以便收集到真实而有价值的信息。

(2)收集信息的及时性。管理信息的有效性要求,信息的收集必须是及时、有效的,过时的信息是毫无价值的。管理者必须根据决策需要,建立高效率的管理信息系统,充分利用有效信息渠道,及时收集到决策所需信息,保证决策需要。

(3)收集信息的完整性。管理系统是复杂的,其环境是复杂多变的,这就决定了管理者作决策就必须有全面完整的信息。管理者应根据决策目标的需要及管理系统与环境的实际状况,完整地收集资料,全面地观察事物,综合地汇集信息,以获得系统的信息资料。

(4)收集信息的经济性。管理者在收集信息的过程中,还要注意以科学的方法、便捷的途径、最低的成本或代价,尽可能经济地获取信息。

(5)信息收集的规范性。管理者要把信息收集作为最基本的经常性工作,实行制度化、规范化,以确保管理信息收集工作的质量与时效。

(三)信息分析与整理的方法与要求

对收集上来的数据,必须进行科学而有效地加工、整理。

1. 分析信息的方法

管理者在分析信息的过程中可以采取的主要方法有:①分解法;②因果分析法;③比较分析法;④归纳法;⑤演绎法;⑥类推法等。

2. 分析与整理信息的基本要求

(1)对信息进行筛选与审核,去伪存真。

(2)对信息作进一步加工整理,抓住信息的本质。

(3)对所掌握的信息进行科学的分类,以利于使用与存储。

(4)对重要信息进行深层次的研究,找出原因。

(5)对即时信息作出准确的判断,并洞察其变化的趋势。

3. 对信息的评价

管理者要对所掌握的信息,按照一定的标准进行评价,以正确评估与确定其价值,即①从信息情报源的价值上评价;②从信息情报本身的价值上评价,如图 6.9 所示。

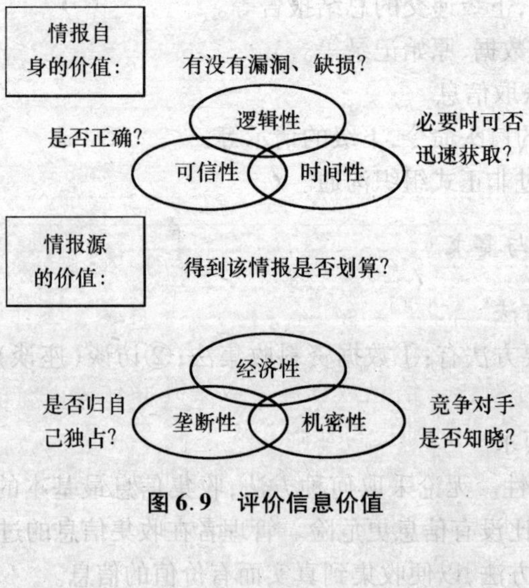

图 6.9 评价信息价值

(四)信息运用

管理信息的收集与处理,目的在于信息的运用。只有正确而有效地运用信息,才能最终达到信息职能的目标。

1. 决策类型与信息需求

在组织中,不同管理层次,由于所处理的决策类型不同,所需信息具有不同的特征。

(1)日常决策对信息的需求。日常业务决策,大都具有经常性和重复性,特定的程序可以事先设计,只要当预期的情况发生时,就可以采取预定的步骤。这种决策须借助大量明确的、稳定的信息,进行程序性决策。

(2)战略决策对信息的需求。越接近战略决策、长远决策,信息的数量与质量就越显得满足不了决策需要,管理者就需更多地借助决断力、直觉等主观技能进行决策。

(3)管理决策对信息的需求。一般的管理决策则需要介于前两者之间的一些信息类型。现根据信息的多方面特征,将不同类型决策与不同信息之间的联系归纳于表6.1之中。

表6.1 不同类型决策所需信息特征

决策类型 信息特征	业务决策	管理决策	战略决策
数量	大		小
详细程度	详尽		粗略、抽象
精确度	精确		综合、灵活性大
定量化	结构性数据		数据结构不严谨
相关性	大		小
范围	与内部关系多		与外部关系多
时间性	历史的		未来的
可预测性	大		小
渠道	正式		非正式
资料处理	科学化		艺术化
计算机应用	程序化		模拟方法

2. 信息使用的要求

信息使用中注意以下要求:

(1)建立完整的信息系统——信息数据库。收集并储存决策所需的大量而系统的信息,建立科学的数据库,是信息使用的前提与基础。

(2)为决策提供高质量、适用的信息。应根据决策的实际需要,有针对性地提供所需内容与数量的信息,并努力提高信息的准确性、完整性、精炼性。

(3)要在时间上保证决策的需要。

(4)改善信息形式,便于信息的接受。要以最便于接受的形式向决策者提供其所需的信息,如报告更加鲜明、简洁,突出重点;采用计算机文档的方式,便于阅读与引用;运用图形、表格等形式,更加直观、鲜明地表达信息等。

(5)注意所提供的信息的反馈。在信息提供的过程中,特别是在决策中使用信息的过程中,要进一步检核信息的准确性、完整性、时效性,并进行实时调整,不断提高信息的质量与对决策的价值。

小 结

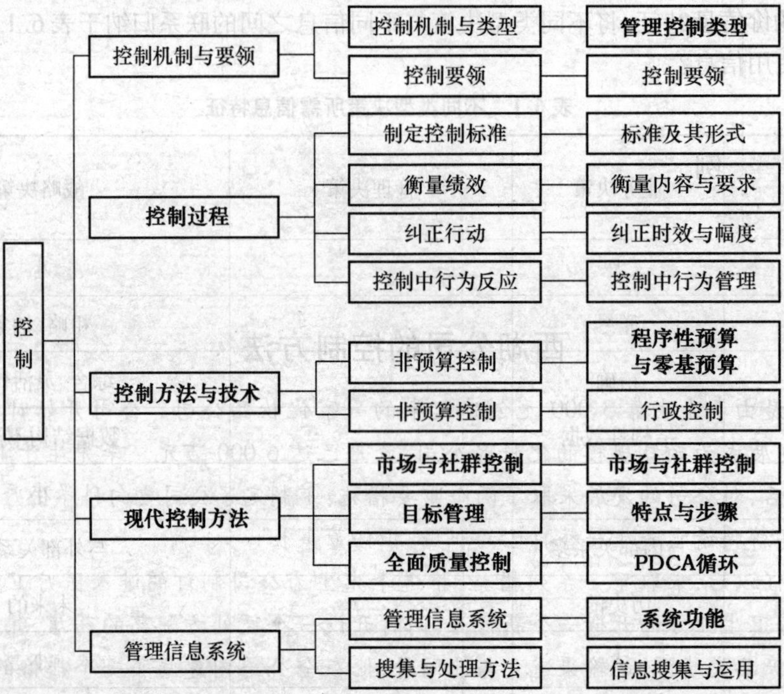

注:黑体字为更为重要的内容。

思考题

1. 怎样理解控制职能与控制机制?
2. 试分析管理控制的类型。
3. 怎样理解控制的要领?
4. 控制包括哪些基本阶段,各有何实施要领?
5. 怎样认识并管理控制过程中的行为反应问题?
6. 怎样理解预算控制,有哪些现代预算方法?
7. 非预算控制包括哪些方式?
8. 怎样理解市场控制与社群控制?
9. 怎样理解目标管理的特点与程序?
10. 网络技术主要包括哪两类方法?
11. 全面质量管理的特点与步骤是什么?
12. 怎样理解价值工程,其步骤有哪些?
13. 怎样理解信息与管理信息?

14. 什么是管理信息系统,其功能有哪些?

15. 有哪些典型的企业管理信息系统?

16. 怎样收集信息?

17. 怎样分析与整理信息?

18. 如何评价信息?

19. 怎样使用信息?

案 例

【案例 6.2】

西湖公司的控制方法

西湖公司是由李先生靠 3 000 元创建起来的一家化妆品公司。公司开始时只经营指甲油,后来逐渐发展成为颇具规模的化妆品公司,资产已达 6 000 万元。李先生于 1984 年发现自己患癌症之后,对公司的发展采取了两个重要措施:①制定了公司要向科学医疗卫生方面发展的目标;②高薪聘请雷先生接替自己的职位,担任董事长。

雷先生上任以后,采取了一系列措施,推进李先生为公司制订的进入医疗卫生行业的计划:在特殊医疗卫生业方面开辟一个新行业,同时开设一个凭处方配药的药店,并开辟上述两个新部门所需产品的货源、运输渠道。与此同时,他在全公司内建立了一个严格的控制系统:要求各部门制定出每月的预算报告,每个部门在每月初都要对本部门的问题提出切实的解决方案,每月定期举行一次由各部门经理和顾客参加的管理会议。要求各部门经理在会上提出自己本部门在当月的主要工作目标和经济来往数目。同时他特别注意资产回收率、销售边际及生产成本等经济动向。他也注意人事、财务收入和降低成本费用方面的问题。

由于实行了上述措施,该公司获得了巨大成功。到 20 世纪 80 年代末期,年销售量提高 24%,到 1990 年销售额达到 20 亿元。然而进入 20 世纪 90 年代以来,该公司逐渐出现了问题。1992 年出现了公司有史以来第一次收入下降趋势。商品滞销、价格下跌。主要原因为:①化妆品市场的销售量已达到饱和状态;②该公司制造的高级香水,一直未能打开市场,销售情况没有预测的那样乐观;③国外公司对本国市场的占领;④公司在国际市场上出现了不少问题,如推销员的冒进得罪了推销商,公司形象未能很好地树立。

雷先生也意识到公司存在的问题。准备采取有力措施,以改变公司目前的处境,他计划要对国际市场方面进行总结和调整。公司开始研制新产品。他相信用大量资金研制的医疗卫生工业品不久也可进入市场。

问题:

1. 雷先生在西湖公司里采用了哪些控制方法?

2. 假设西湖公司原来没有严格的控制系统,雷先生在短期内推行这么多控制措施,其他管理人员会有什么反应?

3. 就西湖公司目前的状况而言,怎样健全控制系统?

【案例 6.3】

Sin-Tec 企业

Sin-Tec 企业的总经理乔治·谭就其产品印刷电路板的销路到欧洲同买主建立联系后返回了新加坡。同往常一样,他的邮件筐中堆满了信件。但是他却没有时间浏览这些信件,也没有时间处理有关产品发送、抱怨和其他内部问题。

正当乔治埋头于这些信件时,工厂经理和财务经理来到了他的办公室。他们来这儿是由于乔治的盛怒:

"为什么没有任何人告诉我,我们公司究竟发生了什么?为什么我未能知道周围发生了什么?为什么我始终一无所知?我没有时间去浏览所有这些文件并了解问题。没有一个人告诉我我们的企业是如何运作的,而且我似乎从没听说过我们的问题,直到它们变得相当严重。我要求你们两位制定一个系统,从而使我能持续得到信息。我对一无所知已经很厌倦了,特别是那些我必须知道的事情。"

当两位经理返回他们的部门时,工厂经理对财务经理说:"每一件乔治想知道的事都在他桌上的那堆报告之中。"

问题:

1. 乔治说"我一无所知"对吗?
2. 为了让乔治持续得到信息,需要哪种控制系统?
3. 对于乔治来说,设计一个控制系统应该有哪些方面的考虑?

技能训练

项目一:制定目标管理方案

【实训目标】

1. 增强对目标管理的感性认识;
2. 掌握目标管理的实施要领。

【实训内容与要求】

1. 每个人为所在班级或小组(寝室)制订一个目标管理方案;
2. 应进行必要的调查研究,正确地确定目标项目与标准,要具有可操作性;
3. 方案必须充分体现目标管理的特点与要求,有完整的结构;
4. 每家公司经过优选,确定一份公司的目标管理方案;
5. 班级组织一次交流,介绍、分析与评价各公司的目标管理方案。

【成果与检测】

1. 每人都要起草一份目标管理方案;
2. 由教师与学生共同作出评估与打分。

项目二:模拟公司的综合评价

【实训目标】

通过本章实训,主要培养学生控制与信息处理的能力。具体包括:

1. 有效控制的能力;

2. 收集与处理信息的能力;

3. 总结与评价的能力。

【实训内容与要求】

模拟公司的综合评价分两个阶段进行:

1. 第一阶段为自评阶段:经过一段时间的实践,由模拟公司的各个部门按工作性质的不同,责成各部门每名成员写出自检评估报告,总经理写出公司全面工作总结。模拟公司每名成员给自己打出自评分数。重点是收集与整理有关本公司与本人绩效的信息。

2. 第二阶段为互评和总评阶段:各模拟公司互评与教师总评,本着"公平、公正、公开"的原则,各模拟公司之间根据绩效与日常表现,互相评估打分;教师依据绩效及表现对各公司进行综合评估打分;最后将各部分分数进行加权汇总。

【成果与检测】

1. 各公司制定评估方案;

2. 总经理写出本公司全面工作总结;

3. 每个公司成员提交自我评估报告或总结;

4. 教师进行成绩汇总与评定。

注:此项目也可改为对本课程进行总结。

模块七　企业管理

学习目标

知识目标：

★了解企业的特征与类型；

★理解企业的概念，掌握现代企业制度，特别是法人治理结构；

★理解市场营销理念与营销组合策略；

★了解生产类型与生产过程的组织；

★掌握生产计划与控制的要领；

★了解企业财务管理的基本内容，掌握财务管理的基本要领。

技能目标：

★培养分析企业属性、界定企业类型的基本能力；

★培养参与企业改革的初步能力；

★培养初步的参与营销策划的能力；

★能简单编制生产作业计划，具有初步参与生产组织与控制的能力；

★具有简单的财务分析的能力。

管理名言

没有战略的企业就像一艘没有舵的船，只会在原地转圈。

——乔尔·罗斯

先导案例

【案例7.1】

乐凯面对的挑战

曾几何时，柯达在中国市场上过关斩将，势不可挡，在短短的几年间把我国的感光企业“逐一吃尽”。“乐凯”成为国内唯一的幸存者，面对着生与死的挑战。

乐凯虽然号称世界感光材料行业六强之一，但平心而论，乐凯实在不具备与柯达对抗的实力，这从以下几个数据便可看出：1999 年，柯达产品的销售额为 140.89 亿美元，而乐凯则不到 1 亿美元；柯达当年用于研究开发的费用达 8.17 亿美元，乐凯加上技术改造的投入还不足 1 000万美元；就科研力量而言，在柯达总部，称得上科学家的就有600 多人，而乐凯只拥有邹竞院士以及几十名博士、硕士和一些技术工人。

差距是如此明显！然而，乐凯与柯达的差距远不止这些。柯达不仅早已是世界500 强企业之一，而且在产权、管理、营销、资本运营、技术开发等方面都建立了一套相当完善的制度；而乐凯虽然建厂已有40 余年，但至今仍算不上一个现代意义上的企业。就产权制度来说，长期以来，乐凯一直隶属于化学工业部，承担军用胶卷以及民用照相材料的研制生产任务，企业的生产与销路照指令计划去执行，基本上没有独立法人资格。1992 年，乐凯被国务院列入国家首批试点企业集团，尝试按现代企业制度的要求建立新型的组织结构和管理模式，并于 1997 年 10 月正式按照母子公司管理体制运行。1998 年 1 月 22 日，“乐凯胶片”A 股在沪挂牌上市，乐凯迎来了盼望已久的股份制改造。从名义上说，乐凯已经是独立的法人实体，但由于在其股权结构中，国有股的比重高达 60% 以上，这就决定了乐凯不可避免地要受到各种行政干预。在这种情况下，它还有多少活动空间呢？用董事长杜昌泰的话来说，他只是一个管家，企业的经营状况与自身报酬基本上没有什么联系，其工作积极性主要来自于精神，来自于一种责任感。事实上，从乐凯公布的年报来看，管理层中，杜昌泰的持股数最高，但也只有区区 500 股，年报酬不超过 5 万元，还不及柯达一名熟练工人的年收入。

此外，落后的市场观念也是乐凯的一个致命弱点。长期以来，乐凯一直将科研开发视为第一位，忽视产品的销售与宣传。目前，乐凯拥有市场拓展人员 20 131 余名，不及柯达在中国的 1/4，同时，企业又不重视广告宣传。1994 年，乐凯推出了具有先进水平的 ISO 100 高清晰度彩色胶卷，被评为国家新产品，但因没有及时推广，使之只受到了专家的一致好评，受到了国际著名的摄影大师的认可以及主要竞争对手柯达和富士的高度重视，唯独没引起国内消费者和市场的重视，一直“养在深闺人未识”。而反观柯达，每年在广告宣传方面的投入就达数亿美元，对重大赛事的赞助更是一掷千金。

据说，在乐凯集团总部经常回荡着雄壮的《国际歌》旋律，工人们高唱“从来就没有什么救世主，也不靠神仙皇帝”。其情其景，既悲壮又叫人感动。面对挑战，乐凯是在悲壮中隐退，还是浴血奋战、杀出一条生路？

思考与提示：

1. 分析乐凯所处的内外环境。
2. 乐凯进行了哪些改革，并分析是否到位？
3. 乐凯的出路是什么，它应该进行怎样的深入改革？

单元一　企业概述

一、企业的概念与基本职能

(一)企业的概述

1. 企业

企业一般是指在社会化大生产条件下,从事生产、流通与服务等经济活动的营利性组织。

2. 对企业概念的基本理解

(1)企业存在的社会条件:企业是在社会化大生产条件下存在的,是商品生产与商品交换的产物。

(2)企业是从事生产、流通与服务等基本经济活动的经济组织。

(3)虽然企业的基本职能是为社会提供产品与服务,但就其本质,它属于追求盈利的营利性组织。

(二)企业的基本职能

企业的基本职能就是从事生产、流通和服务等经济活动,向社会提供产品与服务,以满足社会需要。

(1)工业企业的基本职能:通过工业性生产活动,即利用科学技术与设备,改变原材料的形状与性能,为社会生产所需要的产品。

(2)商业企业的基本职能:通过商品实体转移或价值交换,为社会提供所需产品或服务。

二、企业的构成与特征

(一)企业的构成

1. 企业是生态有机体

企业作为一个由人组成的、发挥特定功能的系统,是一个能动适应外部环境变化,自我运作与发展,具有诞生、成长、成熟与衰亡寿命周期的生命有机体。

2. 企业生态系统模型

下面通过一个系统模型,对企业生态有机体进行简要描述,如图 7.1 所示。

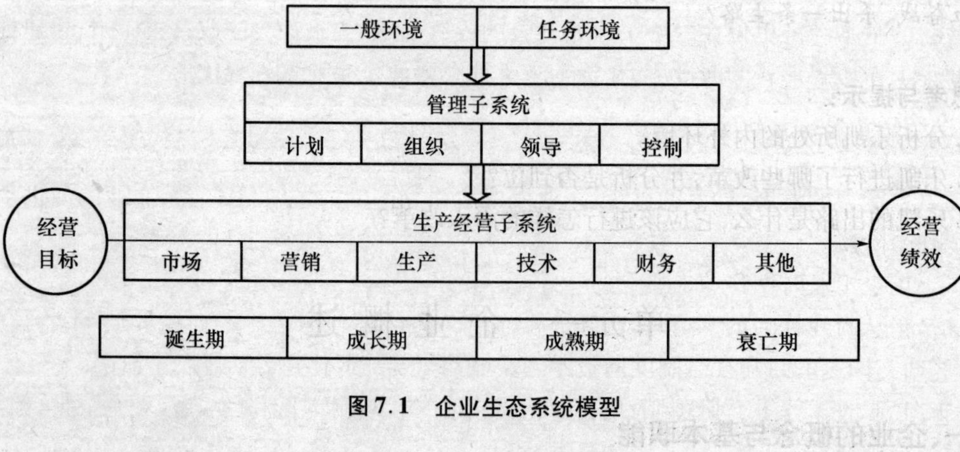

图 7.1 企业生态系统模型

(1)企业的基本运营链是:经营目标—生产经营—经营绩效。

(2)企业是在一定的环境下存在的,包括一般环境与任务环境。

(3)企业有明确的经营目标,这是由其特定职能决定的;通过企业的各种经营管理活动,最后要取得预期的绩效。

(4)企业系统可划分两大子系统:管理子系统与生产经营子系统。

(5)管理子系统作用于生产经营子系统,是促进生产经营效率化、效益化的功能系统;其作用主要是通过计划、组织、领导、控制等四大职能实现的。

(6)生产经营子系统是企业最基本的系统,是企业发挥基本职能的主体系统。它主要由市场调研与经营定位、营销、生产、技术、财务及其他子系统构成。

(7)企业作为生命有机体,也像人一样,有诞生期、成长期、成熟期和衰亡期等生存发展阶段。企业处于不同的生命周期,表现出不同的属性与特征,相应地,要有不同的管理策略。

(二)企业的特征

1. 经济功能性

企业是经济组织,从事一定的经济活动,发挥特定的经济功能。

2. 经济法人性

企业是独立的社会经济法人。自主经营,独立核算,自负盈亏,具有法人地位与权利。

3. 营利性

企业是营利性机构,以追求经济利益为基本目标。

4. 组织系统性

企业是由人组成的有机系统。它有明确的目标,有系统化的组织体系,有自我生存发展的能力,是一个生态有机体。

三、企业的产生与发展

(一)企业的产生

社会的生产力水平决定社会基本经济单位的组织形式。企业是社会生产力发展到一定水平的成果,是商品生产与商品交换的产物。

社会的基本经济单位在经历了原始社会的氏族部落、奴隶社会的奴隶主庄园、封建社会的家庭和手工作坊等形式的演进后,在资本主义社会诞生了企业这种现代形式。

(二)企业的发展

随着生产力的发展、社会的进步,企业形式也得到不断的发展与完善。企业的演进主要经历以下几个阶段。

1. 工场手工业时期

这是指从封建社会的家庭手工业到资本主义初期的工场手工业时期。16 世纪至 17 世纪,一些西方国家的封建社会制度向资本主义制度转变,资本主义原始积累加快,大规模地剥夺农民的土地,使家庭手工业急剧瓦解,开始向资本主义工场制转变。工场手工业是企业的雏形。

2. 工厂制时期

18 世纪,西方各国相继开展了工业革命,大机器的普遍采用,为工厂制的建立奠定了基础。1717 年,英国阿克莱特在克隆福特创立了第一家棉纱工厂。19 世纪三四十年代工厂制度在英、德等国家普遍建立。工厂制的主要特征是:实行大规模的集中劳动;采用大机器高效率生产;实行雇用工人制度;劳动分工深化,生产走向社会化。工厂制的建立,标志着企业的真正诞生。

3. 现代企业时期

19 世纪末 20 世纪初,随着自由资本主义向垄断资本主义过渡,工厂自身发生了复杂而又深刻的变化:不断采用新技术,使生产迅速发展;生产规模不断扩大,竞争加剧,产生了大规模的垄断企业;经营权与所有权分离,形成职业化的管理阶层;普遍建立了科学的管理制度,形成了一系列科学管理理论,从而使企业走向成熟,成为现代企业。

四、企业类型

企业作为一个生态有机体,有着多种属性与复杂形态。因此,可以按照不同的标准,将企业划分为多种类型。

(一)按企业财产组织形式划分

按企业的财产组织形式划分,可以分为四种基本的企业类型:个体企业、合伙企业、合作制企业和公司制企业。由于公司制企业又包括无限责任公司、有限责任公司和股份有限公司等三种重要形式,因此分别介绍。

1. 个体企业

个体企业是由业主个人出资兴办,由业主自己经营的企业。业主个人拥有企业的全部资产,完全自主经营,享有全部经营所得,同时承担无限经营责任。个体企业一般规模较小,其长处是经营方式灵活,决策迅速;弱点是难以从事大规模的经营活动。

2. 合伙企业

合伙企业是由两个或两个以上的个人联合经营的企业。合伙人共同投资,分享企业所得,共同承担经营风险,每个合伙人都要负连带无限清偿责任。企业可以由合伙人共同经营;也可以只由部分合伙人经营。合伙企业规模较小。其优点是比个体企业有更强的筹资能力和信誉度;缺点是由于重大决策需要得到所有合伙人同意,容易造成决策延误和差错,由于负连带无限清偿责任,加大了合伙人的风险。

个体企业和合伙企业在法律上均属自然人企业。

3. 合作制企业

合作制企业是指以资金、劳动或其他资产(含无形资产)投入进行合作,共同经营的企业。比较典型的合作制企业有两种:城镇小型工商企业实行的股份合作制和中外合作经营企业。股份合作制企业是特指企业内的劳动者平等持股、合作经营、按股本和劳动共同分红的一种集体企业。这种职工持股的体制,有利于增强职工对企业的关注度,有利于调动职工的积极性。而中外合作经营企业,是指国外企业、经济组织或个人,在中国境内,与中国的企业或经济组织共同投资或提供合作条件而举办的企业。中外合作者的投资或合作条件可以是现金、实物、土地使用权、工业产权、非专利技术和其他财产权利。中外合作企业与合资企、业相比,双方在产权上有更大的独立性,组建运作更为方便。

以下三类为公司制企业。

1. 无限责任公司

无限责任公司是指由两个或两个以上股东所组成,股东对公司的债务承担无限清偿责任的企业。无限清偿责任是指股东对公司的债务以其全部个人财产共同承担或单独承担清偿全部债务的责任,而不以其出资额为限度。显然,无限责任公司的股东的风险是很大的。这种公司在国内外都没有大的发展。

2. 有限责任公司

有限责任公司是指由两个以上的股东共同出资,每个股东以其认缴的出资额对公司债务承担有限责任的企业。公司不对外发行股票,股东的出资额由股东协商决定。由于股东所负责任以其出资额为限,将股东投入公司的财产与其个人财产脱钩,大大降低了股东的风险。有限责任公司的优点是设立程序简单,又可降低股东风险;缺点是不能在国内公开发行股票,限制了筹资的规模。有限责任公司一般适合于中小企业。

3. 股份有限公司

股份有限公司是指其注册资本由等额股份构成,并通过发行股票筹集资本,公司以其全部资产对公司债务承担有限责任的企业法人。股份有限公司是典型的现代企业制度形态。其主要特点有:

(1)股份有限公司是完全独立法人,拥有独立的法人财产权;股东成为单纯的股票持有者,他们的权益主要体现在股票上,并随股票的转移而转移。股东人数有法律上的最低限额,我国规定最少3人。

(2)股份有限公司的资本总额划分为每股金额相等的股份,并以股份的多少计算股东的权益。在交易所上市的股份有限公司的股票,可以在社会上公开发行,自由转让,但不能退股,以保持公司的稳定。

(3)股份有限公司实行所有权与经营权分离体制。股东大会是最高权力机构,由股东大会委托董事会负责公司重大经营决策,再由董事会聘任总经理负责日常经营。

(4)股份有限公司有许多优越性:最显著的优点是通过在交易所上市,向社会发行股票,可以大规模地筹资,迅速扩展企业规模,增强企业市场竞争力;股东负有限责任,降低股东投资风险;由于股票的迅速自由转让,提高了资本的流动性,当企业经营不善时,股东通过抛售股票,即采取"用脚投票"的方式,迫使经理人员必须全力提高企业绩效。

(5)股份有限公司的缺点主要有:设立与变更程序复杂;股东关注的是从股票升值中获利,不关心企业的长远发展;由于所有权与经营权的分离,产生复杂的委托代理关系等问题。

(6)股份有限公司作为一种现代企业典型形态,适合应用于大中型企业。即使在国外,这种企业形式在企业总数中所占的比例也不大,但营业额与利润却都占很大比例。

(二)按企业组合方式划分

1. 单一企业

一家工厂或一家商店就是一个单一企业。单一企业的经营项目比较专业化,或具有相同的生产过程。其独立地承担法人财产责任和经营责任,自主经营,自负盈亏。

2. 多元企业

多元企业即指由两个以上的工厂组成的企业。多元企业是按照专业化、联合化与经济合理原则,由若干个工厂组成的企业法人。多元企业有两种基本类型:

（1）按同类产品或相同工艺技术的工厂组成的专业公司，如电子元件公司、电力工业公司等；

（2）由装配厂与所需零部件生产厂组成的联合企业，如汽车工业公司、计算机公司等，这些均属于多元企业。

3. 经济联合体

这是指由一些企业组成的松散的、相对稳定的经济联合组织。参加联合的各方，不改变各自的领导体制与隶属关系，本着自愿、互利、效益的原则，在生产、科研、技术、设备、劳力、物资及销售等方面进行联合。各方仍然独立核算，并按照等价有偿原则，在各方之间进行产品配套、物资协作与技术转让等生产经营活动，以提高联合各方的经济效益。

4. 企业集团

企业集团是以资产为纽带建立起来的、由若干独立企业法人组成的企业群体组织，是独立核算企业的较紧密联系的复合组织。其核心是技术、经济和资金实力雄厚的集团公司，其通过控股、参股来影响一批企业的经营方向和经营活动。

5. 连锁企业

连锁企业具有企业集团性质，但由于有其特殊性，因此单独加以说明。连锁企业是指由一个资本统一经营和管理众多的企业或店铺的企业群体。连锁企业广泛地应用于商业服务等领域，已成为现代零售业的主流。要发挥其连锁效应，必须具备如下基础：理念连锁、CIS 连锁、商品组合服务连锁、经营管理连锁。

（三）按所有制形式划分

1. 全民所有制企业，或称国有企业

它是指由国家或全民所有制单位投资建立的企业。资产为国家或全民所有，国家作为全民的代表，成为企业的所有者。

2. 集体企业

集体企业是由劳动者集体投资设立的企业。企业资产归劳动者集体所有。

3. 私营企业

私营企业是指由公民个人投资设立的企业。企业资产归投资者个人所有。

4. 混合所有制企业

混合所有制企业是指由不同所有制的单位或个人投资设立的企业，包括各种合资、合作、股份制企业。

（四）按照企业的行业性质分类

按照企业的行业性质，可以划分为工业生产企业、商品经营企业、服务企业三大类，而每大类企业又可以划分为不同类型的企业。

1. 工业生产企业

（1）生产加工企业。它是指生产各种产品或进行产品加工的企业。绝大多数的工业企业都属于这一类。

（2）工程与服务企业。它是指从事各种建筑、安装、施工、运输、储存及其他工业服务的企业。

（3）工商一体化企业。它是指集生产与销售于一体的企业。许多现代公司都属于这一类。

2. 商品经营企业

(1)批发企业。它是指将生产企业的产品转售给零售企业用于再销售,或供给生产企业用作生产原料的企业。其特点是进行大宗交易。

(2)零售企业。它是指通过商品销售直接满足消费者需要的商业企业。其特点是零星销售,交易频繁。具体形式有:百货商店、超级市场、专业商店等。

3. 服务企业

(1)餐饮服务企业。它包括专门从事饮食品加工与烹制的餐饮企业,提供各种洗浴、美发、娱乐的服务企业以及集餐饮、住宿及其他服务于一体的现代饭店企业。

(2)金融保险企业。它是指为社会提供金融保险服务的银行、保险公司等企业。

(3)咨询中介企业。它是指专门提供各种智力产品和其他中介服务的企业,如会计师事务所、各种中介公司等。

单元二　企业制度与改革

一、现代企业与现代企业制度

(一)现代企业的特点

1. 拥有现代先进技术

现代企业是在社会化大生产条件下产生的。它的最基本的标志是拥有现代技术,反映现代生产力的要求。古典企业与现代企业中生产力要素的集合方式的最显著区别就在于技术的作用:技术在现代企业中的作用越来越重要,一直在发挥革命性的作用。两者的差别可用下式表示:

古典企业生产要素=土地+劳动力+资本+技术

现代企业生产要素=(土地+劳动力+资本)×技术

2. 股权结构的分散化与多元化

业主企业与合伙制企业的股权是较为单一的。而现代企业的资本结构是分散化、多元化的。现代企业的投资主体不但数量多(如大量发行股票的上市公司),而且身份各异(从社会法人到公司员工均可成为股东)。这种资本结构,不但有利于企业更好地融资,而且也有利于企业法人的自主经营。

3. 所有权与经营权相分离

在传统企业中,企业的所有者直接经营管理企业,所有权与经营权集于一身。而适应现代化大生产和市场经济需要的现代企业,所有者无法直接经营企业,必须将企业的经营管理权交给职业经理人进行管理,这就实现了所有权与经营权的分离。这是现代企业在管理体制上的本质特征。

4. 实现管理的现代化

现代企业在管理上必须是现代化的。现代企业的管理,应是管理理念的现代化、管理组织的现代化、管理方法的现代化、管理手段的现代化、管理人才的现代化。

5. 具有较大的规模、实力和成长能力

这是与社会化大生产和现代市场经济要求相适应的一个特征。

只有具备以上五个方面特征的企业，才是现代化的企业。

(二)现代企业的形态

公司制企业是现代企业的主体形态。规范的公司制企业基本具备现代企业的主要特征，它构成了现代企业的主体。当然，这绝不意味着所有具有公司名称的企业都是现代企业，只有按公司标准与规范建立起来的公司才是真正的现代企业。

股份有限公司是现代企业的典型形态。规范的股份有限公司，较为充分地体现了现代企业的各项要求，是现代企业的典型形态。

(三)现代企业制度

1. 现代企业制度的概念

现代企业制度是指适应社会化大生产需要，符合市场经济规范，具备现代企业特征的企业基本制度体系。显然，这里讲的企业制度是特指现代条件下、具有现代属性的企业基本制度，讲的不是具体管理制度。

2. 现代企业制度的构成

现代企业制度主要包括两类基本制度：

(1)现代企业产权制度。现代企业产权制度是关于企业资本构成及由其所决定的企业财产权的分配，以及相应的组织形态等内容的制度体系。

(2)现代企业法人治理制度，亦称公司法人治理制度。现代企业法人治理制度是关于企业相关权益主体之间如何建立制衡关系，实现有效治理等内容的制度体系。现代企业产权制度是现代企业法人治理制度的基础，现代企业法人治理制度是现代企业产权制度在管理中的体现，如图 7.2 所示。

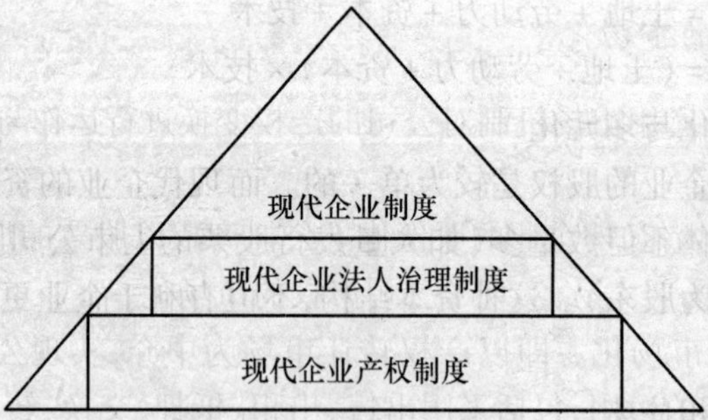

图 7.2　现代企业制度构成

二、产权制度

(一)产权制度的概念

1. 产权制度的地位

建立现代产权制度，是建立现代企业制度的基础，大力推进产权制度的改革，是当前深化国有企业改革、建立现代企业制度的关键环节。党的十六届三中全会关于完善社会主义市场经济体制若干问题的决定中提出要"建立归属清晰、权责明确、保护严格、流转顺畅的现代产权制度",并强调指出这是"构建现代企业制度的重要基础。"

2. 产权制度

产权制度是指以一定的财产组合为基础,构建特定的权能关系体系的制度系统。应在如下两个层次上理解产权制度:

(1)构建产权制度的基础是财产组合,即资产所有者形式,如投资主体的多寡、各自投资数额的大小等,这是构建产权制度的基础;

(2)构成企业产权制度的实质内容是特定的权能关系体系,即产权结构,如图7.3所示。

图7.3　现代产权制度构成

3. 产权结构

产权结构是指建立在财产组合基础之上的资产所有者的权能构成体系,如所有权、使用权、收益权和处置权四项权能的统一或分立及其具体的组合形式系统。产权结构是产权制度的核心问题。

4. 产权结构的效率

企业的产权结构不同,会使企业的经营绩效与企业相关权益主体的利益关系有很大的差别。这就是产权结构的效率问题。在我国传统计划经济体制下的企业,产权高度非人格化,与经营者和职工关联度极低,缺乏有力的利益激励,是一种低效的产权结构。提高产权结构效率的途径,是通过企业产权制度的改革,变更产权结构,使外部效应内部化,为企业的各权益主体提供尽可能大的利益激励。

(二)公司产权运营的市场化

公司产权市场化是指运用市场机制对公司的产权变换进行运作与经营。公司产权市场化主要包括以下三点:

(1)所有权运营的市场化,即企业的股份化。公司产权以股票的形式加以表现,股票在一级市场上发行,在二级市场上交易,实现了公司产权的市场化。

(2)法人产权运营的市场化。即以产权转让市场为中介,实现公司资产的转移和让渡。这是对公司资产物质形态的运用,包括采用出售、出租、抵押、交换、转让等方式处理公司的部分资产或全部资产。

(3)公司产权运营评价的市场化。在证券市场上,股东会依据企业的绩效购入或抛出股票,这种用"脚"投票评价的方式,就是一种市场化评价方式。

三、企业治理制度

《中共中央关于完善社会主义市场经济体制若干问题的决定》中指出:"完善公司法人治理结构。按照现代企业制度要求,规范公司聘任制度。股东会决定董事会和监事会成员,董事会选择经营管理者,经营管理者行使用人权,并形成权力机构、决策机构、监督机构和经营管理者之间的制衡机制。"

(一)企业治理制度的概念及其重要性

1. 企业治理制度的概念

企业治理制度,即企业法人治理制度,是指为维护以股东为核心的权益主体的利益,对企业的权力制衡关系和决策系统所作出的制度安排。其核心是如何对企业进行有效控制问题。

2. 对企业法人治理制度概念的基本理解

(1)企业法人治理制度的目标与依据就是维护以股东为核心的相关权益主体的利益。

(2)企业法人治理制度所规范的基本内容包括:各相关权益主体之间的权力制衡关系;为保证企业绩效最大化而建立的科学决策系统。

(3)企业法人治理制度的基本构成为:法人治理结构与治理机制。如图 7.4 所示。

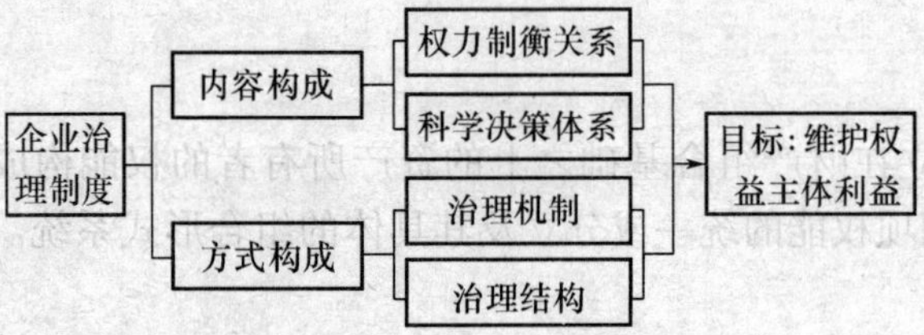

图 7.4 企业法人治理制度构成

3. 企业治理制度的重要性

(1)改革与完善企业治理制度是建立现代企业制度的核心。建立现代企业制度是我国国企改革的方向。产权制度的改革只是为建立现代企业制度提供了基础,而要真正建立起规范的现代企业制度,核心环节在于改革与完善现代企业的法人治理制度。如果不能建立有效的法人治理制度,企业的相关权益者就不能形成合理的权力制衡关系,不能建立科学的激励机制、约束机制和决策机制,建立现代企业制度就是一句空话。

(2)企业治理制度构成现代企业管理系统的关键环节。现代企业的一个重要特征就是现代化管理,而企业治理制度既包括治理结构,又包括治理机制,从而使其成为企业实行现代化管理的最为关键的环节。

(3)企业治理制度对企业绩效起决定作用。企业的绩效,在相当程度上取决于企业经营者和员工的积极性。科学的企业治理制度,就会形成有效的激励、约束机制与科学的决策机制,这样,既会调动经营者和员工的积极性,又会提高决策的效率与科学性,从而会显著地提高企业的绩效。

(二)现代公司治理模式

1. 公司治理结构与治理机制

公司治理主要是在公司领导层建立关于权力与利益的分配与制衡的关系及规制决策的系统。这一系统主要由治理结构与治理机制构成。

(1)公司治理结构。公司治理结构是公司领导层关于权力与利益的分配与制衡的关系及规制决策的机构与权责体系。它构成公司治理的基础。

(2)公司治理机制。公司治理机制是指公司治理结构产生的功能与权益关系、决策运作的机理。治理机制是由治理结构决定的,治理机制反映了治理结构的要求与功能。

2. 内部治理结构与外部治理结构

(1)从狭义上讲,公司治理结构是解决所有者对经营者的监督与制衡问题,主要是指内部治理结构。公司内部治理结构是指公司的所有者与经营者和员工之间建立的权力与利益的分配与制衡的关系及规制决策的体系。它主要调整股东、经营者和员工之间的关系,如股份公司内部所建立的股东会、董事会、经理层及监事会等机构体系。

(2)从广义上讲,公司治理结构是用来协调公司的所有权益主体之间的制衡关系的体系。因此,它包括内部治理结构与外部治理结构。外部治理结构是指公司与其外部各权益主体之间权益制衡关系的体系。它主要调整公司与其债权人、供应商、顾客、竞争者、社区、政府之间的关系。基本形式是建立各种市场运作与社会管理的体系。

3. 现代公司治理的系统模式

公司治理包括内部治理与外部治理两大系统。每个系统内,都要根据治理目标的要求建立相应的治理结构。特定的治理结构形成特定的治理机制,发挥着特定的功能与作用,从而达到激励与约束经营者、实现科学决策、提高企业绩效、最大限度地维护以股东为核心的相关权益主体利益的目的,如图7.5所示。

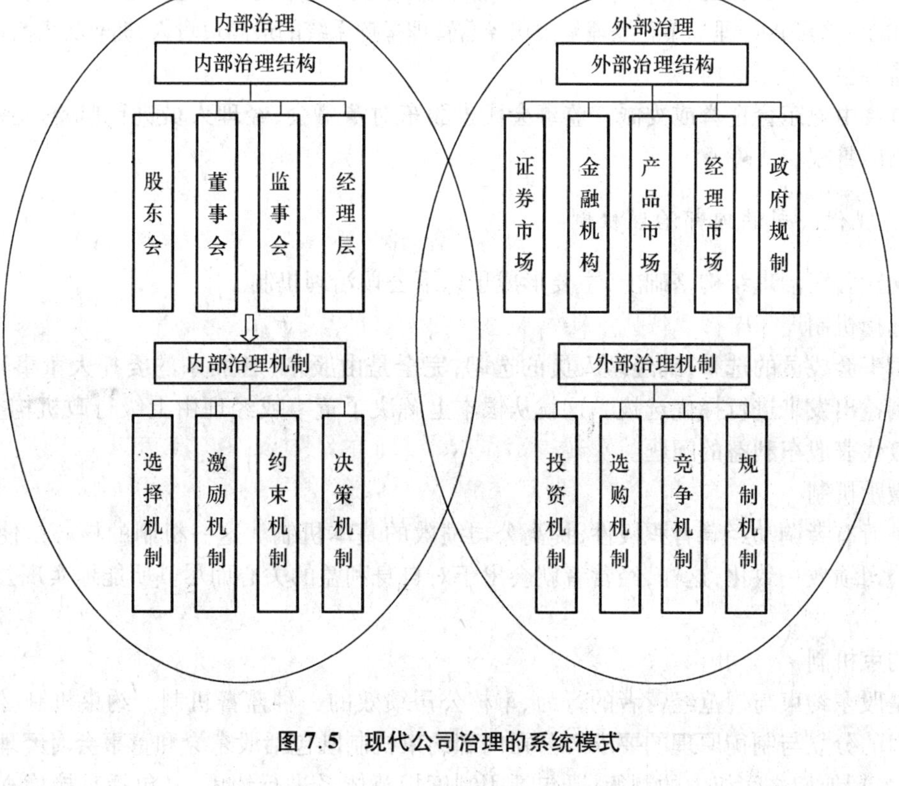

图7.5　现代公司治理的系统模式

四、现代公司的内部治理

(一)现代公司的内部治理结构

1. 现代公司内部治理结构的构成要素

(1)权益主体。权益主体主要有股东、经营者和员工。

(2)相互关系。最基本的关系是:股东与经营者之间的委托代理关系;经营者对股东的纵向说明关系。

(3)组织机构。构成公司内部治理结构的组织机构有:股东会、董事会、监事会和以经理为首的管理阶层。

2. 股东会,或股东大会

股东会由股东组成,代表所有者的利益,反映所有者的意志。股东会有权制定公司的重大战略决策和选举董事会。股东会是公司的最高权力机构,拥有对整个公司的最高治理权。

3. 董事会

董事会由股东会选举产生。董事可以由股东中产生,也可以向社会聘任独立董事。董事会代表股东经营公司,行使重大经营决策权并选聘经理。董事会是公司的经营决策机构,拥有对公司的治理权。

4. 经理层

经理人员由董事会选聘,一般为非股东的职业经理人。经理根据董事会的经营决策,全面负责公司的生产经营管理工作。经理是公司经营管理指挥系统的最高负责人,拥有员工治理权。

5. 监事会

监事会由股东会选举或委派。监事会代表股东对董事会、经理人员进行监督。拥有对整个公司的监督权。

(二)现代公司的内部治理机制

在现代公司治理结构基础上,主要形成了以下公司治理机制。

1. 选择机制

从董事会成员的选举,到经理人员的选聘,完全是由股东(含股东的委托人董事)从维护其自身利益出发来进行择优选拔。这就从根本上解决了董事或经理由上级行政机构委派,而不能直接代表股东利益的问题。

2. 激励机制

这是所有者调动经营者积极性,提高公司绩效的基本机制。这一机制的核心是使经营者利益与公司绩效一致化,这样,经营者就会出于对自身利益的关心而尽其所能地实现公司绩效最大化。

3. 约束机制

这是股东约束与规范经营者的行为、审核公司绩效的一种监督机制。约束机制必须体现内部权力的分立与制衡原理的要求。公司内部约束机制既包括股东会和董事会对经理人员的监督,又包括他们之间权力的制衡;既包括用制度规范体系进行约束,又包括直接检查公司的业务活动和会计监督等形式。

4. 决策机制

公司治理的目的，就是要使经营者努力经营，决策科学，从而提高公司的绩效，因此，决策机制是公司治理的重要机制。决策机制的核心是解决好公司决策权力的分配与制衡问题，要在股东会、董事会、监事会和经理层之间进行合理的决策分工和职权分配，建立科学的层级决策机制。

五、现代公司的外部治理

（一）现代公司的外部治理结构

在广义上，除了股东与经营者之间形成的内部治理结构外，现代公司的治理结构还包括公司与社会的组织与个人之间形成的外部治理结构。

1. 现代公司外部治理结构的构成要素

（1）权益主体。现代的公司是开放的公司，公司的经营与其所处的市场和社区有着千丝万缕的密切联系。公司的债权人、顾客、竞争者、社区、政府等，都成为与公司存在直接或间接利害关系的权益主体。

（2）相互联系。公司的经营活动和生存发展，既受到社会因素的制约，又会对社会产生一定的影响。构成公司治理结构的主要关系有：在市场交易中存在的契约关系；公司对社会上权益主体的横向说明责任关系；政府与社区对公司的规制关系等。

2. 现代公司的外部治理结构

现代公司的外部治理结构主要包括：①证券市场；②银行等金融机构；③公司所生产的产品的市场；④经理人市场；⑤政府的政策法规与干预。

（二）现代公司的外部治理机制

在上述外部治理结构的基础上，形成了以下治理机制。

1. 投资机制

金融市场与机构，依据对公司绩效的评价选择投资对象，从而对公司形成激励或制衡作用。在证券市场上，股东通过“用脚投票”的方式对公司发挥治理作用，即它们抛售绩效差的公司的股票，而购买绩效好的公司的股票。银行业通过信贷手段对公司加以控制。

2. 选购机制

在公司生产的产品的市场上，顾客的“购买选票”直接决定着公司的生存与发展。受顾客欢迎的质优价廉的产品，是公司绩效在产品上的反映。顾客会踊跃购买质优价廉的产品，而冷遇质劣价高的产品。这种产品市场上的选购机制构成了公司外部治理的重要机制。

3. 竞争机制

存在发达的经理人市场，是实现公司外部治理的重要条件。由于经理人市场的存在，为股东挑选与辞退经理提供了条件。这也对经营者造成极大的压力，使经营者有强烈的危机意识，从而促使经营者努力经营，提高公司绩效。

4. 规制机制

在市场经济条件下，公司的经营必然受到国家和政府政策法规及行政干预的规制。政府按照社会的利益和市场经济的规则进行宏观调控，这对公司的健康运行具有重要意义。同时，社会与社区的一些价值观念、行为准则、社会活动，也都对公司产生一定的软规制作用。

六、我国国有企业改革的历程与方向

(一)我国国有企业改革的历程

我国的国有企业是在传统的计划经济条件下诞生与运行的。我国也多次探索对国有企业的改革,但富有成效的大规模系统改革是进入改革开放之后进行的。主要经历以下历程:

1. 放权让利阶段

在传统计划经济条件下的企业,完全没有自主经营的活力,成为行政机构的附庸。我国从20世纪80年代初,开始扩大企业的经营自主权,实行"放权让利"的改革举措。国家和主管部门将更多的权力下放给企业,并实行各种形式的承包经营,从经济责任制到资产经营责任制,让企业的经营者和职工获得尽可能多的利益,以调动企业和个人两者的积极性。改革收到一些成效,使一些企业的效益有明显提高;但也产生了经营的"短期行为"和国有资产流失等问题,从而引发了第二阶段的改革。

2. 转换经营机制阶段

从改革中暴露出的突出矛盾中认识到:仅仅从外部的、浅层次的改革并不能解决企业的活力问题,而必须将改革推向深入,转换企业内部的经营机制,以从根本上增强企业的活力,使企业自主发展。1992年,国家制定了国有企业转换经营机制的条例,进一步落实企业的自主权,全面推进国有企业经营机制的改革,使国有企业的改革进入到一个新阶段。由于转换企业经营机制抓住了企业改革的本质,改革也取得了明显的成效,特别是一些改革成功的企业获得了快速的发展。但是,由于一些更深层次的问题没有解决,许多改革进行不下去,这一改革举措对绝大多数企业是回天乏力,进而开始了第三阶段的改革。

3. 建立现代企业制度阶段

企业的经营机制是建立在一定的企业产权结构和治理结构基础之上的。企业的产权结构和治理结构不进行改革,人为地、强行地改革与强求建立所期望的经营机制是徒劳的。为此,必须进行制度的创新,改革企业的根本制度。从1994年开始,中央确立了国有企业改革的目标模式是建立现代企业制度。这一阶段改革的一个突出进展就是第一次触动了企业的所有制,旗帜鲜明地进行了企业产权制度的改革。按照多种所有制共同发展的理论,推进了国有企业的股份制改造,建立了多种形式的公司制企业。在这个过程中,也出现了许多"翻牌公司",只有公司之名,没有公司之实。有的公司虽然也进行了产权制度的改革,但是多元化的股东并没有带来管理的高效率和企业的高绩效。于是,建立现代企业的治理结构与机制的问题日显突出。当前,国有企业的改革已进入到以改革企业产权制度为基础,以完善现代公司治理结构与机制为核心的建立现代企业制度的攻坚阶段。

(二)我国国有企业改革的方向

建立现代企业制度是我国国有企业改革的基本方向。但并不是说所有的国有企业都要建成现代企业制度。建立规范的现代企业制度主要是指国有大中型企业。对于一些国有中小企业而言,主要是进行各种形式的改制。但是,无论是国有大中型企业,还是中小型企业,也包括民营企业,建立现代企业制度的基本精神是普遍适用的。进行产权制度的改革,建立与完善体现现代经营要求、科学合理的治理结构与机制,是我国企业改革的根本方向。

七、我国国有企业的改革与发展

（一）坚持“抓大放小”的方针

国家将主要抓好关系国计民生的重点骨干企业，集中力量，重点指导，尽快取得改革的成效。改革的主要方向就是建立现代企业制度。

对于一些完全竞争性的行业和小企业，完全放开，让它们在市场经济和改革的大潮中，自主运作，自主发展。

（二）国有大中型企业建立规范的现代企业制度

1. 总的要求

国有大中型企业的改革，要按照中央提出的“产权明晰、权责明确、政企分开、管理科学”的要求，进行规范的股份制改造，真正建立起现代企业制度。改革的重点是：以改革企业产权制度为基础，以健全科学合理的治理结构与机制为核心。

2. 大力推进国有企业产权制度的改革，实现企业资本结构的分散化与多元化

《中共中央关于完善社会主义市场经济体制若干问题的决定》中指出：要“建立归属清晰、权责明确、保护严格、流转顺畅的现代产权制度”。对国有企业进行股份制改革，运用市场机制对公司的产权变换进行运作与经营。

（1）推进国有企业的股份制改革，建立多种形式的公司制企业，特别是，有条件的要组建规范的股份公司。

（2）国有企业包装上市，向社会发行股票，实现公司产权的市场化。

（3）推进法人产权运营的市场化。即以产权转让市场为中介，实现公司资产的转移和让渡。例如，合并、兼并、财务重组、债转股等。

（4）通过交换股票、参股、控股等多种方式，实现企业资本多元化。

3. 深化企业治理结构的改革，建立现代公司的治理结构

国有企业实行产权制度改革，建立多元化的资本结构，只是建立了现代企业制度的基础部分，建立现代企业制度的核心部分则是现代公司的治理结构。只有建立了现代公司治理结构，才能真正建立起现代企业的经营机制，才能有效提高企业的绩效，达到国有企业改革的目的。

（1）建立与完善公司内部治理结构。要按照企业的投资者拥有原始所有权、企业拥有法人财产权、经营者拥有企业经营管理权的产权结构，建立以维护所有者利益为核心的公司内部治理结构。要处理好股东会、董事会、经理层和监事会的权力分配与制衡关系，要设置独立董事。此外，还应注意企业员工的民主管理与民主监督。

（2）强化与完善公司的内部治理机制。对于经营者的选择，必须建立一种在所有者基于对自身利益关心的基础上的、依据公司绩效而自主选聘与辞退的机制。对于经营者要建立一整套科学的激励与约束机制，包括实行年薪制、经营者持股、股票期权等使经营者利益与公司绩效紧密挂钩的得力措施。要合理地分配决策权，建立必要的决策制衡制度，以保证决策的科学性和有效性。

（3）建立与完善外部治理结构。要完善证券与金融市场体系，建立有效的投资体系；要通过商品市场的有序竞争，借助消费者选购机制，加强对经营者的外部控制；建立与完善经理人市场和劳动力市场，推进人力资源的资本化，促进经营者和公司员工的上岗竞争，加大他们的

外部压力;改进与完善政府的经济管理职能,强化政策法规与市场规则对企业的约束,造就有序竞争、有效管理的良好宏观环境。

4. 加强战略管理,推进管理的科学化、现代化

现代企业制度必须实行科学的、现代化的管理。

(1)制定正确的发展战略。这是体现现代管理与运作,决定企业生存与发展的关键环节。

(2)实行科学化管理。这是现代企业制度的本质要求之一,是使现代企业制度落到实处的重要保证,是提高公司绩效的关键途径。

(3)推进管理的现代化。现代企业的重要特征就是采用现代技术,实行现代管理。因此,必须大力推进管理的现代化。

5. 坚持创新,建立学习型组织

创新是现代企业的灵魂,是企业不断发展的关键途径。建立现代企业制度不会是一劳永逸的,只有坚持不断创新、不断学习,企业才能不断跟上时代发展的步伐,保持现代的属性与功能,才能称得起"现代企业"。现代企业是一个动态的概念。因此,我国的国有企业,无论改革成何种体制与机制,都必须坚持不断创新,将企业建成一个学习型组织。彼得·圣吉提出:"……未来唯一持久的优势,是有能力比你的竞争对手学习得更快。"企业的全体成员,特别是经营者,必须建立宏伟的共同愿景,坚持持久的学习,培养系统思考能力,改善心智模式,不断地超越自我,不断打造永久的竞争优势,使企业真正成为学习型组织。

(三)国有中小企业与私营企业的改革与发展

1. 国有中小企业的改革

中小企业要结合实际,进行各种形式的产权经营与改制。

(1)采用出售、出租、抵押、交换、转让等方式进行资产运营,推进股份合作制等多种形式的改造与改制,再造企业的活力与生机。

(2)同时推进"两个置换"。国有企业进行改制,要正确处理好"两个置换":一是企业产权的置换;二是职工身份的置换。国有产权置换是国企职工身份置换的前提条件,国企职工身份置换是国有产权置换的逻辑必然,两个置换必须同时进行。特别是要搞好职工竞争上岗、职工分流以及再就业等问题。

(3)坚持实行科学管理。无论企业的产权制度怎样改革,都必须实行科学的管理。

2. 私营企业的改革与发展

私营企业是我国现阶段社会主义建设的一支重要力量。私营企业具有机制灵活等优势,但同时也存在一些明显的欠缺。因此,推进私营企业的改革与发展,也是我国企业改革的重要内容。

(1)应规范私营企业的产权制度。私营企业的产权一般说来是较为清晰的,但是,其产权结构与制度体系还是很不规范的,有许多企业仍是所有权与经营权不分。必须依据有关法规对其产权结构与制度加以规范。

(2)应建立现代企业治理结构。一些私营企业采用的是家族式的管理模式,因此私营企业特别是一些大的私营公司,必须改造成规范的公司制,建立现代治理结构。

(3)应实行科学的管理。经验管理在一些私营企业中仍被沿用。因此,必须将现代的科学管理模式与机制引入私营企业,全面提高私营企业管理的现代化水平。

单元三　企业市场营销

一、市场营销及其理念

（一）市场营销的含义与意义

1. 市场营销

市场营销是指商品经营者，以满足社会需求为核心，以有效实现经营目标为目的，有计划地促进商品交换的行为与过程的总和。

（1）市场营销的目的，是为了有效地实现商品经营者的经营目标，如开拓市场、提高市场占有率、提高经济效益与社会效益等。

（2）市场营销就是一系列促进商品交换的行为和过程，如商品广告、营业推广、人员推销等。

（3）市场营销是有意识的、有计划的、有组织的活动过程。

（4）现代营销必须以满足社会需求为核心。

2. 市场营销的意义

（1）市场营销是决定企业总体经营效益的关键环节。企业不但要生产出好的产品，还必须把产品销售出去，以补偿成本，获得盈利。

（2）市场营销是使企业经营适应市场的桥梁与纽带。

（3）市场营销可以更好地满足消费者的需求。通过市场营销，实现有效的信息传播，使消费者更容易买到称心如意的产品；并通过创造需求，能够在更高层次上满足消费者的需求。

（二）营销观念的演进

1. 卖方导向理念——传统营销观念

在市场营销发展过程的中早期，统治市场营销的是一种卖方导向的理念，即传统的营销观念。那时由于生产力还不够发达、物资短缺、产品供不应求，市场经济还不够成熟，市场意识不强，市场机制还不完善。这样，在市场上起主导作用的只能是企业，即市场是由卖方主导的，而顾客明显地被忽视了，在市场营销中必然形成卖方导向的理念。

2. 买方导向理念——市场营销观念

市场营销观念的系统思想形成于20世纪50年代中期。随着生产力的高度发展和市场经济的日趋成熟，买方市场的形成，市场意识的强化，顾客及其需求受到了高度的重视，并成为影响企业生存与发展的决定力量。市场营销观念是指企业在经营的过程中，高度关注顾客的需求，以满足顾客的需求为核心与目标组织营销活动。市场营销观念属于买方导向理念。

3. 社会导向理念——社会市场营销观念

社会市场营销观念产生于20世纪70年代。随着社会生产力的飞速发展，社会的进步以及人类环境保护和社会福利等问题的突出，社会市场营销观念应运而生。社会市场营销观念是指企业经营要兼顾企业、顾客和社会三者利益，按照追求企业利润、满足顾客需要、有利于社会环保与福利相统一的原则运筹与组织市场营销。

（三）现代营销观念

1. 整体市场营销

1992 年，菲利普·科特勒提出了整体市场营销的全新概念。整体市场营销是指企业从长远目标出发，对与企业经营相关的所有行为者开展全方位的市场营销活动。这是一种广义的市场营销，其广义既是指营销对象的广泛性，又是指营销内涵的宽泛性。这里的“营销”，不局限于将产品卖出去，而是指广义的为牟取利益而进行的各种推广工作。

2. 顾客让渡价值

现代市场营销观念的核心是使顾客满意。而顾客最看重的是“顾客让渡价值”。菲利普·科特勒于 1994 年提出了“顾客让渡价值”理论。顾客让渡价值是指顾客总价值与顾客总成本之间的差额。顾客总价值是指顾客购买某一商品或服务所获得的利益总和，主要包括商品价值、服务价值、人员价值、形象价值等。顾客总成本是指顾客为购买某一商品或服务所耗费资源的总和。顾客总成本主要包括货币成本、时间成本、精神成本和体力成本等。顾客总价值扣除顾客总成本之后的余额就是“顾客让渡价值”。

顾客让渡价值最大化是顾客与企业共同追求的目标。

要增大顾客让渡价值，就要增大顾客总价值，或者减小顾客总成本。因此，实现顾客让渡价值最大化的途径有两条：①开发与改进更适应顾客需要的产品或服务，千方百计地使顾客在购买商品或服务的过程中获得最大限度的满足，以提高顾客的总价值；②努力降低生产成本与销售成本，进而降低产品售价，减少顾客的货币支出；同时，最大限度地降低顾客购买产品的时间、精力和体力消耗。

3. 关系营销

随着现代营销理论的发展，关系营销受到高度重视，并得以广泛应用。关系营销强调以下要点：

（1）市场营销以寻求共同利益为基础。市场营销的主体与客体之间的关系本质上都是一种合作关系。只有实现互惠，才能取得成功。

（2）市场营销以融通情感、维系关系为重点。市场营销不是简单的推销，而应把关注点放在如何与经营的相关者融通情感、维系关系上。

（3）市场营销的基本手段是双向沟通。要把传统营销的单向劝导变为企业与顾客等经营相关者之间的双向沟通。

（4）要建立网络化、长期化的营销关系体系。要建立市场营销的关系网络，并实现长期维系与发展。

4. 电子商务与网络营销

电子商务与网络营销得到迅速发展，成为当代社会市场营销的重要发展趋势。电子商务是泛指采用计算机等电子方式所进行的商务活动。电子商务包括货物电子贸易与服务、在线数据传递、电子资金划拨、电子证券交易、电子货物储运等多种商务活动。其中运用电子方式进行产品或服务的交易就是网络营销。网络营销是指运用计算机与互联网等电子方式对产品或服务所进行的营销活动。电子商务与网络营销必将有非常广阔的发展前景。

二、市场分析与定位

（一）市场调研与分析

1. 市场调研与分析的含义

市场调研与分析，是企业为了正确制定营销决策，以市场为中心所进行的市场营销环境分析。通过分析，主要是为企业开展市场营销乃至整个经营，发现环境威胁，寻找市场机会。市场调研与分析是正确地进行市场营销决策与运作的前提与基础。没有正确的市场调研与分析，就不会有有效的市场营销。

2. 市场调研与分析的程序

市场营销中进行市场调研与分析的主要程序为：①收集市场信息；②对市场的结构、要素与趋势进行分析；③根据企业市场营销的要求，进行市场细分化；④寻找市场机会，以选择目标市场。

（二）市场细分化

1. 市场细分化的含义

市场细分化是指企业根据市场需求和购买行为的差异性，按照一定的标准，把整体市场划分为若干消费者群的过程。这些被细分了的具有某种相似特征的消费者群，称为细分市场或子市场。例如，把整个服装市场细分为儿童服装市场、女装市场、男装市场、老年装市场。

2. 市场细分化的必要性

市场细分化，是企业实行特色经营，构建竞争优势的需要。

（1）市场细分化是顾客需求异质性的客观要求。

（2）受资源限制与面对竞争的压力，实行市场细分化与目标市场营销，是企业的必然选择。

（3）市场细分有利于发掘和利用新的市场机会，提高市场占有率，并有利于合理使用企业资源，获取最大的经济效益。

3. 市场细分的标准

将一个整体市场细分为若干个子市场，必须按照一定的标准来进行。

（1）消费者市场细分标准。对消费者进行细分主要有地理、人口、心理和行为四类标准。

（2）生产者市场细分标准。生产者市场细分，主要有以下划分的标准：地理标准、社会经济标准、产品用途标准、用户规模标准。

4. 市场细分化的方法

（1）平行细分法。这是一种按单一标准对整体市场进行细分的方法。如许多商品按消费档次进行细分，可以分为高档品市场、中档品市场、低档品市场。

（2）交叉细分法。交叉细分法就是将两个标准结合起来细分市场。例如，按年龄段与收入水平两个标准，将某种产品市场进行细分，可分为老年人高收入市场、中年人高收入市场、青年人高收入市场等。

（3）立体细分法。立体细分法就是将三个标准结合起来细分市场。例如，对服装市场，按照性别、年龄和收入三个标准进行细分，可分为老年人男性高收入服装市场、中年人男性高收入服装市场、青年人男性高收入服装市场等。

(4)多维细分法。多维细分法就是将三个以上的标准结合起来细分市场。

(三)目标市场选择

1. 目标市场的含义

目标市场,是指在市场细分化的基础上,企业所选定的、准备以相应的产品和服务去满足其需要的消费者群。企业可以根据需要,选择一个或几个细分市场作为自己的目标市场。

2. 选择目标市场的标准

企业选择其目标市场应遵循以下标准:①选定的目标市场要有足够的市场容量;②该市场有充分的发展潜力;③该市场是本企业可以占领的;④在该市场上,本企业有较强的竞争优势;⑤可以获得稳定、长期的收益。

3. 目标市场的营销策略

企业在进行市场细分之后,开展目标市场营销中有三种营销策略可供选择。

(1)无差异市场营销策略。无差异市场营销策略是指,当企业选择多个子市场作为目标市场时,根据各子市场的共性,只推出单一产品,运用单一市场营销组合,力求满足尽可能多的顾客需求。实施这种策略,由于是生产单一产品,大批量生产,因此可降低成本,寻求更高的效益。但是,无差异的产品又很难满足诸多子市场的不同需求。实施这种策略的风险是较大的。

(2)差异市场营销策略。差异市场营销策略是指,企业针对不同子市场的需求特点,运用不同产品与不同营销组合分别适应不同的子市场。由于增强了市场营销的针对性,可以更好地满足顾客的需求,使企业更具有竞争优势。这一策略的最大弊端是会增大生产与营销的成本。

(3)集中市场营销策略。集中市场营销策略是指企业集中资源与力量,选择一个或少数几个相近的子市场作为目标市场,在较小的市场面上构建较强的竞争优势。这是一种集中资源搞专业化经营的战略,是中小企业构建竞争优势的一种很好的选择。但是,由于市场面过于狭小,一旦市场形势出现变化,就会遭遇较大风险。

(四)市场定位

1. 市场定位的含义

企业实施目标市场营销过程中,必须实行鲜明的市场定位策略。市场定位,就是企业在目标市场营销中,打造本企业产品特色,树立市场形象,以求在目标顾客心目中形成一种特殊的偏好。通过市场定位,在目标市场上树立富有特色的产品形象和企业形象,以求同竞争对手的产品区别开来,以构建强有力的竞争优势。一些企业成功的产品市场定位有:"知名品牌""高档豪华""经济实惠""技术领先""专业经营"等。

市场定位的实质是在目标市场构建竞争优势,以吸引顾客购买。

2. 市场定位的原则

设计与确定企业的市场定位时应遵循以下原则:①市场定位应突出企业优势;②市场定位要与竞争者形成显著差别;③市场定位要迎合顾客的需要与偏好;④市场定位要特色鲜明,便于识记;⑤市场定位要相对稳定,需长期打造。

3. 市场定位的步骤

市场定位有三个步骤:①分析市场态势与本企业的竞争优势;②发掘与选择相对竞争优

势，确立市场定位；③凸现本企业独特的竞争优势，传播市场定位。

三、产品策略

（一）营销组合策略与产品策略

1. 营销组合策略

企业选定目标市场后，必须采取有效的营销组合策略去开发与占领目标市场，构建本企业的竞争优势。营销组合策略，是指企业针对目标市场的需要，对可控制的各种市场手段与营销因素的优化组合和综合运用，主要包括产品、价格、渠道、促销等四大类策略。产品策略是企业营销组合的最基本的策略。

2. 产品整体概念

按照营销学的观点，产品是个整体的概念，即产品是指由生产者向消费者提供的所有效用与利益的整体。产品的整体概念认为，产品是由核心产品、实体产品和附加产品三个层次组成的一个整体。

（1）核心产品。核心产品是指向顾客提供的基本效用与利益。如购买洗衣机是为了便捷地洗涤衣物，购买冰箱是为了冷冻或冷藏食品。

（2）实体产品。实体产品是核心产品的载体，是使顾客可以享用核心产品的物质与劳务形态。实体产品包括形态、功能、质量、式样、品牌、包装等。

（3）附加产品。附加产品是指顾客购买产品所获得的各种附加利益。附加产品包括售中、售后的各种服务，由于购买产品获得的社会尊重与心理满足等。

按照产品整体概念进行市场营销，必须准确把握核心产品以满足顾客的本质需要；必须有效宣传与传播实体产品，使顾客能进行有效衡量并获得实际效用与利益；必须千方百计地扩大附加产品，实现顾客效用的最大化。

（二）产品组合的概念及产品组合策略

1. 产品组合的概念

产品组合是指一个企业生产和经营的产品的范围和结构。这是一种产品搭配，它是由不同的产品线与产品项目组成的。产品线由生产上、销售上和消费上密切相关的一组产品构成。①产品组合的宽度是指一个企业所拥有产品线的多少；②产品组合的深度是指产品线内产品项目的多少；③产品组合的相关性是指各种产品线在最终用途、生产条件、分销渠道及其他方面相互联系的程度。

2. 产品组合策略

产品组合策略是指在产品组合的宽度、深度和相关性等方面作出的筹划与安排。

（1）产品组合宽度策略。扩大产品组合的宽度，可以提高企业的声望和发挥营销等资源的潜力，并可分散经营风险。

（2）产品组合深度策略。若增加产品组合的深度，可有针对性地满足顾客的需要，构建竞争优势。

（3）产品组合相关性策略。加强产品组合的相关性，有利于企业在目标市场扩大影响与增强竞争力。

（三）品牌策略

1. 品牌和商标

当前市场的商品竞争的一个重要趋势是，由价格竞争转向商品价值竞争。而塑造品牌，则是商品价值竞争的一个杀手锏。因此，品牌策略对于企业而言是至关重要的。品牌是产品的名称标识及其在消费者心目中树立的一种美好形象。品牌或品牌的一部分在政府有关部门依法注册并取得专用权后，称为商标。

2. 品牌和商标策略

（1）品牌有无策略。即决定是否为本企业的产品塑造一个品牌。当然，塑造品牌要有相当的支出，但同时也能带来巨大的利益。

（2）品牌使用者策略。企业可以有三种选择：一是决定使用本企业的品牌；二是使用中间商的品牌；三是不同产品分别使用本企业的品牌和中间商的品牌。

（3）品牌统分策略。一个企业同时生产经营许多不同类别、规格和质量的产品，是全部使用统一的品牌，还是分别使用不同的品牌，一般有三种选择：一是不同产品分别使用不同的品牌；二是所有产品都使用统一的品牌；三是各种产品使用不同的品牌，但前面都冠以本企业的名称。

（4）品牌拓展策略。这一策略是指利用本企业成功品牌的声誉来推出改良产品或新产品。

（5）品牌重新定位策略。由于消费者偏好变化等原因，品牌需要重新定位。重新定位一定要考虑重新定位的成本与风险。

（6）多品牌策略。多品牌策略是指同一企业在同一种产品上设立两个或多个品牌，甚至设立相互竞争的品牌。目的在于吸引消费者，开拓不同市场，鼓励内部竞争等。

（四）产品生命周期各阶段的策略

1. 介绍期营销策略

介绍期是指新产品刚投入市场的阶段。此时顾客对产品不了解，企业支出大量的促销费用，但销售增长缓慢，效益不高。企业可采取的策略包括以下四种：

（1）快速撇脂策略。企业以高价格、高促销费用推出新产品，目的在于尽快收回投资；

（2）缓慢撇脂策略。企业以高价格、低促销费用推出新产品，寻求以尽可能低的代价取得尽可能大的收益；

（3）快速渗透策略。企业以低价格、高促销费用推出新产品，以争取迅速占领市场，然后，再寻求规模效益；

（4）缓慢渗透策略。企业以低价格、低促销费用推出新产品，以扩大销售，减少支出，增加盈利。

2. 成长期营销策略

当顾客开始接受新产品时，则进入了成长期。在该时期销售额与利润均快速增长。成长期的营销策略包括以下四种：

（1）改进产品策略。根据消费者的需求，提高产品质量，增加新的功能、特色和款式。

（2）开拓新市场策略。积极开拓新的子市场，增加新的分销渠道。

(3)塑造品牌策略。广告宣传的重点,应从新产品转向塑造本企业产品的品牌。

(4)适当降价策略。在适当时机降低价格,既可以吸引价格敏感型顾客,又可以阻止新的竞争者进入。

3. 成熟期营销策略

在该时期市场需求趋于饱和,竞争十分激烈,销售额增长缓慢直至下降,利润下降。成熟期的营销策略包括以下三种:

(1)调整市场策略。寻找新的子市场和营销机会。

(2)调整产品策略。通过改进产品质量和款式,增加产品功能来吸引顾客。

(3)调整营销组合策略。通过调整产品、定价、渠道和促销等市场营销组合来刺激顾客购买。

4. 衰退期营销策略

随着新产品的出现或消费者需求的下降,销售额与利润急速下降,则产品进入衰退期。衰退期营销策略包括以下四种:

(1)继续策略。用原营销组合,在原市场上继续维持。

(2)集中策略。将营销力量与资源集中于最有利的子市场或分销渠道,再争取一些利润。

(3)收缩策略。大幅度降低营销费用,以增加目前利润。

(4)放弃策略。当机立断,放弃经营,转战新的市场或项目。

四、价格策略

产品价格,既是市场机制的核心杠杆,又是决定企业经营状况与效益的关键要素。

(一)影响价格的主要因素

研究价格策略,必须掌握影响价格的主要因素。成本是价格的基础,并构成价格的最低限;产品的市场需求和消费者的可接受程度是价格的最高限。在这一幅度内,企业要根据经营目标与竞争对手的情况决定价格水平。

主要影响因素有:①定价目标;②产品成本;③产品的市场;④宏观经济形势与国家政策。

(二)产品定价策略

1. 心理定价策略

这是针对顾客的心理需求与特点,制定令顾客愿意接受的价格的一种策略。主要包括:

(1)声望定价,即企业利用顾客仰慕名牌商品或名店的心理,故意把价格定成整数或较高价格,以显示其商品或企业的名贵;

(2)尾数定价,即在价格数字上保留零头,使顾客感到价格低廉或计算精确,从而愿意接受,如将10元的商品,定成9.99元;

(3)参照定价,在类似商品较高价格的对比下,可以显出正常价格的商品的价格较低。

2. 优惠折扣定价策略

为了鼓励顾客早付款或大量购买,可以给顾客一些折扣与优惠。具体包括以下四种方式:

(1)现金折扣。对于一次性付清货款的顾客,按原价给予一定折扣。

(2)数量折扣。对大量购买者,给予一定的减价优惠。

(3)季节折扣。鼓励购买者淡季购买,淡季定价较低。

(4)价格折让。即通过"以旧换新"等形式减价销售。

3. 差别定价策略

即同种产品在不同情况下制定不同的价格。主要有以下五种方式:

(1)顾客差别定价。例如,对一些客人的服务收费的价格可高于另一些客人。

(2)产品形式差别定价。对不同型号或形式的产品制定不同的价格。其价格不与成本成正比。

(3)产品部位差别定价。如火车卧铺的上下铺票价不同。

(4)销售时间差别定价。例如,长途电话在白天打与在夜间打收费标准不同。

(5)区域差别定价。对于相同的产品,在不同的区域销售,制定不同的价格。

4. 新产品定价策略。新产品进入市场可有三种定价策略:

(1)高价策略。新产品一投入市场,就制定较高的价格,利用新产品的特殊功能和无竞争对手的有利条件,争取在短期内赚取更多的利润。

(2)低价策略。即对新产品制定较低的价格,使新产品迅速为顾客所接受,迅速打开和扩大市场。

(3)中间价策略,又称稳妥价格策略,即对新产品制定正常的价格。这种价格策略风险小,但可能失去获高利的机会。

5. 产品组合定价策略

当企业生产经营在需求或生产上存在相互联系的多种产品时,企业就需要按整个系列制定产品价格,以使产品组合利润最大化。主要有以下三种:

(1)产品线定价策略。在产品线的系列产品中,应挑选典型品制定不同盈利水平的价格,以实现产品线利润最大化的目标。如选择关键性产品制定较低的价格,以吸引消费者购买;选择消费关联度高的产品制定较高的价格,以实现更多的盈利。如对主机制定较低的价格,而与之配套的辅机与零配件则制定较高的价格。

(2)产品群定价策略。将消费相关度高的不同产品组合销售,制定优惠的价格。

(3)单一价格策略。当企业销售品种繁多且成本差别不大的产品时,可将所销售的全部产品制定单一的价格,以方便顾客挑选,并使顾客产生廉价购买的感受。

五、分销策略

(一)分销渠道的基本概念

1. 分销渠道的含义

分销渠道是指商品由生产者向消费者(用户)转移过程中所经过的途径和路线。分销渠道的起点是生产者,终点是消费者(用户),连接他们的中间环节就是中间商。

2. 分销渠道的层次、长度与宽度

(1)分销渠道的层次(或称环节)是指产品在从生产者向消费者转移的过程中,对产品拥有所有权或负有推销责任的中间机构。如通过两个中间商,就成为两个层次。

(2)分销渠道的长度是指构成分销渠道层次的中间机构数目的多少。分销渠道的层次越多,分销渠道就越长。

(3)分销渠道的宽度是指渠道的每个层次使用同种类型中间商数目的多少。如在某一层次上,使用多个同类型的中间商,则属于宽渠道。分销渠道的长度与宽度构成了分销渠道的形式。

(二)分销渠道策略

分销渠道策略可以从长度与渠道宽度两方面进行研究。

1. 分销渠道长度策略

渠道长度策略主要有以下三种:

(1)长渠道策略。当企业的产品品种繁多、用途多样、消费者分布广泛时,常采用长渠道策略。但长渠道导致销售成本增加,影响效益。

(2)短渠道策略。在品种较少、用途专一、用户数量较少的情况下,尽量采用短渠道策略,以提高效益。

(3)零渠道策略。对于一些适于直销的产品,应采用零渠道策略。

2. 分销渠道宽度策略

在某一层次上使用多少中间商,要根据企业的市场营销战略而定。主要有三种策略可供选择。

(1)密集分销渠道策略。即在特定市场的同一渠道层次上,使用多家中间商经营本企业的产品。该渠道策略主要适应于消费品和生产资料中的经常耗用品或标准品的经营。

(2)选择分销渠道策略。该渠道策略是指生产商在特定的市场,选择少数中间商经营自己的产品。它适用于消费品中的选购品和特殊品,生产资料中的零件和辅助设备。

(3)独家分销渠道策略。独家分销渠道策略,是指生产商在特定市场仅选择一家批发商或零售商经营其产品。这一策略适用于消费品中的特殊品,需要提供售后服务的产品以及需要指导操作方法的机械设备。

(三)分销渠道的设计

分销渠道的设计是指为有效实现目标市场营销,在综合分析有关因素的基础上,选择与确定分销渠道的长度与宽度,制定正确渠道策略的过程。确定企业所要达到的目标市场是渠道设计的起点,渠道设计的中心环节,是选择与确定达到目标市场的最佳途径。

六、促销策略

促销策略是企业市场营销组合中的关键性策略,是最直接体现“营销”的部分。

(一)促销与促销组合

1. 促销

促销,在广义上就是市场营销,它包括了市场营销组合策略的各种要素;在狭义上,促销特指各种传播性的促进销售的行为,是营销组合策略的核心构成部分。这里指狭义的促销。促销是指企业通过一定的传播与沟通手段,向目标顾客传递产品或劳务信息,树立企业与产品形象,促进顾客购买的一系列活动。促销的实质是传播与沟通。

2. 促销组合

促销组合是指为有效实现促销目标,对各种促销方式与策略的选择、设计与配合。构成促销组合的方式主要有:广告、营业推广、人员推销和公共关系。这四种方式既相对独立,又紧密相连,必须合理组合与搭配,以形成有效的促销组合策略。

(二)广告策略

1. 广告的含义

广告是以促销为目标,通过有偿购买一定的非人员形式,向广大受众传播信息的活动。这是促销最早、也是影响面最大的一种形式。

2. 广告媒体的选择

广告总是通过一定的载体,即广告媒体进行的。广告媒体最主要的有:报纸、杂志、电视、广播和户外广告。选择广告媒体的依据如下:

(1)广告媒体性质。不同广告媒体,有不同的信息传播方式、受众与价格,这些性质与特点必须同广告的要求相适应。

(2)目标顾客的媒体习惯。要研究与选择目标顾客接触最多、影响最大的媒体。

(3)产品的特性。如演示性、观赏性强的产品,使用电视媒体的效果更好。

(4)信息内容。如介绍机器技术资料的广告更适合在杂志上刊登。

(5)成本。各种媒体费用差别很大,企业要量力而行。

3. 广告的心理机制

广告的心理机制是广告设计的内在依据,可概括为以下步骤和环节:①广告要首先引起顾客的注意,并对商品加以观察;②广告使顾客对商品增进了解与记忆,出现相应表象;③顾客在记忆、表象的基础上产生想象与联想;④顾客进而引起兴趣,诱发情感,增强购买欲望;⑤顾客产生对商品积极的态度评价,激发购买动机,最终诉诸购买行为。如图 7.6 所示。

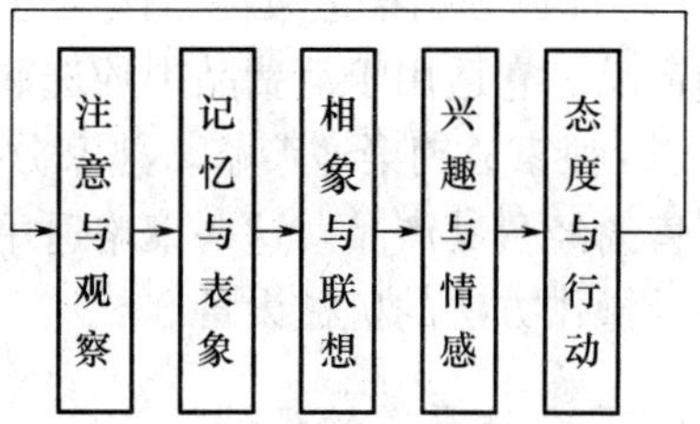

图 7.6　广告心理机制过程模型

4. 广告设计与产品生命周期

在产品生命周期的不同阶段,应采取不同的广告策略,主要有以下三种:

(1)通知性广告。通知性广告适用于介绍期和成长期前期。广告重点是与本企业产品相关的产品新观念的介绍、新习惯的培养、新用途的发展。

(2)选择性广告。这种广告适用于成长期后期和成熟期。广告宣传的重点是创立本企业产品品牌,树立企业形象与产品形象,培养顾客对本企业品牌的忠诚度。

(3)提示性广告。提示性广告适用于衰退期。广告宣传的重点放在维护市场、延缓产品生命周期上,以保持产品销量。

5. 广告支出的时际策略

这是研究广告支出的时机选择与频率决策的问题。应合理地选择如下策略:

(1)集中与分散策略。该策略是指是寻求短时期内形成强大广告冲击,还是分散而均衡地保持广告影响。

(2)连续与间断策略。该策略是指是连续支出以形成持续的影响,还是间断地产生相对集中的影响。

(3)支出频率变化策略。广告支出的频度是由弱到强,还是由强到弱。

(三)人员推销策略

1. 人员推销的含义

人员推销是指企业委派推销人员,直接与顾客进行双向沟通,以帮助和说服顾客购买商品与服务的活动过程。人员推销具有双向沟通、融通感情、推销与服务结合等优势。

2. 人员推销的过程

人员推销过程主要包括以下几个阶段:

(1)寻找准顾客。要根据产品的目标市场确定推销的对象。

(2)约见准顾客。一些访问对象是很难接近的,要认真筹划,约见准顾客。

(3)接近准顾客。接近准顾客即正式访问准顾客。接近准顾客的目的在于引起准顾客的注意和兴趣,为交易洽谈打好基础。

(4)推销洽谈。这是人员推销的核心环节。通过洽谈,说服顾客,促其购买。

(5)处理异议。即妥善处理顾客的异议,促成交易。

(6)成交应抓住各种成交信号,不失时机地达成交易。

(7)售后服务。要高度重视售后服务,这是推销的重要任务。

3. 推销策略

主要有如下推销策略:

(1)试探性策略,又称"刺激－反应"策略。当推销人员不了解顾客需求时,运用事先精心设计的话题,与顾客进行"渗透性"交谈,通过试探,了解需求后再进行推销。

(2)针对性策略,又称"配方－成交"策略。当掌握了顾客的需求后,有针对性地宣传、展示和介绍商品,说服顾客购买。

(3)诱导性策略,又称"诱发－满足"策略。即主动宣传新的消费观念,介绍、展示新商品的功能与优势,诱发顾客对感兴趣商品产生购买动机,采取购买行动。

(四)营业推广策略

1. 营业推广的含义

营业推广是指为刺激和唤起顾客需求而采取的各种促销措施。营业推广的主要特点是:①以刺激和唤起顾客购买需求为基本功能;②以直观商品展示和使顾客获得实惠为基本途径;③以迅速取得促销的短期效果为优势。

2. 营业推广的主要形式

营业推广的主要形式有以下五种:

(1)商品展示。如各种商品展销会、柜台商品展示、现场演示等。

(2)馈赠促销。如有奖销售、商品附赠、使用样品等。

(3)服务促销。通过热情周到的服务,使顾客满意。如售前服务、售中服务、售后服务等。

(4)优惠促销。如各种优惠券、在大量购买中给予优惠,包括价格折扣等多种方式。

(5)租赁与互惠促销服务。对于某些机器、设备,特别是价值高的大型设备开展租赁服务等。

（五）公共关系促销策略

1. 公共关系促销的含义

公共关系促销，是指企业通过与其公众之间的双向信息传播，树立良好的企业形象，建立稳定融洽的顾客关系，以有效促进营销目标实现的活动。

2. 公共关系促销的形式

其主要形式有以下五种：

（1）宣传性公关促销。即通过各种大众传播媒介，向广大公众特别是顾客，传播有关企业发展、服务社会、产品创新等信息，以控制舆论，树立形象。

（2）交际性公关促销。如举办各种联谊会，开展各种社会交际活动，特别是与顾客建立亲和融洽、长期稳定的关系。

（3）服务性公关促销。即向社会与顾客提供各种服务，使顾客获得实实在在的利益，以取悦公众与顾客，促进营销目标的实现。

（4）社会性公关促销。企业通过积极参与社会公益事业、为社区发展作贡献等形式，扩大企业影响，树立企业形象，以有利于企业市场营销目标的实现。

（5）征询性公关促销。企业通过民意调查、征求用户意见、开展消费咨询等方式，扩大影响，促进销售。

单元四　企业生产管理

一、生产管理与生产类型

（一）生产与生产管理

1. 生产的含义

这里主要指物质资料的生产。物质资料的生产，即通过物质资料的生产，使一定的原材料转化为特定有形产品的过程。

2. 生产管理的含义

生产管理是指对生产活动进行计划、组织和控制，促进生产的效率化、效益化，以保证企业生产目标实现的过程。

3. 生产管理的内容

（1）生产战略决策与生产系统设计。它包括生产战略和对厂址选择、能力规划、生产部门设置、设备布置等的决策与筹划。

（2）生产过程的组织与管理。它包括需求预测、生产计划编制、物资采购与库存管理、人员管理、作业调度、质量管理等。

（3）生产系统的发展。它包括技术创新与产品开发、先进制造技术等。

4. 生产管理的基本目标

为实现上述总目标，在管理过程中必须抓住如下基本目标：

(1)质量。要生产适应顾客需要的高质量的产品;要提供令顾客满意的上乘服务。

(2)成本。企业要降低消耗,以最低成本和价格向用户提供产品和服务,并努力降低使用过程中的成本。

(3)时间。要提高生产效率,缩短生产周期,并要保证对顾客做到交货及时。

(4)柔性。为适应市场的迅速变化、消费需求的多样性与个性化倾向,企业必须在品种和产量上满足用户需求,建立具有较高柔性的生产系统。

(二)现代生产管理的新特点

1. 生产内容的丰富化

随着社会生产的发展和人类社会整合与进步,作为企业最基本的职能——生产的范围在不断拓展,包含的内容在不断丰富,管理的层次在不断提高,从而使生产拓展成生产运作,并与市场需求紧密衔接,真正成为满足社会需要的一种社会功能。

2. 生产的信息化

随着信息时代的到来,生产系统发生了极为深刻的变化,生产的信息化正在迅速形成。

3. 生产的柔性化

生产的柔性化是指企业以更加灵活的生产组织形式、先进生产技术和灵敏的监控系统,来适应多品种中小批量的生产要求,以更好地满足顾客的个性化需求。

4. 生产的集成化

随着市场的复杂化和企业运作的复杂化,为了提高运作效率,客观上要求必须将企业的各种资源与活动整合起来,发展集成化。生产的集成化是指运用电子计算机集成系统,把企业的生产、市场营销、财务管理等活动紧密联系起来,实现生产经营一体化,以发挥企业的整体效能。

(三)生产类型

生产类型是指按照一定标志,对企业的生产所进行的分类。不同的生产类型,各有不同的特点与要求,其组织生产的方法也各不相同。因此,生产类型是影响生产过程组织,进行企业生产系统设计的重要因素。由于划分的标志不同,会形成不同的生产类别。

1. 按生产的专业化程度划分

按生产任务的重复程度和工作地的专业化程度,可划分为三种类型:

(1)单件生产。单件生产是指产品品种繁多,每种产品生产数量很少,生产重复程度低的生产类型。适应多品种生产要求,一般采用通用设备或多功能设备。

(2)大量生产。大量生产是指生产的产品品种单一,产量大,生产重复程度高。产品长期重复、大量生产,生产条件稳定,专业化程度高,适合采用自动化专用设备,一般都组织流水生产线。

(3)成批生产。这是介于大量生产和单件生产之间的一种类型,是指企业成批地、周期性地、轮番交替生产某几种产品,工作地承担较多工序的一种生产类型。其特点是产品品种稳定、品种较多、产量较大,每种产品都是按一定批量分期分批生产,在产品之间保持了在一定时间内连续而又定期重复生产。成批生产的管理重点是合理确定批量、组织好轮番生产。

2. 按接受生产任务的方式区分

(1)订货型生产。这是指企业根据用户提出的具体订货要求组织产品生产。

(2)存货型生产。即企业在市场需求预测的基础上,有计划地进行产品开发和生产,有成品库存,以满足用户需求。

3. 按自动化程度划分

(1)手工生产。

(2)半自动化生产。

(3)自动化生产。

4. 按生产连续程度区分

(1)连续生产方式。

(2)间歇生产方式。

二、生产过程的构成与组织

(一)生产过程及其组织

1. 生产过程的含义

产品的生产过程,是指从投料开始,经过一系列的加工与作用,直至成品产出的全部过程。在生产过程中,劳动者运用劳动工具,直接或间接地作用于劳动对象,使之转化成为人们所预期的产品。生产过程就是一系列相互联系的劳动过程和自然过程相结合的复杂过程。

2. 生产过程组织的含义

生产过程组织,是指为提高生产效率,缩短生产周期,对生产过程的各个组成部分从时间和空间上进行合理安排,使它们能够相互衔接、密切配合的设计与组织工作。

3. 组织生产过程的基本要求

要合理地组织生产过程,提高生产效率,就必须坚持生产过程的连续性、平行性、比例性、均衡性、准时性和柔性。

(1)生产过程的连续性。物料在生产过程中的各阶段、各工序之间,在空间上是紧密衔接的,在时间上是连续流动的。

(2)生产过程的平行性。物料在生产过程中实行平行交叉作业。

(3)生产过程的比例性。生产中的各类生产过程、各种生产环节的生产能力要保持适合产品制造的比例关系。

(4)生产过程的均衡性。企业的产品从投料到完工都能均衡地、有节奏地进行,使在相等的时间间隔内完成大体相等的工作量。

(5)生产过程的准时性。生产过程的各阶段、各工序都按后续阶段和工序的需要组织生产。

(6)生产过程的柔性。生产系统能灵活地适应不断变化的市场需求,具有快速反应能力。

(二)生产过程的空间组织

生产过程的组织包括生产过程的空间组织与生产过程的时间组织。

生产过程的空间组织是指按什么原则组织建立企业内部基本生产单位的问题。其主要组织形式有工艺专业化、对象专业化和混合形式三种。

1. 工艺专业化

这是按照工艺特点来建立生产单位，即将完成相同工艺的设备与工人组织在一起，对各种产品（零件）进行相同工艺方法的加工，每个生产单位只完成产品部分的工艺阶段或工艺加工工序。

（1）优点：对产品品种适应能力强；有利于充分利用机器设备；便于专业技术管理。

（2）缺点：工件运输次数多、线路长；生产过程中停顿时间较多，生产周期长；协作及相应的组织工作复杂。

这种组织形式主要适用于单件小批生产类型。

2. 对象专业化

这是指按照产品（零部件）建立生产单位，即将制造某种产品所需的各种不同类型的生产设备和不同工种的工人组织在一起，对其产品进行不同工艺方法的加工。

（1）优点：可以减少运输次数，缩短运输路线；便于组织流水作业；可以缩短生产周期，减少资金占用；简化协作关系和管理工作。

（2）缺点：对品种变化适应性差；设备的生产能力难以充分利用。

这种组织形式主要适用于产品品种较稳定的大量成批生产类型。

3. 混合形式

混合形式是把工艺专业化和对象专业化两原则结合起来设置生产单位。具体有两种方法：

（1）在对象专业化的基础上，适当采用工艺专业化形式；

（2）在工艺专业化的基础上，适当采用对象专业化形式。

这种形式综合了工艺专业化和对象专业化的优点。

（三）生产过程的时间组织

生产过程的时间组织，是解决一批零件在各工序间采用何种方式移动的问题。一般有三种移动方式：顺序移动方式、平行移动方式和平行顺序移动方式。

1. 顺序移动方式

顺序移动方式指一批零件在前道工序全部加工完成以后，再整批地转到后道工序继续加工。采用这种方式，大量工件有等待加工和等待运输时间，生产周期长，资金周转慢；但这种方式组织与计划工作简单，设备调整时间少、运输工作量小。

2. 平行移动方式

这是指每一零件在前道工序加工完成后，立即转入下道工序继续加工。采用这种方式，一批零件同时在不同的工序上平行进行加工，可以缩短生产周期；但由于前后工序时间不等，也会出现停歇时间。如果运筹得好，可使零件在各工序上的加工时间相等或成整数倍的关系，就可以提高生产的效率。

3. 平行顺序移动方式

这是将前两种方式结合起来形成的一种组织方式。这种方式既不是整批移动，也不是纯单件移动，而是既要保证每道工序连续加工，又要尽可能实现在各道工序间的平行加工。具体规则是：当前道工序时间小于后道工序时间时，前道工序完成后的零件应立即转入后道工序；当前道工序的时间大于后道工序时间时，则要等前道工序完成的零件数足以保证后道工序连续加工时，才将完工的零件转入后道工序。这种方式融合了前两种方式的优点。

（四）流水线生产方式

生产过程的组织形式包括流水线生产方式和成组技术。

1. 流水线生产方式的含义

流水线生产方式产生于20世纪20年代的美国福特汽车公司。该公司通过标准化充分发挥了大机械专业化生产的优势，首创了汽车装配流水线，使劳动生产率大幅度提高。流水线生产，是指劳动对象（产品或零件）按照规定的工艺路线和速度，有节奏地、不间断地从一台设备移到另一台设备，从一个工作地移到另一个工作地，完成每道加工任务直到产出成品为止的生产组织形式。流水线把对象专业化组织形式和劳动对象的平行移动方式有机结合起来，具有明显的优势：使生产过程具有高度的连续性、比例性和均衡性，因而大幅度地提高了生产率，同时，提高了设备利用率，缩短了生产周期，减少了在制品量，降低了成本，显著地提高了企业的效益。

2. 流水线的特点

流水线生产方式具有如下特点：

（1）工作地专业化程度高。流水线的各种工作地都固定完成一道或少数几道工序。

（2）工艺过程相对封闭。在流水线上就可以完成全部或大部分加工。

（3）生产具有明显的节奏性。产品是按规定的时间间隔和节拍进行生产的。

（4）生产过程连续性高。产品在各道工序的加工都像流水般地连贯进行。

3. 组织流水线生产的条件分析

流水线生产既具有劳动生产率高的优势，又具有投资大、不灵活的缺陷。因此，采用流水线生产一定要进行经济与技术分析。具备如下条件时可采用这种生产方式。

（1）产品产量相当大，而且品种要相对稳定。

（2）产品结构和工艺过程相对稳定，产品的设计可达到良好的结构工艺性。

（3）工艺过程既能划分为简单的工序，又能根据工序同期化的要求把工序进行适当的分解和合并。

（4）必要的投资与厂房设备条件。

4. 自动线

自动线是流水线的高级形式，是在产品结构与工艺稳定先进、实现大规模生产条件下，完全实现自动化的先进流水线。自动线的整个生产过程具有高度连续性；自动线上的所有机器设备都按统一的节拍运转；自动线上的生产过程完全自动化。

（五）成组技术

1. 成组技术含义

为了更有效地适应市场需求，解决多品种、小批量生产的组织和管理问题，企业创造了成组技术生产组织方式。成组技术是指按照零件结构和工艺相似的原则分组组织生产的一种生产组织技术。为了提高多品种、小批量生产的效率，把企业所有的零部件，按结构和工艺相似性原则进行分类编组，并通过分组，把许多各不相同但又具有部分相似的零部件集中起来统一加工处理，以达到减少重复劳动、增加生产批量、节省人力、降低成本和提高工作效率等目的。

2. 成组技术的实施要点

(1)对于企业的所有产品或零部件,按照结构或工艺的相似性,以一定的分类标志进行分类编码。这就是用字符对零部件进行描述与标志,按一定规则形成体系,即分类编码系统。

(2)根据产品或零部件的分类编码情况,组建成组生产单元、成组流水线或成组车间。

(3)按照零件的分类编码系统进行产品设计和零件选用。

(4)按照成组工艺的要求,设计工装,编制工艺。

(5)分组组织产品或零部件加工。

三、生产计划

(一)生产计划及其编制

1. 生产计划的含义

企业的生产计划是关于企业在计划期内的生产目标、应完成的产品生产任务和进度的筹划与安排。它是根据企业的经营目标与计划,在综合平衡市场需要与企业生产能力的基础上编制的。它是企业组织生产活动的依据与保证。

2. 生产计划体系

企业的生产计划主要包括以下四个:

(1)长期生产计划。它是规划五年以上企业的生产发展方向的计划。

(2)中期计划。中期计划规划二三年期企业生产的品种发展、质量提高和产量增长。

(3)短期计划。短期计划一般以一年(或更短时间)为期限,具体规定计划期内生产的产品品种、质量、产量、产值和出产期限以及生产能力的利用程度。

(4)生产作业计划。生产作业计划是落实年度计划(短期计划)的具体执行计划。

3. 生产计划编制的程序

编制生产计划是一个重要的决策过程。其基本程序如下:①调查研究与预测;②拟定和优化计划方案;③综合平衡,确定生产计划指标;④正式编制与批准生产计划;⑤计划实施控制与评估。

(二)生产作业计划的含义与内容

生产作业计划是生产计划的具体执行计划,是衔接生产各环节、组织日常生产活动的基本工具与依据,是生产运行管理的重要手段。

1. 生产作业计划的含义

生产作业计划是根据年度生产计划的目标与要求,对每个生产单位(车间、工段、班组)分时期(月、旬、周、日、轮班、小时)的生产任务所作出的详细安排。

2. 生产作业计划的内容

由于不同行业的企业,生产类型、产品品种及结构、采用的生产技术与组织方法不同,作业计划的内容与编制方法有很大的区别。比较典型的机械制造企业的生产作业计划的内容如下。

(1)生产能力的细致核算与平衡。

(2)期量标准的制定与修改。

(3)作业顺序的安排。

(4)安排生产单位生产任务。根据各车间季度分月制定投入出产计划,规定各种产品的投入期、出产期、投入量、出产量以及投入或出产的进度安排;将车间月度生产作业计划任务下达给班组、工作地,并规定各班组、工作地短期内完成的产品品种、出产与投入的数量、期限和进度。

(5)安排企业内部各生产环节之间的协作等。

(三)生产作业计划的编制

生产作业计划按企业内部的管理层次分别编制。一般先将企业生产任务分配到各车间,编制各车间生产作业计划;然后,再由车间将生产任务分配到工段、班组和工作地,编制车间内部生产作业计划。

1. 厂部对车间生产任务的分配

由于车间生产组织形式和生产类型不同,厂部对车间分配生产任务的方法也不相同。

(1)按对象专业化组织生产的车间,可将生产任务直接分配到各车间;

(2)按工艺专业化组织生产的车间,应根据不同的生产类型,采用不同的分配方法。对按工艺专业化组织生产的车间分配任务的方法有在制品定额法、累计编号法、生产周期法、订货点法和订货单法。

2. 车间内部生产任务的分配

各车间要根据厂部下达的生产作业计划,把生产任务分配给工段(小组),工段(小组)再把生产任务分配给工作地(个人),从而使车间的生产任务按旬、日轮班落实到工段、班组、工作地和个人,使它们在生产日期和数量上相衔接,车间给工段(小组)分配任务的方法与厂部分配车间任务方法相仿;工段分配工作地(个人)生产任务的方法有标准计划法、定期交换法、日常分配法。

四、生产作业控制

(一)生产控制的含义与内容

1. 生产控制的含义

生产控制就是保证生产实际与生产计划相一致的工作过程。在广义上,生产控制是指从生产准备到成品产出的全部生产过程所进行的全面控制;在狭义上,生产控制是指在生产作业执行过程中,保证实际生产作业过程与生产作业计划相一致的工作行为,即生产作业控制。

2. 生产作业控制的内容

生产作业控制的主要内容有:①生产进度控制;②在制品占用量控制;③生产调度。

(二)生产进度控制

生产进度控制是指对从原材料投入到成品入库,从时间和数量上对作业进度进行控制。进度控制是生产作业控制的最主要内容。

1. 投入进度控制

投入进展控制是指按作业计划要求，控制产品开始投入日期以及各种原材料、毛坯、零部件的投入提前期和投入数量。这是一种预先性控制。

2. 出产进度控制

出产进度控制是指按作业计划要求，控制产品(零部件)的出产日期、出产提前期、出产量、出产均衡性和成套性。目的在于保证生产各环节之间的衔接与均衡生产，按时按量完成生产任务。

3. 工序进度控制

这是指按作业计划要求，控制产品(零部件)在生产过程中经过的每道加工工序的进度。工序进度控制的方法有按工票和加工路线单进行控制。

(三)在制品占用量控制

1. 在制品占用量控制的内容

这是按作业计划要求，控制生产过程中各个环节的在制品的实物和账目。控制的重点在于既保证生产作业的需要，又减少在制品的积压。主要内容包括：①控制车间内各工序之间在制品的流转；②控制跨车间协作工序之间的在制品流转；③加强对在制品流转的检查控制。

2. 实行“看板管理”

“看板管理”是在制品占用量控制的一种有效方法。“看板管理”是日本丰田汽车公司创建的一种生产管理方式。“看板管理”是一种反顺序管理，它不是传统方式的由前道工序向后道工序送货的程序，而是由后道工序依据总装配需要向前道工序取货，以严格控制零部件的生产和储备。

(四)生产调度

1. 生产调度的含义

生产调度是指在生产作业的过程中，针对运行中出现的矛盾与问题，对生产活动与相关资源所进行的调节与协调。生产调度是生产作业控制的重要形式，是在生产作业控制过程中纠正偏差的重要手段。

2. 生产调度的内容

①生产进度的调整与平衡；②在制品占用量的调整与控制；③生产技术准备的督促与协调；④劳动力的合理调配；⑤生产中物资供应的控制与调剂；⑥生产设备运行的调整与控制；⑦厂内运输的调配与协调。

3. 生产调度的方法

生产调度是通过一系列对生产活动与相关资源进行调解、协调的方法与手段实现的。生产调度最基本的工作方法就是调度会议。调度会议分厂部和车间两级。厂部调度会由生产副厂长主持，生产调度科长召集，有关科室和车间的负责人参加。车间调度会议由车间主任主持，生产调度组长召集，各职能组长和生产班组长参加。生产调度会的基本内容是对前一次调度会执行情况的检查与针对新问题所进行的调解与协调。

五、专项业务管理

(一)企业技术进步

1. 技术进步的含义

企业技术进步是指随着企业的发展,其后一个阶段比前一个阶段技术水平的提高程度。企业技术进步标志着企业技术水平不断提高的过程。

2. 技术进步的作用

"科技是第一生产力"。一个企业所拥有的技术水平,直接决定着生产的效率、产品的质量、成本的高低,进而决定企业的市场竞争力和企业的效益,最终关系到企业的生存与发展。因此,企业的技术进步是企业生存与发展的关键环节之一。

3. 技术进步的内容

企业的技术进步包含有丰富的内容,主要有三项:①技术开发与技术创新;②技术引进;③技术改造。

(二)新产品开发

1. 新产品的含义与特征

新产品是指在产品结构、性能、材质、技术特征等某一方面或某几方面比老产品有显著改进和提高的产品。其特征为:①新产品比老产品有显著改进或提高,或具有独创性;②新产品在一个区域内第一次获得成功;③新产品具有先进性、实用性、效益性。

2. 新产品的类型

按照产品的更新程度,可以将新产品划分为以下四类:

(1)全新产品。这是指采用全新的原理、材料和技术开发出的新产品。

(2)换代新产品。即产品的基本原理未变,而是部分地采用新技术、新材料,性能有较大提高的新产品。

(3)改进新产品。即只是在原有基础上,作了部分改进,产品性能有一定提高的新产品。

(4)仿制新产品。这是指对市场上已有的产品进行仿制而生产出的新产品。

3. 新产品开发的含义

新产品开发是指企业为有效地实现经营目标与战略,研究、设计、制造适应市场需要的新产品的过程。企业不断地开发适应顾客需要的新产品,是企业扩大销售、占领市场、增强竞争力、获得长期稳定发展的根本途径,是关系到企业生存与发展的关键性举措。

(三)设备与物资管理

1. 设备与设备管理

设备是企业生产所使用的各种机器设备的统称,主要包括生产设备、动力设备、传导设备、交通运输设备和仪器仪表等。企业的设备管理主要包括:①按照生产需要科学地选择购置设备;②正确而有效地使用设备;③精心维护、保养与检修设备;④随着企业与科技的发展改造和更新设备。

2. 物资管理

物资管理是指企业为实现生产经营目标，对生产经营所需的各种物资的采购、运输、储备、使用、收发货等进行的计划、组织和控制工作。物资管理的基本目标是确保生产需要，降低物耗成本。

3. 企业物资管理的主要任务

其主要任务如下：

(1)物资计划与控制。要根据生产经营的需要，制定科学可行的物资计划；在组织物资供应的过程中，要加强控制，确保生产经营目标的实现。

(2)物资供应管理。根据物资供应计划，组织料源并进行采购，确保生产需要。

(3)物资运输与储存管理。要根据生产需要和供料情况，合理地组织运输，降低运送成本；科学地进行库存控制，降低储存成本。

(4)物资消耗管理。科学地分析生产中的物资消耗，制定合理的物资消耗定额，最大限度地降低物资消耗水平。

(四)质量管理

1. 质量管理的含义

质量管理是指企业为确保或提高产品或服务的质量所进行的一切计划、组织与控制工作的总和。ISO 8402—1994 对质量管理作了权威定义：质量管理是指"确定质量方针、目标和职责，并通过质量体系中的质量策划、质量控制、质量保证和质量改进来使其实现所有管理职能的全部活动"。

2. 质量管理系统的主要概念

质量管理作为一个现代管理系统，包括丰富的内容，并形成了一个完善的体系。根据 ISO 8402—1994 的定义及对有关概念的解释，对构成这一体系的主要概念简介如下：

(1)质量方针与目标。

(2)质量体系。这是指企业为实施质量管理所构建的组织机构、职责、程序、过程和资源的综合体。

(3)质量策划。质量策划是指为有效实现质量管理目标，对整个质量管理所进行的战略筹划与计划安排。

(4)质量控制。质量控制是指为满足质量要求所采取的作业技术和活动。

(5)质量保证。质量保证是指为使人们确信某种实体能满足质量要求，在质量体系内所开展的并按需要进行实证的有计划和有系统的全部活动。质量保证对内部的目的是向企业管理者提供信任，其对外部的目的是向顾客或第三方提供信任。

(6)质量改进。这是指企业为提高质量管理活动与过程的效率与效益而采取的各种措施。

质量管理最成功的体系就是全面质量管理。

单元五　企业财务管理与效绩评价

一、财务管理的内容、任务与职能

(一)企业财务管理的含义与作用

1. 财务管理的含义

企业财务管理是指依据国家的政策、法规,根据资金运动的特点和规律,科学地组织企业资金运动,正确地处理企业财务关系,以提高资金使用效率与企业经济效益的管理活动。企业财务管理主要包括对企业在生产经营活动中资金筹集、使用、耗费、回收、分配等活动的计划、组织与控制,以及对财务活动中所涉及的各种经济关系的处理。

2. 财务管理的作用

(1)企业的财务管理能综合反映与影响控制企业的生产经营活动。

(2)财务管理是企业正常开展生产经营活动的重要保证。

(3)财务管理是提高企业经济效益的关键性手段。

(4)财务管理是实现国家宏观调控,规范市场经济秩序的有力机制。

(二)企业财务管理的基本内容

企业财务管理的对象就是企业的资金运动及其所反映的财务关系。企业财务管理的基本内容主要包括资金筹集管理、资金运用管理和资金回收与分配管理。

1. 资金筹集管理

资金筹集管理是指企业为保证生产经营活动的正常进行,对多种渠道筹措与集中资金所进行的管理活动。企业资金筹集的管理,包括筹资量的确定、筹资渠道与方式的选择、资金的实际取得等决策与管理行为。

2. 资金运用管理

企业资金运用管理是指为保证生产经营目标的实现,对生产经营中及时而有效地运用企业资金所进行的管理活动。资金运用管理包括两方面:

(1)对资金占用和耗费进行管理,即企业筹集的资金一部分用于购建厂房、设备等劳动手段,对其需要进行固定资产管理;另一部分用于购买原材料等劳动对象和支付工资等费用,对其需要进行流动资产管理。

(2)对外投资的管理。企业可以对外进行直接或间接投资,这就要进行科学的投资决策。

3. 资金回收与分配管理

这是指企业对有效回收资金与合理分配资金所进行的管理活动。

(1)企业要加强产品销售管理,最大限度地回收货币资金。

(2)对回收资金进行合理分配,用来补偿生产经营中的耗费,进行纳税,按规定提取公积金、公益金,最后在投资者之间进行分配。

(三)企业财务管理的目标与任务

1. 企业财务管理目标

企业财务管理的目标是,在国家法规政策的指导下,通过科学地组织财务活动,正确地处理财务关系,以尽可能少的资金运用与耗费,努力追求利润最大化和所有者权益的扩大化。

2. 企业财务管理的任务

财务管理要实现利润最大化和所有者权益的扩大化,需重点完成以下财务管理的任务。

(1)在对企业生产经营所需资金进行预测的基础上,科学地制定财务规划与资金计划。

(2)正确地进行筹资决策,选择适宜的筹资渠道,建立合理的资金结构,以较低的资金成本筹措企业生产经营所需资金。

(3)加强资金运用的管理与控制,促使生产要素优化配置和对外投资组合结构的优化,努力降低成本费用。

(4)抓好对资金回收的管理,采取得力措施,尽快实现营业收入,广泛拓展创收渠道,努力增加企业收入。

(5)搞好利润分配,正确处理财务关系,在兼顾各方利益的前提下,努力实现所有者权益最大化。

(6)加强财务监督,使企业的生产经营活动和财务活动符合国家财经制度和企业管理制度的要求,确保资金运营的安全与合理使用。

(四)财务管理的基本职能

企业财务管理的基本职能有:财务预测与决策、财务计划(或财务预算)、财务控制和财务分析。

1. 财务预测与决策

这是指根据生产经营需要,对企业未来财务活动和财务成果作出的科学预计和测算,从提高经济效益、获取最大利润和扩大资本金的总目标出发,确定财务目标,并选择最佳财务方案的管理行为。

2. 财务计划(或财务预算)

财务计划是指在科学的财务预测的基础上,将财务决策所确定的最佳财务目标和方案全面系统地规划出来的管理系统。

3. 财务控制

财务控制,就是根据企业财务计划目标(或定额、预算等)、财务制度和国家的财经法规,对实际(或预计)的财务活动开展情况进行对比、检查,发现偏差及时加以纠正,使之符合财务目标与制度要求的管理行为。

4. 财务分析

财务分析是指以企业实际资料为依据,对企业的财务活动过程和结果进行系统的分析与评价,肯定成绩,查明问题,提出改进措施,挖掘财务活动的潜力等管理行为。

二、资金筹集管理

(一)资金筹集的作用与原则

1. 资金筹集的作用

资金筹集管理是企业财务管理的一项极为重要的内容。企业若不能筹集到一定数量的资金,生产经营活动将无法开展。特别是企业作为市场主体,在自主经营、参与竞争的条件下,资金的筹集将决定企业的经营状况,乃至生死存亡。

2. 资金筹集的原则

在运作资金筹集的过程中,要坚持如下原则:

(1)满足需要原则。筹资要在正确预测和科学规划的基础上进行,要以满足生产经营需要为最首要的原则。

(2)低成本原则。筹资管理的重要内容就是在筹资的过程中进行筹资成本与效益的比较分析,选择低成本、高效益的筹资渠道与筹资方式,最大限度地降低资金的使用成本和筹资过程中的费用。

(3)合法性原则。在企业筹资的过程中,应树立法律意识,坚持按国家政策法规办事,采取合法手段,通过合法渠道,取得合法资金,投入合法用途。

(4)稳定性原则。努力形成长期稳定的筹资渠道与方式,以保证企业的资金需要。

(二)资金筹集的来源与方式

1. 资金筹集的基本来源

企业的资金基本来源于投入资金和借入资金两个渠道。

(1)投入资金。这是指企业的所有者以各种投资形式注入企业的资金。投入资金长期存在于企业的生产经营过程中,一般是不能抽走的。这部分资金形成企业的权益资本,如股票、保留盈余等。

(2)借入资金。这是指企业以各种形式从企业外部借入,用于企业生产经营所用的资金。借入资金的所有权在债权人,企业只能或长或短地占用,是必须归还的。这部分资金形成企业的负债资本,如银行贷款、债券等。

2. 筹资渠道

筹资渠道是指企业取得资金的来源途径。我国企业筹资的主要渠道有:①国家财政资金;②银行信贷资金;③非银行机构的资金;④其他企业资金;⑤公共团体资金;⑥家庭或个人资金;⑦外商资金;⑧其他资金。

3. 筹资方式

筹资方式是指企业取得资金的具体形式。我国企业的筹资方式主要有:①发行股票;②吸收对企业的各种投资;③发行债券;④银行借款;⑤保留盈余;⑥融资租赁;⑦其他方式。

三、资产管理

企业的资产主要包括流动资产、固定资产、无形资产及递延资产、长期投资和其他资产等五类项目。这里主要研究流动资产和固定资产的管理。

(一)流动资产管理

1. 流动资产的含义

流动资产是指在生产经营中参加循环、周转,资产形态不断变化,价值一次性转移到成本费用中,并通过产品销售收入得到补偿的资产。

2. 流动资产的内容

流动资产主要包括以下几种:

(1)货币资金。货币资金是指企业在生产经营中停留在货币形态的资金。其具体项目包括现金、银行存款和其他货币资金。

(2)应收或预付款项。这是指在生产经营中,由于资金结算的原因或市场经济活动的需要而占用的各种应收、预付等款项。应收款是指企业因对外销售产品、材料、提供劳务而应向购货方收取的款项。预付款则指预先支付给供货单位的货款。

(3)存货。存货是指在再生产经营过程中,为销售或耗费而储备的物资。这是在流动资产中占用比例最大的部分。存货主要包括产成品、在制品、原材料、包装物、低值易耗品等。

(4)其他。它包括短期投资、待摊费用、一年内到期的债券投资等。

3. 流动资产的特点

(1)流动资产的流动性大,周转期短。

(2)在参加循环、周转的过程中,不断地改变资产的形态。

(3)流动资产的价值一次性地转移到产品中,并一次性收回补偿。

(二)固定资产管理

1. 固定资产的含义

固定资产是指使用年限较长,单位价值在规定标准以上,并在使用中始终保持其原有物质形态的资产。

2. 固定资产的形成

工厂及其建设项目竣工后,项目总投资中的流动资金部分形成流动资产;而其余部分,包括固定资产投资、固定资产投资方向调节税和建设期利息,分别形成固定资产、无形资产、递延资产。

3. 固定资产的特点

其主要特点如下:

(1)固定资产使用时间长。

(2)固定资产在使用中,实物形态不变,但其价值逐步转移,其价值补偿与实物更新期不一致。

(3)固定资产的使用年限决定其资金周转期。

4. 固定资产的分类

固定资产可按不同的标志进行分类:

(1)按固定资产的经济用途,可以分为经营性固定资产和非经营性固定资产。

(2)按固定资产的产权,可分为自有固定资产、接受投资固定资产和租入固定资产。

(3)按固定资产的实物形态,可分为房屋及建筑、机器设备、电子设备、运输设备及其他设备。

四、成本费用管理

(一)成本费用的概念与作用

1. 成本费用的概念

就一般意义而言,成本费用泛指企业在生产经营中所发生的各种资金耗费。而在严格的意义上讲,成本与费用含义是不同的。

(1)费用,是指企业为销售商品、提供劳务等日常活动所发生的经济利益的流出。

(2)成本,准确地说,应是“产品成本”,它是一种被对象化了的费用,是指在一定时期内某种产品应承担的费用。例如,一家生产汽车的工厂,在一定期间内为生产汽车而发生的支出属于生产费用,而生产费用中可以按具体汽车产品归集和汇总的费用则为该种汽车的成本。当不作严格区分时,则把费用和成本统称为成本费用。

2. 成本费用的作用

成本费用是企业生产经营的一个极为重要的变量与指标,是加强管理的重要领域。其主要作用体现如下:

(1)成本费用是生产消耗及其补偿的尺度。成本费用能较为真实地衡量出产品的消耗,并反映出相应补偿的数量。

(2)成本费用是制定价格的基础。

(3)成本费用是提高经济效益的重要领域。企业要提高效益,一要扩大销售,二要降低成本。

(4)成本费用是企业决策的重要依据。成本费用是评价投入产出效益的重要指标,从而成为企业决策的重要依据。

(二)成本费用的分类

1. 制造成本与期间费用

成本费用可以划分为两大类:

(1)制造成本。制造成本是指按产品分摊的、与生产产品直接相关的费用。主要构成项目有:直接材料、直接工资、其他直接支出和制造费用。这就构成了通常所讲的产品成本。

(2)期间费用。期间费用是指在一定会计期间内所发生的与生产经营没有直接关系或关系不大的各种费用。期间费用主要包括:管理费用、财务费用和销售费用等。

2. 固定成本与变动成本

按照成本的习性,可以把成本划分为变动成本和固定成本。

(1)变动成本,是指随着产量的变化而变化的成本。如产品成本中的直接材料,是随着产品产量的变化而同比例变化的。

(2)固定成本,是指不随产量的变化而变化的成本。如厂房等固定资产的投资形成的成本,数额是固定的,并不由于生产数量出现变化而发生变化。

3. 总成本与单位成本

(1)产品总成本。这是指企业在一定期间内,生产的所有产品的成本总和。

(2)单位成本,也称平均成本。这是指企业在一定期间内,平均每生产一件产品的成本。

总成本是成本的总值，而单位成本则是成本的平均值，两者存在着下列关系：

$$总成本 = 单位成本 \times 产品数量$$

$$单位成本 = \frac{总成本}{产品数量}$$

（三）降低成本费用的途径与措施

1. 节约材料消耗，降低直接材料费用

在工业产品成本中，直接材料费用一般占有相当大的比重，控制与降低直接材料费用的开支是成本控制的关键。降低直接材料费用主要包括两个方面：①实行定额控制，加强领料管理，努力降低材料的消耗量；②优选价廉材料的供货商，节约运输费用，最大限度地降低材料采购成本。

2. 提高劳动生产率，降低直接人工费用

直接人工费用也是构成成本费用的重要组成部分，降低直接人工费用可采用以下三种方法。

（1）进行科学的分工与配置，制定合理的劳动定员和劳动定额，提高工时利用率。

（2）建立有效的激励机制，使劳动者的收入与其劳动成果和企业的经济效益挂钩，最大限度地调动工人的生产劳动积极性。

（3）通过人员培训，全面提高员工的业务技能与素质。

3. 推行定额管理，降低制造费用

应视制造费用构成内容的不同，分别采用不同的方法。一般可采取定额管理或预算控制的办法加强管理。

4. 加强预算控制，降低期间费用

大部分期间费用属间接支出，往往与产品产量无直接关系。企业可以采用编制费用预算的办法来加以控制。其预算与控制的基本目标是既提高工作效率，又降低费用。

5. 实行全面成本管理，全面降低成本费用水平

全面成本管理，是指实行全企业、全员、全过程的成本管理。成本综合地反映了企业整个生产经营过程的资金耗费。因此，要全面降低成本，就必须实行全面成本管理。全面的成本管理，包括从企业的不同层次、单位的所有组织，到生产、技术、经营、后勤等所有领域，从领导者到工人的全体人员，从产品开发设计、生产制造到销售的所有阶段，应将其全部纳入统一的成本管理体系之中，统一规划，系统实施，全方位地降低成本费用。

五、利润管理

（一）利润及其构成

1. 利润的含义

利润是企业在一定时期生产经营的最终成果。利润是收入扣除成本费用后的余额，是企业的净收益。利润的基本公式为

$$利润 = 收入 - 成本$$

利润是企业生产经营管理各方面工作的综合反映，是企业生产经营活动最终效益的集中表现。利润最大化是企业生存的目的与追求的目标。

2. 利润的构成与计算

企业的利润总额是由三部分构成的：营业利润、对外投资净收益和营业外净收益。其公式为

利润总额 = 营业利润 + 投资净收益 + 营业外收入 − 营业外支出

（1）营业利润。营业利润是企业从事生产经营活动所取得的利润，是企业利润的主要来源。在工业企业中，将营业利润称为销售利润，其计算公式为

销售利润 = 产品销售利润 + 其他销售利润 − 管理费用 − 财务费用

（2）投资净收益。这是指企业对外投资收益扣除对外投资损失后的数额。投资净收益主要指企业对外投资分得的利润、股利、债券利息等。

投资净收益 = 对外投资收益 − 对外投资损失

（3）营业外净收入。营业外净收入是指与企业生产经营无直接关系的各项收入。营业外净收入是营业外收入总额扣除营业外支出后的余额。其公式为

营业外净收入 = 营业外收入 − 营业外支出

（二）实现利润最大化的途径

1. 开拓市场，扩大销售

按照利润的基本公式，增加利润的基本途径有两个：一是增加收入；二是降低成本，从而使两者相抵的余额变大。要增加销售收入，一是要扩大销售数量，二是要提高产品价格。这就需要企业努力适应市场的需要开发新产品，大力开展市场营销，增加产品销量；同时，推行差异化战略，优质优价，增加单位产品的边际贡献。

2. 提高效率，降低成本

推进技术革新，加强管理，提高劳动效率，建立有效的全面成本管理体系与机制。通过最大限度地降低成本来增加企业的利润。

3. 运用最佳化分析，实行科学决策

要推行科学化、现代化、模型化决策。要运用数学模型、量本利分析、边际贡献分析等各种最佳化决策手段，科学配置生产要素，正确进行投资、生产与销售决策，努力实现利润最大化。

（三）利润分配

企业的利润分配，是指根据国家有关法规和企业章程的规定，企业将所获利润在国家及企业的各权益主体之间所进行的分配。企业所获得的利润，首先要向国家纳税，然后在企业、所有者和员工之间进行分配。

（四）利润分析

1. 利润总额分析

（1）利润总额大小分析。

(2)利润总额构成分析。通过计算利润总额各部分的比重来研究利润总额各组成部分的合理性。

(3)利润总额变动分析。通常采用本年的利润与上年相比较、实际利润与计划利润相比较、本企业利润与同行先进企业的利润相比较等方法,分析企业利润变化的方向、幅度及趋势。

2. 利润率分析

利润额只反映企业盈利的绝对水平,而利润率则可以反映企业盈利的相对水平,更有利于分析与比较。企业利润率分析最主要指标有三个。

(1)销售利润率。销售利润率是企业所实现的利润总额同销售(营业)收入总额的比率。销售利润率主要反映企业生产经营活动的效益。这是企业分析与衡量盈利水平的最基本的指标。其计算公式是:

$$\text{销售利润率}=\frac{\text{利润总额}}{\text{销售(营业)收入总额}}\times 100\%$$

(2)成本费用利润率。成本费用利润率是利润总额与成本费用总额的比率,主要反映企业投入或耗费所带来的效益。其计算公式是:

$$\text{成本费用利润率}=\frac{\text{利润总额}}{\text{成本费用总额}}\times 100\%$$

(3)资本金利润率。资本金利润率是企业利润总额与企业资本金总额的比率。资本金利润率主要反映企业自身投资所带来的效益水平。其计算公式是:

$$\text{资本金利润率}=\frac{\text{利润总额}}{\text{资本金总额}}\times 100\%$$

六、企业效绩评价

(一)企业效绩评价及其作用

1. 企业效绩评价的含义

企业效绩评价,是指以企业出资人为中心的权益主体,为掌握企业经营状况和促进企业发展,采用科学的指标体系与系统化方法,对企业经营成果和经营者业绩所进行的考核与评价。企业效绩评价的基本内容有两个方面:一是对企业经营成果的考核与评价;二是对企业经营者的业绩进行考核与评价。

2. 企业效绩评价的作用

企业效绩评价的作用主要表现在以下几方面:

(1)科学的企业效绩评价,可以为以出资人为中心的企业相关权益主体提供真实、准确的企业有关经营信息。

(2)科学的企业效绩评价,为出资人选择、监管、激励企业经营者提供重要依据。

(3)科学的企业效绩评价,有利于正确引导企业经营行为,把提高企业效绩作为决策的核心标准,促进企业的长远、健康发展。

(4)科学的企业效绩评价,有利于促使企业投入产出比率的最优化,强化科学管理,并有利于建立以高效绩为追求目标的现代企业制度。

（二）评价内容、指标

1. 企业效绩评价的内容

我国国有企业效绩评价的内容，是按照工商类企业和金融类企业分别划定的。

（1）工商类企业效绩评价内容是按竞争性企业、非竞争性企业分别制定的。其中，竞争性企业效绩评价内容主要包括财务效益状况、资产营运状况、偿债能力状况和发展能力状况四个方面。

（2）金融类企业效绩评价内容主要包括企业财务效益状况、资产安全状况、资产流动状况和发展能力状况四个方面。

2. 企业效绩评价的指标

企业效绩评价指标体系是由基本指标、修正指标和评议指标三个层次构成的。

（1）基本指标，反映的是企业效绩评价内容的基本情况，可以形成企业效绩评价的基本结论。

（2）修正指标，是依据企业有关实际情况对基本指标评价结果进行逐一修正，以形成企业效绩评价的基本定量分析结论。

（3）评议指标，是对影响企业经营效绩的非定量因素进行判断，以形成企业效绩评价的定性分析结论。

（三）评价程序、方法与标准

1. 企业效绩评价的工作程序

（1）确定评价对象，下达评价通知书，组织成立评价工作组及专家咨询组。

（2）拟定评价工作方案，收集基础资料。

（3）评价工作组实施评价，征求专家意见并反馈给企业，撰写评价报告。

（4）评价工作组将评价报告送专家咨询组复核，向评价组织机构（委托人）送达评价报告和公布评价结果，建立评价项目档案。

2. 企业效绩评价的方法

企业效绩评价结果的基本计算方法是功效系数法，辅以综合分析判断法。这就是按照统一制定的多层次指标体系，以企业经营期间的各项指标的实际水平，对照全国统一测算和颁布的效绩评价标准值，分步得出效绩评价的初步结论、基本结论和综合结论。

（1）功效系数法，是指根据多目标规划原理，将所要考核的各项指标分别对照不同分类和分档的对应标准值，通过功效函数转化为可以度量计分的方法。

（2）综合分析判断法，是指综合考虑影响企业经济效益和经营者业绩的各项潜在的或非计量的因素，参照评议参考标准，对评议指标进行印象比较分析判断的方法。

3. 企业效绩评价的标准

企业效绩评价标准值是对评价对象进行客观、公正、科学分析判断的标尺。根据企业效绩评价指标的不同性质，评价标准值可以分为计量指标评价标准值和非计量指标评议参考标准。

（1）计量指标评价标准值。这一标准值是基本指标和修正指标的评价对比依据。工商类企业的评价标准值由财政部统一测算和颁布。评价标准值划分为五档：优秀值、良好值、平均值、较低值、较差值。

(2)非计量指标评议参考标准。评议参考标准是评议指标的评价参考依据,主要依据有关法规、行业标准、国际公认标准和我国国情确定评议参考标准也分为五档:优(A)、良(B)、中(C)、低(D)、差(E)。

小　结

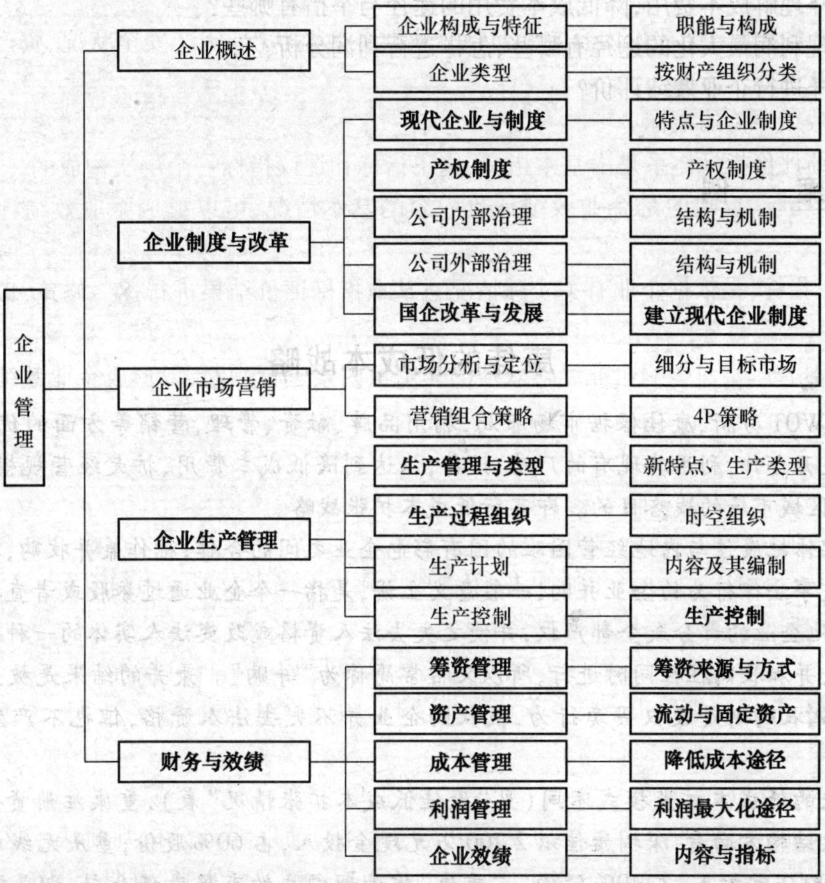

注:加黑部分为更重要内容。

思考题

1. 怎样认识企业的概念、职能;怎样理解企业是生态有机体?
2. 企业有哪几种分类,有限责任公司与股份有限公司的主要区别是什么?
3. 现代企业的特征有哪些?
4. 什么是现代企业制度,国有企业怎样建设规范化现代企业制度?
5. 怎样理解企业产权制度和企业法人治理制度?
6. 怎样理解现代营销理念?
7. 怎样进行市场细分化和选择目标市场?

8. 产品整体概念的含义是什么，什么是营销组合策略，试述其的内容。
9. 生产管理的基本目标是什么，现代生产管理的新特点有哪些？
10. 有哪些生产类型，应怎样进行生产过程的组织？
11. 应怎样编制生产作业计划，怎样进行生产作业控制？
12. 企业财务管理的基本内容有哪些，财务管理的基本职能是什么？
13. 怎样进行筹资，怎样管理流动资金和固定资金？
14. 怎样理解成本费用，降低成本费用的途径与举措有哪些？
15. 实现利润最大化的途径有哪些，怎样进行利润分析？
16. 怎样进行企业效绩评价？

案　例

【案例 7.2】

康佳的低成本战略

通过 SWOT 分析，康佳根据市场布局，利用品牌、融资、管理、营销等方面的优势，与内地彩电企业展开合作，利用其现有的厂房、设备，以达到降低成本费用、扩大经营规模、缩短运输距离、抢占区域市场的战略目的。即实行低成本扩张战略。

很多媒体把康佳与内地经营困难的国有彩电企业之间的合作，称作兼并收购，其实并不准确。作为民事法律行为的企业并购，一般意义上讲，是指一个企业通过参股或者直接出资等形式，取得其他企业的部分或全部产权，并使之失去法人资格或改变法人实体的一种企业经营投资策略。兼并和收购往往同时进行，所以又常常简称为“并购”。兼并的结果是被兼并企业失去法人资格，收购则是股权买卖行为，被收购企业并不失去法人资格，但也不产生新的企业法人。

而康佳的低成本扩张模式不同（见“康佳低成本扩张情况”表），重康注册资金 4 500 万元。从股权结构方面看，深圳康佳以 2 700 万元现金投入，占 60% 股份；重庆无线电三厂以实物作价 1 800 万元投入，占 40% 股份。“重康”作为新成立的有限责任公司，即是深圳康佳的控股子公司，又是重庆无线电三厂的参股子公司。深圳康佳、重庆无线电三厂作为“重康”的股东，双方按股权比例推选董事组成董事会，依法享有投资收益、参与重大决策等权益。其他三家“分康”亦是这种模式，牡丹江康佳、陕西康佳、安徽康佳分别是深圳康佳与牡丹江电视机厂、陕西如意电器总公司、安徽滁州电视机厂的合资企业。四家企业均由深圳康佳控股，但并不存在谁兼并谁的问题。

在组织结构上，四个“分康”的总经理、财务负责人等均由深圳康佳派出。董事长由当地合作方担任，以便于协调新公司与老厂、当地政府之间的关系。在企业冠名上，均是“地名 + 康佳 + 电子（或实业）+ 有限公司”。深圳康佳在各“分康”推行自己的 CIS、管理模式和价值观念，“分康”在计划、生产、销售等方面接受深圳康佳的指导和服务。

事实上，如果康佳选择整体兼并的方式，不仅救活不了当地电视机厂，反而容易被其巨额的债务和沉重的社会负担拖垮。选择合资方式，“新厂不理旧债”，产权清晰，责权明确，有利于轻装上阵，从而带活老厂。

康佳低成本扩张情况　　单位：万元

公司	成立时间	康佳投资（股权）	目标市场	员工人数	1999 年收入	累计收入	累计利税
牡康	1993.02	3 600(60%)	东北	1 479	49 551.80	330 563.70	20 927.21
陕康	1995.05	4 170(60%)	西北	1 221	32 544.21	316 204.00	1 2 402.30
安康	1997.05	6 500(60%)	华东	2 056	58 074.73	139 012.88	8 061.11
重康	1999.05	2 700(60%)	西南	834	15 756.18	15 756.00	909.44
总计		16 970.00		5 590	155 926.92	801 536.58	42 300.06

问题：

1. 根据现在彩电行业的情况，你认为康佳做的 SWOT 分析是否准确？
2. 康佳低成本战略是属于哪一层次的战略，你的根据是什么？
3. 康佳是如何实施低成本战略的，请你分析成功的可能性。

【案例 7.3】

商铺投资

据《房地产时报》载：来自宁波的陈老板很有些理财天赋，尤其擅长投资品种的有效组合。这些年，无论股市、债券买卖、分红型保险市场，还是服装、皮包生意场，他都积极投入，收入颇丰。但最让陈老板满意的还数两年前的那次商铺投资。如今，他逢人还时不时地给些建议，“投资商铺能发财”。无论是经营还是投资，关键是能否盘活和有效利用资金。2000 年 3 月，城隍庙福源商厦正式揭牌开张。陈老板看准了底楼的三套铺面，只可惜手头资金未回笼，一时愁眉不展。后来经人指点，他到农行南市支行申请了个人商铺贷款。首付 40%之后，办理了 72 万元 5 年期的贷款。精明的老板是仔细核算过的，一年期以上的商铺贷款，还贷以按月等额还款来清付，5 年内每月还款数为 1 3 929.84 元，每月每套的租金为 7 000 元，拿租金收入还贷，每月还有盈余。对陈老板而言，最困难的是开始的两年，出租租金收入情况不理想，还款压力比较大。不过，好铺位的关键是地段。城隍庙旺盛的人气，不久就让陈老板的铺位成了抢手货，租金还一直上涨。

杜先生是某法国香水的总代理。在不缺钱的情况下，他投资商铺，也选择了贷款方式。杜老板透露了他投资商铺的小门道。2001 年 1 月，他贷款买了一间商铺，当时办理的是一年期的贷款。虽然那时有能力全额买下它，但还是选择了商铺贷款。一来可利用手头余钱投资别的项目，比如抓住了 B 股开放的机遇，大大赚了一笔。二来办理一年期的贷款，时间上容易把握。50 万元贷款利随本清，一年利息也就 2.8 万元不到。后来利率下调了，50 万元一年贷款还少付了 2 700 元。

商场如战场，并非每个投资人都是成功者。在温州成功经营鹿茸和人参等名贵药材的李先生却在上海栽了跟头。当初，得知福源商厦二楼要开辟药材经营专区的消息，李先生立马贷款买下了一个 8 $m^2$60 万元的商铺。可没想到，上海市民似乎对这些名贵药材不感兴趣，关注“品牌效应”的上海人更相信老字号、大商场，对李先生的低价真药并不信任。经营没有收益，但每月的贷款必须交付，李先生的投资完全失败了。

问题：

1. 陈老板和杜先生投资取得成功的经验是什么？
2. 李先生投资失败的原因又是什么？
3. 运用所学知识，概括一下他们成功与失败的经验教训。

技能训练

项目一：企业改革调研

【实训目标】

1. 增强学生对企业改革的感性认识；
2. 培养分析与认识产权制度的初步能力；
3. 培养分析与认识法人治理结构与机制的初步能力。

【实训内容与要求】

1. 以模拟公司为单位，到一家改革成功或失败的企业进行调研，或系统收集一家企业的改革资料；
2. 运用所学理论，分析其产权制度与形态；
3. 分析其法人治理结构与机制；
4. 对其改革进行评价，并提出建议；
5. 班级组织交流，每个公司推荐 2 名成员介绍调研分析情况。

【成果与检测】

1. 写出简要的调研与分析报告；
2. 由教师与学生对各公司调研分析情况作出评估，由教师对调研报告评分。

项目二：设计模拟公司的治理结构与机制

【实训目标】

1. 增强对企业产权制度的认识；
2. 培养实际设计法人治理结构与机制的初步能力；
3. 完善模拟公司系统。

【实训内容与要求】

1. 设定本公司的产权结构；
2. 设计本公司的法人治理结构与机制。

【成果与检测】

1. 写出本公司产权结构简要说明；
2. 提供本公司法人治理结构与机制的有关资料；
3. 由教师对各公司设计情况进行评估打分。

【实践与训练】

项目三：市场细分

【实训目标】

1. 培养市场调查的能力；
2. 培养市场细分的能力；
3. 培养选择目标市场的能力。

【实训内容与要求】

以模拟公司为单位，组织市场调查，并进行市场细分与目标市场选择。

1. 调查一家企业的产品市场，或收集某领域产品的相关资料；
2. 运用所学知识进行市场细分，要指出可以运用的主要划分标志，及相应的细分市场；
3. 提出选择目标市场的建议，并说明理由。

【成果与检测】

1. 各公司提交市场细分与选择目标市场分析报告；
2. 教师对各模拟公司表现进行评估。

项目四：编制生产作业计划

【实训目标】

1. 增强对生产计划与控制的感性认识；
2. 培养编制生产作业计划的初步能力。

【实训内容与要求】

1. 以模拟公司为单位，深入一家机械加工生产企业进行参观与调研，了解生产计划与控制情况；
2. 运用所学知识，结合该企业的实际，编制一份简单的生产作业计划；
3. 就各公司提出的生产作业计划进行交流、分析与讨论，并作出评价。

【成果与检测】

1. 每个模拟公司提供一份生产作业计划；
2. 由教师与学生共同对各公司的表现进行评估与打分。

参 考 文 献

[1] 单凤儒. 管理学基础[M]. 2 版. 北京:高等教育出版社,2004.

[2] 单凤儒. 管理学基础实训教程[M]. 北京:高等教育出版社,2005.

[3] 单凤儒. 管理学基础[M]. 3 版. 北京:高等教育出版社,2008.

[4] 蒋永忠,张颖. 管理学基础[M]. 大连:东北财经大学出版社,2006.

[5] 周三多. 管理学原理与方法[M]. 4 版. 上海:复旦大学出版社,2007.

[6] 孙耀吾,祁顺生. 管理学教程[M]. 2 版. 长沙:湖南大学出版社,2007.

[7] 王俊柳. 管理学教程[M]. 北京:清华大学出版社,2003.

[8] 李海峰,张莹. 简明管理学教程[M]. 第 2 版. 北京:科学出版社,2009.

[9] 黄翀胤. 管理学原理[M]. 北京:清华大学出版社,2009.

[10] 刘兴培. 管理学原理[M]. 北京:清华大学出版社,2004.

[11] 杨凤敏. 管理学基础与应用[M]. 1 版. 北京:中国农业出版社,2005.

[12] 徐子键. 管理学[M]. 北京:对外经济贸易大学出版社,2002.

[13] 斯蒂芬 · P · 罗宾斯,玛丽 · 库尔特. 管理学[M]. 孙健敏,译. 7 版. 北京:中国人民大学出版社,2008.

[14] 程延江. 管理学教程[M]. 2 版. 哈尔滨:哈尔滨工业大学出版社,2006.

[15] 林祖华. 管理学基础[M]. 北京:中国时代经济出版社,2007.

[16] 孙陶生. 管理学原理[M]. 郑州:河南人民出版社,2005.

[17] 郑健壮. 管理学原理[M]. 北京:清华大学出版社,2007.

[18] 郭丽. 管理学基础[M]. 2 版. 北京:化学工业出版社,2009.

[19] 蒋永忠. 管理学基础[M]. 2 版. 北京:清华大学出版社,2008.

[20] 宋一凡. 管理学[M]. 哈尔滨:哈尔滨工业大学出版社,2007.

[21] 李晓光. 管理学原理[M]. 北京:中国财政经济出版社,2004.

[22] 王新生. 管理学原理[M]. 北京:中国劳动社会保障出版社,2009.

[23] 焦叔斌. 管理的 12 个问题[M]. 北京:中国人民大学出版社,2009.

[24] 黄煜峰. 现代管理学概论[M]. 大连:东北财经大学出版社,2001.

[25] 邹晓春. 沟通能力培训方案[M]. 北京:人民邮电出版社,2008.